高职高专教育“十三五”规划建设教

农业科技文章写作

张力飞　主编

中国农业大学出版社
·北京·

内容简介

本书是一本强化农业科技文章写作训练的教材。内容除绪论外，共6章，涵盖了农业科技论文类写作、农业科技报告类写作、农业科技应用文类写作、农业科技管理公文与实务文书写作、农业科技新闻文体写作和毕业论文例文评析。编写体例为章前的知识目标、技能目标，有利于学生了解本章要掌握的知识点和需要具有的技能点；章后的知识测试、技能测试，有利于巩固学生所学的知识。主体部分采用案例教学法，通过例文、讲评，让学生有章可循。

本书可作为高职高专农业科技文章写作课程的教材，也可作为农业院校师生、农业科技人员学习写作的参考用书。

图书在版编目(CIP)数据

农业科技文章写作/张力飞主编.—北京：中国农业大学出版社，2016.8
ISBN 978-7-5655-1641-2

Ⅰ.①农…　Ⅱ.①张…　Ⅲ.①农业技术-论文-写作　Ⅳ.①H152.3

中国版本图书馆CIP数据核字(2016)第163106号

书　　名　农业科技文章写作
作　　者　张力飞　主编

策划编辑　姚慧敏　　**责任编辑**　何志勇
封面设计　郑　川　　**责任校对**　王晓凤
出版发行　中国农业大学出版社
社　　址　北京市海淀区圆明园西路2号　　**邮政编码**　100193
电　　话　发行部 010-62818525，8625　　读者服务部 010-62732336
编辑部 010-62732617，2618　　出　版　部 010-62733440
网　　址　http://www.cau.edu.cn/caup　　**E-mail** cbsszs @ cau.edu.cn
经　　销　新华书店
印　　刷　涿州市星河印刷有限公司
版　　次　2016年8月第1版　　2016年8月第1次印刷
规　　格　787×1 092　　16开本　　13.5印张　　330千字
定　　价　29.00元

编审人员 CONTRIBUTORS

主　编	张力飞	辽宁农业职业技术学院
副主编	李　坤	沈阳农业大学
	李喜民	河南牧业经济学院
	梁春莉	辽宁农业职业技术学院
	孟凡丽	辽宁农业职业技术学院
参　编	魏艳丽	山东省科学院生物研究所
	于立杰	辽宁农业职业技术学院
	赵　凯	陕西西安市果业技术推广中心
	马文秋	凌海市职教中心
	杨晓宇	河北北方学院
主　审	韩晓伟	辽宁农业职业技术学院

前言 PREFACE

当前，高职高专农业技术类学生普遍存在农业科技文章写作能力欠缺的问题，为达到高端技能型人才的培养目标，夯实学生后续发展基础，教材紧密结合我国高职高专的教学特点，以能力培养为本位，坚持“必需、够用、实用”的原则，对教材的内容选取及编写体例进行了大胆尝试。

《农业科技文章写作》以案例教学法为主。在案例学习中，学习者在某种标准下对不同的方案进行严格的比较和选择。案例学习可以分为三个阶段：

1.分析问题阶段。参与者分析问题并且全身心投入到这个问题中去，以便为未来的工作打好基础。

2.问题解决方案阶段。学习者应该搜寻不同的解决途径并且决定哪种方案、途径最为合适。

3.评判解决方案阶段。在小组中，比较、讨论不同的方案，并且与相似的实际解决方案作比较。这种比较过程有助于我们更接近实际，并且有助于执行真实的评估，以便在未来的实际计划中去运用它。

教材内容包括农业科技论文类写作、农业科技报告类写作、农业科技应用文类写作、农业科技管理公文与实务文书写作、农业科技新闻文体写作和毕业论文例文评析 6 章。教学中教师可根据教学内容自行取舍。教材突出特点是重在实践，各技能点的教学编排均为案例在前、理论基础居中、模拟训练在后，使学生写作能力不断提高。

本书的编写分工如下：绪论、第一章由张力飞编写；第二章由梁春莉编写；第三章、附录 A、C 由李坤、魏艳丽编写；第四章、第五章由李喜民编写；第六章、附录 B 由孟凡丽编写。马文秋、于立杰、杨晓宇为教材提供了部分相关例文，赵凯参与了教材校稿工作，张力飞、孟凡丽负责统稿。

书中部分内容参考了相关学者的文献资料，在此致以衷心的感谢。

由于编者业务水平有限，加之编写时间仓促，难免会有疏漏之处，真诚欢迎广大读者、同行与专家给予指正，以便修改完善。

编　者

2016 年 4 月

目录 CONTENTS

Introduction

绪 论

知识目标

1. 了解农业科技文章写作的概念、任务
2. 熟悉农业科技文章的类型与特点、提高农业科技文章写作水平的基本途径

技能目标

1. 举例说明各类农业科技文章
2. 能正确概述各类农业科技文章特点

在众多发表的文章中，首先我们要了解哪些是农业科技文章，我们的写作范畴，也就是说我们要清楚限定词“农业”。那么农业是如何定义的呢？农业是人们开垦土地，并利用土地来培养动物或植物，以供人类日常生活所需粮食的一种生产事业。广义的农业定义为：“人类利用天然资源，从事农、林、渔、牧之产，制、储、销的生产事业。随着人口的增加、时代的进步、科技的发达及工商业与经济的繁荣，人们对农业的需求逐渐增加，农业的范围也随之扩大，不限于农作物的生产。因此，现代的农业生产包括从事植物生产的农、林部门及动物生产的渔、牧部门等范围，即农的部门是指农作物的生产，包括农艺及园艺两部分。农艺部分又包括食用作物、特用作物、饲料作物及杂用作物的生产。园艺部分包括果树生产、蔬菜生产及观赏植物的生产。此外，园艺还包括造园；林的部门是指森林的经营与利用，包括森林的利用、管理休闲游憩与生态保育；渔的部门是指水产的经营，包括渔捞与养殖部分；牧的部门是指畜牧的经营，包括家禽部分、家畜部分、其他小动物养殖。农业科技工作者将上述各业的新成果、新技术、新品种等进行试验研究后，将研究结果写成论文，并把论文投到相关的期刊公诸于世，必将促进学术交流、发展农业生产，造福全人类。

一、农业科技文章写作的概念与作用

(一)农业科技文章写作的概念

农业科技文章写作是农业科技工作者将科研成果以书面形式刊载于出版物中，以实现农业科学技术信息的生产、交流和传播的社会活动。农业科技文章是总结和传播农业科技成果的重要手段，是把先进的农业科学技术转化为生产力的重要媒介，也是农业科技战线的单位和个人为了推动科学技术事业的发展而争取社会支持的重要形式。

(二)农业科技文章写作的作用

农业科技文章写作具有社会的和学术的两方面的重要作用。

1. 社会作用

科学技术是第一生产力。因此，作为科学技术的信息存贮实践活动的科技文章写作，在目前形势下，就具有十分重大的社会作用。这表现在3个方面：

(1)引导与推动作用。我国是发展中的国家，是世界著名的农业大国，而如何增强科技意识，把科技转化为现实的生产力，农业科技文章写作站在了时代的最前沿，它对科学技术的发展起着引导和推动作用。

(2)发展与普及作用。农业科技文章写作伴着农业科学技术的不断进步而兴起和发展，它肩负着发展农业科学、普及农业科学技术的双重使命。在当今信息化的社会里，发展和普及农业科学技术，时刻离不开科技文章写作。

(3)培养农业科技人才作用。过硬的科技文章写作能力是农业科技工作者必备的基本技能之一。熟练地掌握农业科技文章写作的基本知识与技巧，并且随之转化为自己能力的一部分，其成就与写作水平密切相关。

2. 学术作用

(1)利于信息的存储、传递和交流。科学技术的发展具有明显的继承性和延续性。科技工作者借鉴、研究、传播、交流科技信息的基本形式是通过科技文章，即科技文章写作是科学继承和发展的桥梁和纽带。因此，科学技术的发展在某种程度上依赖于科技文章写作。

(2)利于科研成果及时得到承认和推广应用。在当今各行各业竞争日趋激烈的时代里，及早发表科研成果具有重要的意义。这不仅是把农业科研成果转化为生产力的需要，也是农业科研成果及早被承认的需要。如不及时发表，不仅是个人的损失，更重要的是单位和国家的损失。另一方面，要加快农业科技知识的普及步伐，提高农民群众的科学种田水平，必须有大量、高质量的农业科技普及读物。

(3)利于思维和思想的表达。农业科技文章写作的具体任务就是把先进的科学思想、方法、知识、技术与技能，通过科技报刊、广播电视、技术培训等媒介或途径传播到广大农村。使在农村工作的干部、技术人员、专业户与广大农民群众了解并掌握。只有在提高他们自身科学文化素质与生产技能的基础上，才有可能使各项先进的农业科学技术所具备的潜在生产力转化为现实生产力，促进农村经济的振兴与农业生产的全面发展。

二、农业科技文章的分类

农业科技文章写作的范围很广，种类很多，而且在不断发展变化。在表现方法上又各具特色。按各种科技文章的内容性质、使用范围、表现方法的不同，大体可分为 6 大类别：

(1)科技论文。包括科学技术专著，报刊，自然科学论文、毕业论文、学位论文等。包括自然科学论文又分为试(实)验研究报告、调(考)查研究报告、技术性论说文(包括农业技术、农业经济、农业管理、论坛性文章)、学术性论说文、动物诊疗报告(或临床资料)、实用技术(或生产经验)、文献综述七类，其中以“试(实)验研究报告”和“实用技术”文章最多，“技术性论说文”居第三位，“文献综述”居第四位。

(2)科技报告。包括科技实验报告、科技考察报告、科学研究报告、技术研究报告、科技综合报告等。

(3)科技应用文。包括科学技术工作的公文、函、农业科研计划任务书、设计任务书、农业科技建议书、总结、规程、科技合同书、广告、农业科技产品说明书、技术操作指南、农业科技发明申报书、农业科技专利申请书、农业科技成果鉴定书、农业科技进步奖成果申报书等。

(4)科技新闻和科技广播。包括科技消息、通讯、特写、人物专访、录音报道、调查报告、科技珍闻、新闻资料等。

(5)科技情报。包括题录、文摘、综述、述评、动态、快报、手册、年鉴等。

(6)科普创作。包括各种知识性科普作品(如科学浅说、科学漫谈、科学趣话、科学史话等)、技术性科普作品(如技术问答、技术操作指南等)、科学文艺作品(如科学小品、科学散文、科学童话、科学故事、科学诗歌、科学家传记、科学曲艺、科普美术作品等)。此外，还有少儿科普作品、科教电影、电视剧本和幻灯片等。

三、农业科技文章的特点

写作农业科技文章，必须遵循一般文章写作的规律和原则，也离不开平日写作的基础。但由于农业科技文章写作的目的、对象、内容和其他文章不同，它在表现形式和表述手段上又有着自己的特点。

(一)科学性

这是农业科技文章最重要的特点，可以说是一切科技文章的灵魂和生命。任何一篇农业科技文章，不管它在表达方法上如何高超、如何完美，如果它的内容是不科学的，甚至是反科学的，就毫无科学价值可言，反而会给人们带来危害。科技文章的思想性，主要也是通过科学性来体现的。没有科学性，也就不可能有正确的思想性。因此，保证科学性，这是保证一切农业科技文章质量的关键性的一环。

农业科技文章是为了揭示事物发展的客观规律，探索客观真理，使之成为人们认识世界、改造世界的指南。因此，农业科技文章的内容一定要做到完全真实，如实地反映事物的本来面貌。事实是科学家的空气和水，是科学家立论的根据，缺少事实材料，或以不可靠的事实材料为根据，只能导致谬误的产生。如苏联一度被吹捧而显赫一时的“女科学家”巴辛斯卡娅，向世界公布了她关于细胞起源“伟大的新发现”。但她的试验结果，外国的科学家怎么也重复不出来，最后证实了她的“新发现”原来是虚假的、骗人的。又如英国一家有名的自然科学杂志，发表了某作者的一系列论文，这一作者因此而颇有名气，但各国科学家对他的试验结果也同样无法重复，纷纷提出质疑，杂志编辑部为此还开辟了专栏展开讨论。经过对证，作者承认是“深信理论无误而编造的数据”。后来杂志编辑部在发表讨论总结时郑重宣告：“作者的科学生命已随着问题讨论的告终而告终。”类似的情况在我国也是有的。如过去宣传粮食亩产超万斤①；宣传割掉猪的耳朵或甲状腺每天可长五六斤肉，等等。这些“创造”“发明”虽冠之以“科学”之名，却在非科学、伪科学和反科学之列，造成了不好的影响。

在农业科技文章写作中，对概念、材料、数据的使用，一定要准确无误，并要在语言上确切地表达。使用专用名词、术语和公式、符号等，一定要对它们语言上的内涵和外延理解正确、全面，切不可望文生义，妄加解释。农业科技文章依据的事实不但要绝对真实、可靠，而且要确切无误、经得起复验查证。切不可为了主观上的需要，任意夸大或缩小，更不能编造。引用的数据要反复核对，防止差错。

农业科技文章的科学性，还表现在它所反映的内容在科学技术上是成熟的、先进的、可行的。成熟，就是通过鉴定和实践检验，证明是成功的、完善的，可以推广和应用；先进，就是要反映当前国内外农业科学技术已达到的水平；可行，就是从我国具体国情出发，有条件推广和应用。这里最主要是先进。即使是一份生产操作规程，如果它反映的是落后的技术，也会限制生产的发展，也就不能说具备科学性。

要达到科学性的要求，必须坚持唯物辩证法，坚持实事求是的科学精神。做到三严：严肃的态度，严谨的学风，严密的方法。我们写作农业科技文章，无疑要将这种精神贯穿于整个写作过程，不带有主观的感情色彩或作者的倾向，要以冷静、公正、客观的态度，将客观事物或事理如实地告诉读者，以切实保证农业科技文章的科学性。

(二)实用性

各类科技文章，有着明确的读者对象和具体的专业范围，人们阅读它，就是因为它能增长人们的科学技术知识和解决生产、科研或工作上的实际问题，因而它具有明显的实用性。

从某种意义上讲，明确读者对象，了解并反映读者的实际需要，这是农业科技文章写作获得成功的重要因素。

农业科技文章的读者对象大体上可分为三种类型：一类是本学科、本专业的同行或有关专家，因为个人的科研成果、学术专著要得到他们的承认，同时要和他们交流；一类是主管部门的领导人，写作科研报告、科技建议书、发明申报书等，就是为了让领导人了解情况，取得他们的支持，重视和批准；还有一种是面向社会开展科学技术的宣传、推广和普及工作，如科

① 1斤=500 g，以下同。

技新闻与广播稿、科普创作等。各类技术性科普读物，则面向某一特定范围的专业读者，如《苹果高效生产》的读者对象是种苹果的，《猪养殖》的读者对象是养猪的，等等。

(三)技巧性

写作是一种创造性的认识和实践活动。它在认识和表现客观事物方面有着自己特殊的规律和方法。不同的农业科技文体还有着各自独有的写作规范、要领和基本格式。对这些技巧、技能，我们必须熟悉和掌握它，这样写出的农业科技文稿才符合要求，才能起到传播科技信息的作用。特别值得注意的是，农业科技论文、农业科技报告、农业科技情报文体和各种农业科技应用文等，在长期的使用过程中，已经形成了比较固定的格式，也就是说，已经具有了约定俗成的程式。从当前的情况看，它们的基本格式正在趋向于统一，趋向于规范化、标准化。国际标准化组织制定了一系列科技文献和科技情报工作的国际标准，我国也制定了《科技学术期刊编排规则》。这些国际标准和国家标准，对各种农业科技文稿的书写格式，名词、术语、缩写、符号、计量单位的使用等，都做了规范化、标准化的规定。这些规定，我们必须遵循。我们一定要克服科技文章深奥晦涩、冗长乏味的毛病，要尽可能做到深入浅出，通俗易懂，这是农业科技文章写作技巧性的主要标志。

农业科技文章的一般主要表现手法为说明和议论，间或运用叙述和描写。条理性是它在结构上的突出特点，也就是在写作过程中要善于根据客观事物、事理本身的特点、规律来安排文章的结构，或由表及里，或由此及彼，或由总到分，或由分到总，或由浅入深，或由因到果，或由特征到区别，等等，做到条理清晰，层次分明，主次有别，言之有序，使人读后对文章的内容豁然贯通。

农业科技文章主要运用逻辑思维，如科技论文、科技报告和科技综述、述评等，要有层次地开展逻辑论证，进行科学的分析、归纳和总结，从中推导出正确的结论。在写作时，一定要做到概念准确、判断正确，事物之间的内部联系要同异分明，推理、证明要有严密的逻辑性，要如实地反映客观事物、事理的本来面貌。

农业科技文章要求语言准确严密。科学，就是实事求是。语言运用要体现这个精神。对专用名词、术语、公式、符号等使用要规范化、标准化，做到前后一致。而科普创作、科技新闻和广播稿，在语言运用上则有所不同，一般文艺性较强，要有一定的描写，语言比较生动活泼，富有文采。总之，各类农业科技文章要以易于被读者接受为根本。

(四)连续性

农业生产是一个年复一年，周而复始的系统工程，不仅种植业中每种作物从种到收，对各项先进技术的推广应用具有继往开来的连续性；就是畜禽从良种繁育到饲养管理的各个环节上所推广应用的各项先进技术，也同样具有不可间断的连续性。因此，随着农业生产的发展和农业科技的进步，新成果、新技术、新品种的不断涌现，传播及普及各项先进农业技术的科普文章的写作，也应当具有不可间断的连续性。

四、学习农业科技文章写作理论的意义

(一)体现农技人员的基础能力

比较多的学者认为科技人才最基本的素质包含六种能力，即自学能力、思维能力、研究能力、创造能力、表达能力和组织管理能力。而表达能力则是其他五种能力的综合反映和具体表现。因为一位科技工作者如果不能把他的科技成果写成文章，公布于众，那么他的一切

见解和观点，一切发明与创造，都不会被别人知晓。中国科学院前院长卢嘉锡在有关会议上提出："培养科学工作者的老师们，要教会年轻人学会表达。表达是很重要的。一个只会创造不会表达的人，不能算是一个真正的合格的科学工作者。"著名力学家、中国科协前副主席钱学森则提出了更具体的要求："作为一个科学工作者，应该有这样的本事，能用普通的语言向人民（包括领导）讲解你的专业知识。"

对于一个农业科技人员来说，事业成就的大小和他本人的文字表达能力是密切相关的。如果他只懂专业，而在科技文章写作上没有过硬的本领，那他的聪明才智一定会被束缚，发展也会受到限制，甚至会贻误工作，给事业造成不应有的损失。可见，农业科技文章写作能力绝不是可有可无的，它是农业科技人员智能结构组成的一个重要方面，是一项必不可少的基本功，也是卓有成效地做好本职工作的重要条件。

（二）推动科学技术的发展

邓小平同志曾明确指出："科学技术是生产力，这是马克思主义历来的观点。早在一百多年以前，马克思就说过：机器生产的发展要求自觉地应用自然科学。现代科学技术的发展，使科学与生产的关系越来越密切了。""历史上的生产资料，都是同一定的科学技术相结合的，同样，历史上的劳动力，也都是掌握了一定的科学技术知识的劳动力。"科学技术被生产者掌握，直接进入生产过程，制造出产品，这时科学技术便成为社会的生产力。而要向社会传播、推广和普及科学技术，科技文章写作就成了必不可少的手段。正如我国著名桥梁学家、中国科协前副主席茅以升同志所说："先进的科技成果如果不向人民普及，就不能为社会所接受，变成改造世界的物质力量，也就不可能跨越科学研究与实际应用之间的那条河。"科技文章写作是将先进的科学技术转化为社会生产力的重要媒介。美国、德国、日本等国都非常重视搜集、交流和传播科技信息，科技成果能很快应用到生产，从而促进了国民经济的发展；我国过去由于人们的科学文化水平跟不上科学技术的迅猛发展，平日又忽视对科学技术的传播、交流和普及，因而大约有70%的科学技术研究成果没有被推广、应用，这势必阻碍我国经济的发展。

科技文章写作源于科学技术活动和生产实践，同时又能动地反作用于科学技术活动和生产实践，成为推动科学技术发展的一个重要因素。现代社会的进步已经表明：科学技术越向前发展，科技信息量越大，科技文章写作也就应用得更加广泛，对于写好各类科技文稿的要求也就越来越高。

（三）更好地进行科技宣传和普及工作

我们所进行的任何一项科研或推广工作，要想得到顺利地开展，都必须取得社会上有关方面和广大人民群众的了解和支持。因此，科技战线的各个单位、各个团体以及个人，就有必要、也有责任通过口头和书面的方式，向社会广泛宣传和介绍自己所从事工作的性质、内容和意义，介绍本人、本单位、本学科的研究成果、推广项目、学术成就等，争取社会的了解，争取国家、地方或企业在人力、财力和物力上给予支持，推动科技事业的发展。特别是一些新的科研项目的立项，一种新的见解和学术观点的提出，一项新的科研成果的推广和应用，就更需要取得各方面的了解、重视和支持。因此，国外的一些科研单位十分重视并善于向社会宣传，设有专门的宣传推广机构。他们将这叫作向社会开放，让公众了解，也就是我们说的要做好科技宣传和普及工作。许多著名科学家当他们在学术上有所建树，有所突破时，不但要撰写学术专著，而且往往要写一本普及性的通俗读物，每年还要作几次科普讲演或广播，向社会宣传自己的学术成果。因为学术论文或科技报告的读者有限，而通俗科普读物的读者、科普广播讲演的听众少则几千、几万，多则几十万、几百万，后者的影响比前者要大得多。而那些只懂专业而缺乏表达能力的科学家、科技人员，他们的科研成果由于不能很好地向社会宣传和介绍，因而缺乏竞争力。因而适当地进行一些业务宣传，以争取社会舆论的支持也是必要的。

总之，重视和加强科技文章写作的研究和教学，通过各种途径，提高广大科技人员写作各类科技文稿的能力，这是社会发展的需要。

五、提高农业科技文章写作水平的基本途径

(一)观察和试验是科技文章写作的基础

观察和试验是科学研究的基本方法。它们既是搜集科学资料和数据，获得感性认识的主要途径，也是形成、发展和检验科学理论的实践基础。在科学研究中，观察和试验占有重要的地位，常常起着决定性的作用；因此，我们进行科技文章写作，就必须重视观察和试验，切实掌握这一搜集资料获得感性认识的重要方法。

达尔文曾经说过："我既没有突出的理解力，也没有过人的机智。只是在觉察那些稍纵即逝的事物并对其进行精细地观察的能力上，我可能在众人之上。"达尔文在科学研究中养成了对事物进行周密细致观察的习惯，锻炼了敏锐的观察力。他在 5 年的环球考察期间，对各种生物进行了系统周密的观察，终于获得了大量的科学资料，写出了《物种起源》这部光辉的科学著作，将自然科学的研究推进到了一个新的阶段。我国著名的气象学家、地理学家竺可桢，他数十年如一日地细心观察物候的变化，做了大量的观测记录，还从古代的典籍中发掘出许多有价值的科学材料，才写出《气候学》这部重要的科学专著，为我国气象科学的发展做出了贡献。无数事实说明，许多著名科学家撰写的有重大科学价值的论文或专著，他们在观察、试验时洒下的汗水，要比写作时洒下的汗水多得多。

科技文章写作的第一手材料，主要是通过长期细致的观察和试验获得的。但我们不能到此止步，还必须把观察和试验分析研究结合起来，通过思考的作用，对观察、试验的材料下功夫进行一番去粗取精、去伪存真的加工、制作，使之由感性认识上升到理性认识，正确地认识和反映客观事物、揭示其本质及其规律性。

(二)观摩—习作—独立写作

学习农业科技文章写作，可以先从观摩、习作开始，根据自己的实际需要，有目的、有计划地选读一些典范的农业科技文章，细心揣摩，汲取营养，再进行仿写，与范文比较，找出自己的不足加以改进。通过反复练习，不断改进提高，最后即可达到独立写作的目标。但需注意，这里的模仿不是生搬硬套，依葫芦画瓢。它要求既要学习前人，又要有别于前人，甚至是超越前人。写作是一种创造性的劳动，剽窃与雷同永远是写作的大忌。总之，要想提高写作能力，关键是要勇于实践，多写多练多改，在实践中学习，在实践中提高。

Chapter 1

第一章 农业科技论文类写作

知识目标

1. 了解农业科技论文的规范表达
2. 熟悉农业科技论文的概念、分类、特点与写作要求
3. 掌握农业科技论文写作的一般过程及基本格式

技能目标

能独立完成一篇农业科技论文的写作任务

第一节　概述

一、农业科技论文的概念

农业科技论文与一般议论文不同，它是一种对自然科学农业学科领域里的某一课题进行探讨、研究、分析、论证的规范性说理文体，是议论文中带有特殊性质的一大类别。它是对首创性的科技成果进行理论分析和总结的写作文体。所谓首创性成果是指前人没有提出和发表过的新学说、新观点、新结果和新工艺，而不是对前人工作的重复、模仿、复述或解释。

二、农业科技论文的特点与写作要求

科技论文是由科技工作者对其创造性成果进行理论分析和科学总结，并得以公开发表或通过答辩的科技写作文体。它通过运用概念、判断、推理、证明或反驳等逻辑思维手段，来分析、表达自然科学理论和技术开发研究成果。一篇科技论文，首先应该具有创新性、科学性、理论性和规范性。

1. 创新性(或称创造性、创见性、独创性)

创新性是科技论文的灵魂，也是衡量学术论文价值的根本标准。《科学技术报告、学位论文和学术论文的编写格式》(GB 7713—1987)中明确要求："学术论文应提供新的科技信息，其内容应有所发现、有所发明、有所创造、有所前进，而不是重复、模仿、抄袭前人的工作。"因此，要求论文中所提及的事物和现象的属性、特点和规律，或者这些规律的运用是前所未有的。科技论文的创新，可以表现为：是填补空白的新发现、新发明、新理论；在继承基础上的发展、完善、创新；在众说纷纭中提出独立见解；推翻前人定论；对已有资料做出创造性综合等。科技论文的创新性是指创新的有无问题，并不是指创新的大小问题。一篇论文，其创新程度可能大些，也可能很小，但总要有一些独到之处，总要对丰富科学技术知识宝库和推动科学技术发展起到一定的作用。

2. 科学性

科学性是科技论文的生命，它的内容必须符合客观规律。科技论文的科学性包括三层含义。

(1)论文内容的科学性。表现为论文的内容是真实的、先进的，是可以复现的成熟理论、技巧或物件，或者是经过多次使用已成熟能够推广应用的技术，是新发现、新成果、新技术、新理论，具有当代科学技术的先进水平。

(2)论文表述的科学性。表现为表述的准确、明白，这是表达最基本的要求，语言的使用上要十分贴切，没有疏漏、差错或歧义。表述概念要进行科学定义或选择恰当的科学术语，消除口头语言的模糊性。表述数字要有符合要求的准确的数值，同时要求把准确的数值准确地表述出来，切忌模棱两可，一语双关。

(3)论文结构的科学性。科技论文是客观事物事理的反映，其结构应具有严密的逻辑性。运用综合方法，从已掌握的材料得出结论。

3. 理论性

理论性是指论文作者思维的理论性、论文结论的理论性和论文表达的理论性。思维的理论性，即研究者对研究对象的思考，不是停留在零散的感性上，而是运用概念、判断、分析、归纳、推理等思辨的方法，深刻认识研究对象的本质和规律，经过高度概括和升华，使之成为理论；结论的理论性，即科技论文的结论应该是建筑在充分的事实归纳上，通过理性思维，高度概括其本质和规律，使之升华为理论；表达的理论性，即必须对结论展开逻辑的、精密的论证，以达到无懈可击、不容置疑的说服力。从内容上看，科技论文要富有明显的专业性，运用系统的专业知识论证或解决专业性很强的学术问题。从语言表达上，专业术语用得较多，主要利用专业术语和专业性图表、符号、公式进行叙述和分析。

科技论文的科学性、创新性、理论性，是为学术界公认的，符合客观实际的。写作科技论文，要符合科技论文的特点，要从实际出发，提出问题、分析问题、解决问题，作出合乎客观实际的结论。

4. 规范性与可读性

撰写科技论文是为了交流、传播、储存新的科技信息，让他人利用，因此，科技论文必须按一定格式写作，必须具有良好的可读性。在文字表达上，要求语言准确、简明、通顺，条理清楚，层次分明，论述严谨。在技术表达方面，包括名词术语、数字、符号的使用，图表的设计，计量单位的使用，文献的著录等都应符合规范化要求。世界发达国家对学术论文的撰写和编辑制定了各种国家标准。国际标准化组织也制定了一系列的国际标准，不同学科和专业的学术机构还制定了本学科和专业的国际标准。联合国教科文组织于 1968 年公布了《关于公开发表的科学论文和科学文摘的撰写指导》。1987 年，我国国家标准局发布了《科学技术报告、学位论文和学术论文的编写格式》《文后参考文献著录规则》《科技学术期刊编排规则》《文摘编写规则》等国家标准。不同的期刊论文虽然在语种、版面上有区别，但都具有相似的基本格式。对于这些规定，在撰写学术论文时，必须严格遵守，并且熟练地加以运用。一篇科技论文失去了规范性和可读性，将严重降低它的价值，有时甚至会使人怀疑它报道的研究成果是否可靠。

三、农业科技论文的分类

（一）按研究和写作方法不同分类

1. 理论推导型

写作要求：数学推导要科学、准确，逻辑推理要严密，并准确地使用定义和概念，力求得出无懈可击的结论。

2. 实（试）验研究型

其写作重点应放在研究上。它追求的是可靠的理论依据，先进的实（试）验设计方案，先进、适用的测试手段，合理、准确的数据处理及科学、严密的分析与论证。

3. 设计计算型

计算机程序设计；计算机辅助设计和优化设计，计算机模拟；某些产品或物质的设计或调制、配制等。这类论文要求相对要"新"，数学模型的建立和参数的选择要合理，编制的程序要能正常运行，计算结果要合理、准确；设计的产品或调制、配制的物质要经试验证实或经生产、使用考核。

4. 发现、发明型

阐述发明的装备、系统、工具、材料、工艺、形式或方法的性能、特点、原理及使用条件等。

(二)按写作目的和发挥的作用分类

1. 学术性论文

指提供给学术性期刊发表或向学术会议撰写的论文,它以报道学术研究成果为主要内容。学术性论文反映了该学科领域新的、前沿的科学水平和发展动向。这类论文应具有新的观点、新的分析方法和新的数据或结论,并具有科学性。

2. 技术性论文

指工程技术人员为报道工程技术研究成果而撰写的论文,主要是应用已有的理论来解决设计、技术、工艺、设备、材料等具体技术问题而取得的研究成果。技术性论文对技术进步和提高生产力起着直接的推动作用。这类论文应具有技术的先进性、实用性和科学性。

3. 综述性论文

这类论义应是在作者博览群书的基础上,综合介绍、分析、评述该学科(专业)领域里国内外的研究新成果、发展新趋势,并表明作者自己的观点,作出学科发展的预测,提出比较中肯的建设性意见和建议。此类论文往往对所讨论的专题或学科的进一步发展起到引导作用。

4. 学位论文

《科学技术报告、学位论文和学术论文的编写格式》中定义:"学位论文是表明作者从事科学研究取得创造性的结果或有了新的见解,并以此为内容撰写而成、作为提出申请授予相应的学位时评审用的学术论文。"学位论文分为学士学位论文、硕士学位论文和博士学位论文3种:

(1)学士学位论文。表明作者确已较好掌握了本门学科的基础理论,专业知识和基本技能,并具有从事科学研究工作或担负专门技术工作的初步能力。工科大学生有的做毕业设计,毕业设计与科技论文有某些相同之处。论文一般只涉及不太复杂的课题,论述的范围较窄,深度也较浅。

(2)硕士学位论文。表明作者确已在本门学科上掌握了坚实的基础理论和系统的专门知识,并对所研究课题有新见解,有从事科学研究工作或独立担负专门技术工作的能力。硕士研究生论文必须具有一定程度的创新性,强调作者的独立思考作用。

(3)博士学位论文。表明作者确已在本门学科上掌握了坚实而宽广的基础理论和系统而深入的专门知识,并具有独立从事科学研究工作的能力,在科学或专门技术上取得了创造性的成果。它可以是一篇论文,亦可以是相互关联的若干篇的总和。博士学位论文应具有系统性和创造性。

第二节 农业科技论文写作的一般过程

无论是长篇的科技专著,还是几千字的研究报告和学术论文,在写作过程中都不是随随便便,要想写得好,必须遵循一定的写作程序。这个程序大体上是:

确定选题——明确主题——搜集和整理资料——拟定提纲——撰写初稿——修改和

定稿。

一、确定选题

因为一项科研课题,根据所取得的成果内容和准备报道的不同侧重面,作者可以写出若干篇系列的研究论文,如理论分析、实验方法与设计、实验现象与结果分析、所得规律的解释与论证、实验条件对结果的影响等均可分别写成相应的论文。因此,每一篇论文的标题虽然不相同,但它们都是同一个研究课题中的不同内容或不同侧面。所以,选择和确定科技论文的标题,前提是对某一科研课题的深入研究。

人们在长期的科学研究实践中,在科技论文的写作实践中,不断地总结科学研究和科技论文写作的成功经验和失败教训,概括出选题应该遵循需要性原则、科学性原则、创造性原则和可行性原则,在此基础上总结了选什么样的课题。

(一)选择有科学价值的课题

我们可以从下述这些方面来考虑选题:

1. 亟待解决

一般说来,在农业科技领域中,总有一些亟待解决的问题。如有关国计民生的重大问题、有关学科发展中的关键问题等,有的虽然是一般性问题,但迫切需要解决。科学研究应该首先注重这些亟待解决的问题的探讨。

2. 追求新发现、新创造

在科学上,新的发现、新的创造是有科学价值的,这也是每个科学工作者应该努力追求的目标之一、因为每项新的发现、新的创造都将使学科的发展进入一个新的阶段或向前推进一步,这对科学的发展是有贡献的。

3. 填补空白

科学的发展有其不平衡性。从学科建设上来看,由于某一时期侧重于某些学科的研究,而忽视了另外一些学科的建设,于是出现了学科上的短缺、空白。而发展这些新的学科将会有助于我国的社会主义建设,这就需要填补。在一个学科范围内,也存在着发展的不平衡性。在一定时期内,对某些问题的研究比较重视,研究的成果也就比较显著,而对另一些项目却很少接触,于是出现了需要填补的部分。从客观需要、从科学发展的全局来看,这是应该成为研究重点、选题对象的。

4. 纠正通说

通说是指通行的看法,这是已有的研究成果,也包括现在提出来的一般的流行观点。通说中既有正确的观点,也有不正确的观点。纠正通说中不正确的观点,使人们得到正确的认识,这自然是有科学价值的。

5. 补充前说

这是对前人研究的发展性研究,使前人的研究更为丰富、完整。富有创造性的研究在科学发展中固然十分重要,但是在多数情况下,总是先提出某种假说或论断,而要在经过不断地验证、补充、丰富之后,才能成为完整的理论观点。所以,补充前说是有科学价值的,应该成为我们选择课题考虑的因素之一。

(二)选择有利于展开研究的课题

选题,首先要考虑选择有科学价值的题目,这是客观的需要。但是,仅仅从这个客观的需要上来考虑选题是不够的，每个研究者还必须考虑自己的主观条件，才能选出适当的题目。进行科学研究，写科技论文是每个研究者个人或团队做的。所以，从客观上考虑是否有科学价值的同时，还必须从研究者的主观上，即从基础条件上考虑选择的题目是否有利于展开研究。要选择有利于展开研究的课题，我们可以从下述几个方面来考虑选题：

1. 有浓厚兴趣

这里所说的兴趣，是专指在科学研究中促使人们积极追求、探讨的一种爱好。兴趣是在实践中产生的。无论是由研究对象本身引起的直接兴趣，还是由目的、任务所引起的间接兴趣，都是与我们对研究课题的了解分不开的。有兴趣的课题，往往是我们已经了解或初步了解的课题。选择有浓厚兴趣的课题，不仅会带来研究它的热情、积极性，而且它也能使我们有个较好的研究基础，并容易完成它。

2. 能发挥业务专长

选择能发挥业务专长的课题有利于研究的展开，这也是选题阶段作者考虑自己的研究能力如何得以充分发挥的问题。无论专业水平高低，每个研究者都有自己的业务专长。我们选题要扬长避短，从自己的实际研究能力出发，选取能发挥出业务专长的题目，这样研究工作才能很好地展开，并可能获得优秀的成果。这就像一个搞蔬菜研究的，万万不可去搞果树研究一样，在非己之所长的项目中短期内是决不会发挥出优势的。

3. 大小适中

如果说发挥业务专长是个选题目标对口的问题，那么选题大小适中与否则是个量力的问题。只有选择与自己的研究能力相适应，可以拿得起来，可以处理的课题才有利于研究工作的展开。选题难度过高，起步艰难，更难于深入下去，常常会半途而废。而只在小题目上打圈子，不敢高攀自己完全可以处理的难度较高的课题，这也会影响业务专长的发挥，并进而妨碍自己在学术上做出较大的贡献。这两种偏向都要防止。

4. 有研究条件

进行科学研究必须具备一定的条件。图书资料是进行科学研究的基础，缺少资料的研究者很难写出有分量的论文，就像两手空空的厨师难于烹调出美味佳肴一样。此外，处理某些课题，要使用仪器设备和原材物料，或需要一定的实验、考察经费，这在选题时必须予以考虑，否则，这些条件不具备，选的课题再好，也是无法着手研究的。

5. 在限定的时间内可以完成

这是个工作量的问题。只能有一个月时间进行的一项研究与能有一年时间进行的研究，其所选的课题大小与难易程度是不会相同的。时间短，要选小一点的、容易解决的课题；时间长，要选大一点的、有一定难度的课题。

二、明确主题

(一)科技论文的主题

科技论文的主题，是人们在科学技术研究中逐渐产生和确立的，是科研实验、生产实践的产物。科技工作者在农业生产和科学技术研究的实践中或是在钻研大量科技情报的基础上，逐步深入地获得了大量的、丰富的材料，并对其进行反复的思考研究，实验验证，分析、归纳和提炼，从而获得对这些材料的理性认识。把这些理性认识诉诸文字，或叙述一件事情，或说明一种情况，或描写一个物体，或议论一个道理等。这种贯穿全文的作者的认识与评价，就是文章的主题，它是决定一篇论文有无价值和价值大小的关键。

当一项科研课题经研究并得出最终结论之后，可供撰写的科研论文的主题也就清晰地展现出来了。研究者既可就研究成果的总结撰写论文，也可以就研究成果的某一部分结论撰写论文。这就涉及确定具体某一篇论文的题目和明确相应的主题。还应注意主题要明确，重点要突出。学术论文切忌没有新观点、新结论，切忌重复他人的成果和过时的结论。

(二)科技论文主题的重要性

1. 主题是一篇文章的主脑

科技文章的材料取舍、结构的措置、数据的选择、图表的设计、语言的运用、表达方式的确定、文章的修改以至标题的拟制等，都要依据主题的需要来考虑和定夺。主题必须统率文章的各个组成部分。

2. 主题是构成文章必不可少的重要因素

不论是科技专著，还是简短的科技广告，都要解决好主题的问题。如果不先考虑好主题就执笔成文，这只能是材料的堆砌，文字的拼凑。同时，主题的正确与否，还决定着文章的使用价值和社会功能。

(三)怎样确立科技论文的主题

1. 选好立足点

就是站在什么高度来揭示主题。作者要使自己站得高，就要以辩证唯物主义的世界观和方法论作指导，遵循自然科学的研究方法，概括总结人类在探索自然界奥秘中的经验教训，用以揭露和解决主观与客观、理论与实践、已知与未知等矛盾，才能揭示事物的性质及其规律性，避免盲目性和走弯路。

2. 选好切入点

就是站在什么角度来揭示主题。角度不同，相同事物所揭示的主题也不同。陈益鎏的《无花果保鲜方法比较试验》、薛玉平等的《无花果的繁苗技术》、王浩宇的《无花果整形修剪技术》，虽然都以无花果为题材，但各篇文章主题却不同。《无花果保鲜方法比较试验》介绍的是普通处理和热水处理对无花果保鲜效果影响；《无花果的繁苗技术》介绍的是无花果夏季嫩枝扦插和冬季在日光温室内利用电热温床进行硬枝扦插育苗；《无花果整形修剪技术》介绍的是无花果常用树形和具体的修剪技术。

3. 选好最能揭示事物本质、最能体现事物特点的东西

主题具有观念性，要能很好地确立主题，必须从纷繁复杂的客观事物中，从情报资料和实验研究中，经过考察，去粗取精、去伪纯真、由此及彼、由表及里，揭示事物的特点，确立正确的、深刻的主题。只有这样，科技文章才能经受起时间的考验，才能经受起实践的检验，产生现实的和深远的影响。

(四)科技论文主题的基本要求

1. 正确

就是经得起实践的长期检验。主题必须接受实践的检验，才能辨其真伪。有时这种检验不是一次、两次就大功告成，往往还要经过长期的反复的实践。即使根据一定的公理、定义和定理，应用严格的逻辑推理和逻辑证明的方法，也不能代替实践标准。

2. 集中

就是单一，不枝不蔓，有明确的聚焦点。一篇文章，不能无中心，也不能多中心。不能在

一篇短文里既要表现这个，又要表现那个，结果是哪个问题都没有表达清楚，给读者的印象不深，自己的写作目的也没能达到。

3. 鲜明

就是作者的观点明确、不含糊，对研究对象具有明确的认识和坚定的信念。主题含糊不清，态度暧昧，不是表明研究工作尚不成熟，就是表明作者没有达到应有的写作水平。

4. 新颖

就是不落窠臼，不人云亦云，有新见解，有发现、有创造。要做到这点，非要下一番功夫不可，正如爱因斯坦所说："提出一个问题往往比解决一个问题重要。因为解决问题也许仅是一个数字上或实验上的技能而已，而提出新的问题、新的可能性，从新的角度去看旧的问题，却需要有创造性的想象力，而且标志着科学的真正进步。"这就要求作者有严肃的科学态度，要勤于思考，有正确的研究方法和深厚的才学胆识。

三、搜集和整理材料

(一)什么是农业科技论文的材料

农业科技论文的材料是指为着某一科技写作目的，从农业科技研究的实践，或从情报资料等其他途径获得的一系列数据、事实，以及解释这些数据和事实的科学技术理论。

农业科技论文的材料可分为直接材料、间接材料和发展材料三种。所谓直接材料是指作者在农业科技工作中，经过反复实践验证后获得的第一手材料。这种材料通常又被称为"活材料"。间接材料是指从文献资料中搜集到并转录下来的他人实践和研究成果的资料。人们把这种材料称为"死材料"。发展材料是指作者在搜集到的直接材料和间接材料的基础上，经过认真地分析、综合、归纳、研究后获得的新材料。

材料在农业科技论文写作中有着十分重要的作用。写作前，材料是形成农业科技论文观点的基础；写作中，材料是表现观点的支柱。作者要反映自己对某一农业科学技术研究的认识、看法，并提出自己的观点，只能通过对大量的材料进行分析、研究，找出其自身规律，或者是相互间的联系，从而形成农业科技文章所要表达的观点。而且，作者的这种认识、看法、观点，又必须通过材料来表现。如果没有充分的材料来支撑，那么，轻则缺乏说服力，重则引起误解。

(二)农业科技论文材料的收集方法

1. 直接材料的收集

直接材料来源于科学观察、实地考察和科学实验(试验)中。包括实物、图片、照片、录音、录像、实验记录、观察日记和札记等。

(1)实物。指与研究课题密切相关的原始资料、产品、标本等。它是说明和论证观点的最雄辩的证据。例如，李四光珍藏的砾石，成为他在《地质力学》中的观点的重要论据。

(2)图片和照片。在考察中有些实物是不能携带的，因此，要绘制成实物图或拍成照片。有些即使采获，为了防止变化和其他一些原因，也应及时绘制成图或拍成照片，如实物的微观结构形态就必须通过显微镜和扫描电镜拍摄或绘制成照片和图形。实物图和照片要注意从不同的角度描绘实物的真实形态。

(3)录像和录音。为了记录某些研究对象的变化过程和音响，可以录像和录音。它们最大的优点是能再现已经过去的生产和实验过程的真实情景，为研究某些需要反复观察的对象提供方便。

(4)实验和观察记录。记录的项目一般都要事先设计好。根据需要,有的必须每天记录,有的几个小时就要记录一次,还有的则要跟踪观察,随时记录,直到实验完成。

(5)观察日记和札记。日记是天天记的,札记是随时记的,不拘时间。观察日记和札记不同于实验和观测记录的是:它包括了作者的感受和思考,最能反映作者的观察和分析能力,不仅有经过初步取舍的客观现象的资料,而且有作者重要的思维成果,是作者创造性见解的萌芽。

收集直接材料应注意:

①深入实际,勇于探索　要取得重要资料,科研工作者必须深入实际。深入实际不仅要身临科研一线,而且要参加实际工作,动手动脑。要纠正研究纯粹是脑力劳动,不需动手的错误认识。

②细心验证,去伪存真　在观察和收集直接资料时,会遇到很复杂的情况,有些资料相互矛盾,有些资料真真假假,有些资料模糊不清,因此,必须及时对资料进行辨别选择。对已有的定论要敢于怀疑,对有疑义的资料,也不要轻易否定。总之,必须从实际出发,细心验证,去伪存真,不然就会犯错误。

③及时记录,完整无误　在研究过程中和论文写作中,直接材料的任何一点差错,都可能使其前功尽弃,所以记录时一定要精细准确。记录要及时,不要等时过境迁时凭回忆补记。在平时的研究工作中随时记录偶然看到、想到的事物和问题。实验、观察笔记要写具体。对一个实验和一个事物的记述要完整。有些资料常常因为有一点残缺而完全丧失了科学价值。记录的完整细致还对技术发明获得专利有重要意义。很多国家专利局评判同一发明的先后,依据就是完整的实验记录。

2. 间接材料的收集

间接材料通常包括图书、期刊、报纸、音像资料、缩微材料等。对间接材料的搜集,通常可通过剪报、笔记、检索文献资料等途径获得。

科技文献是前人和别人用文字和其他手段记录下来的科学技术知识。科学研究和写作论文从选题到完稿,始终都要注意查阅文献资料这一重要环节。查阅文献资料可以帮助我们了解国内外研究动态、获得科学发展的最新信息,为研究工作提供线索。同时从文献中可以获得前人证明了的事实、数据、理论、定义、公式、方法以及别人的假说,别人的经验和教训等,作为自己研究的根据。

一般将文献分为三级:

一次文献信息资源是指经加工或粗略加工的原始信息资源,如正在研究或创造过程中产生的信息,包括会议记录、论文、报告、统计报表、专利等。其特点是比较零散,系统性不强,但包括所有的主要内容。

二次文献信息资源是指在一次信息资源基础上加工整理而成的信息资源,如文摘、索引、目录等。

三次文献信息资源是指综合一、二次文献,把知识系统化而编写的教科书、百科全书、年鉴、指南、手册、辞典、丛书等。

文献百科的范围十分广泛,就其书面表达形式说,有图书、期刊、会议录、科技报告、学位论文、专利、标准、样本等。

(1)图书。历史最悠久,它的特点是反映的内容比较成熟,比较稳妥,是学习和了解系统知识时阅读和参考的主要文献。它的不足之处是反映信息的速度慢。于是现在很多学科用出版年鉴来弥补。年鉴是介于书和期刊之间的文献资料。图书一类中,还应特别注意工具书的使用。工具书包括百科全书、辞典、手册和年鉴等。

(2)期刊。只有三百多年历史,但发展速度很快,它适宜反映新的成果和思想,出版快,还可以开展各种观点的争鸣,特别是重要科技期刊都以刊登第一次文献为主。所以目前期刊发行量已超出文献总量的一半。国外特别重视期刊的作用,图书利用率只占15.8%,而期刊利用率占61.9%。在各种期刊中,文摘期刊是现在科技刊物中发展很快的一种。它既提供了科学技术的新信息,又便于检索,能节约科技工作者的时间,所以很受欢迎。现在很多期刊中也有文摘、综述等。

(3)专利。使用法律保护创造发明的独占权利。创造发明者申请专利的报告书就是专利文献。专利是一次文献,并且它所反映的科技成果具有新颖、先进、实用等特点,因此是开展科学研究,特别是技术研究时必须重视的参考文献。

(4)会议录。也是了解最新科技信息的重要的文献资料。每年全世界要召开上万次各种类型的科技会议。这些会议一般都是讨论和报告科技研究中、应用中的新成果、新问题。会议一般都要编辑会议录或会刊。对会议录,国外很重视,我国也越来越重视。

(5)剪报。将报刊上登载的有关文章剪辑下来,注明报刊名称、时间、版序等。

(6)笔记。可分为两类,一类是记载直接资料的日记和札记,另一类是读书笔记(记录文献资料的笔记)。

技能训练

检索文献

一、学一学

检索文献的步骤:

1. 分析研究课题,明确检索需求

在查找文献信息之前,必须对检索课题进行分析研究。目的是了解课题的学科和专业范围,弄清检索的真正意图及实质。这是制定检索策略的根本出发点,也是检索效率高低和成败的关键。具体需要明确的问题有:专业范围、时间范围、地理范围、语种范围、文献类型。

2. 选择检索工具(或数据库)

在选择检索工具时,要考虑的主要问题是:

(1)在内容和时间方面,要考虑检索工具、数据库内容对课题内容的覆盖面和一致性,如应综合考虑检索工具、数据库收录文献的齐全、编制的质量、使用的方便等因素。

(2)在手段和技术上,有机检条件的一般就不选手检工具。但必须了解数据库收录文献的年代范围。

(3)考虑价格和可获得性,应选择就近容易获得的检索工具。

3. 确定检索途径

检索途径是进入检索的入口。分为两类：反映文献内容特征的途径（分类、主题）和反映文献外部特征的途径（著者、题名、代码等）。根据自己掌握的所查文献的有关情况，选择一条较好的途径检索，可以节约大量的时间和精力。图 1-1 为进入中国知网界面。

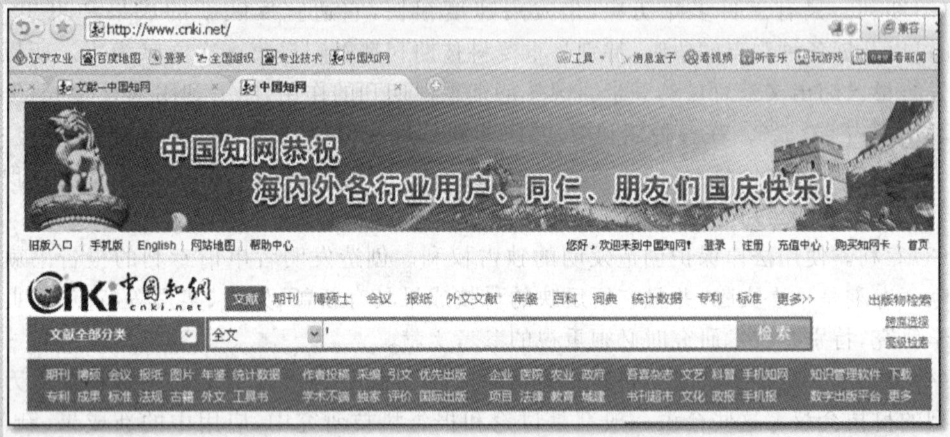

图 1-1　中国知网界面

分类途径是按照学科分类体系查找文献的途径，采用的是“分类目录”和“分类索引”。按分类进行查找，用分类途径能够把同一学科的文献信息集中在一起检索出来。其缺点是分类表是事先编制好的，一些新学术论文增补不及时，依此途径检索，所得文献容易落后于学科发展；又由于每篇文献是按学科归类的，查出的结果涉及面宽，针对性不强，因而还需要进一步筛选。

主题途径是根据文献的主题特征，利用各类主题目录和索引进行检索的途径，即利用从文献中抽象出来的或经过人工规范化的，能够代表文献内容的词来检索。主题目录和主题索引就是将文献按表征其内容特征的主题词组织起来的索引系统。利用主题途径检索时，只要根据所选用主题词的字顺（字母顺序、音序、笔画顺序等）找到所查主题词，就可查得相关文献。主题途径具有直观、专指、方便等特点，打破了按学科分类的方法，检索时分散在各个学科领域里的有关课题的文献集中于同一主题。图 1-2 为进入主题检索界面。

著者途径是利用著者（个人或单位著者）目录和著者索引进行检索的途径。国外对著者途径非常重视，许多检索工具都把著者索引作为最基本的辅助索引。著者途径的特点是：科研人员一般是各有所长，尤其是有些领域的知名学者、专家，他们的文章一般都代表了一定的水平和动向，通过著者线索，可以系统地发现和掌握他们研究的进展和他们的最新论著。一定程度上可以引导查找到同类或相关文献。这种途径的检索既快速又方便，但查得的文献缺乏系统性和完整性。图 1-3 为进入作者检索界面。

题名途径是根据文献的名称，如书名、刊名、会议名称进行检索的途径。它以文献的题名按照字顺编排成一个体系，既简单易行，也便于查检，比较符合一般用户对文献的使用习惯。

代码途径是根据文献的序号特征，利用其序号索引进行检索的途径。许多文献具有唯一的序号，如 ISBN、ISSN、专利号等。根据这些序号可整成不同的序号索引。在已知序号的前提下，利用序号途径能方便地查找所需文献。

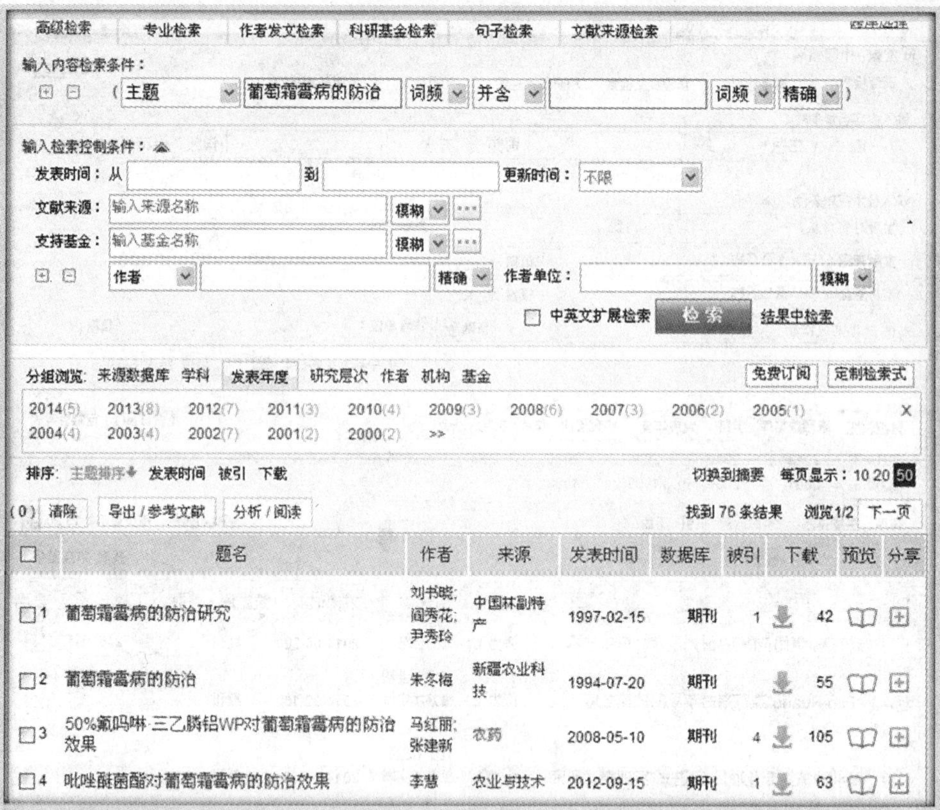

图 1-2 主题检索界面

其他途径。有些检索工具还有一些特殊的索引，可用特殊途径找到所需文献的线索。计算机检索系统中的检索途径还很多，几乎文献的每一个特征（如出版社、出版年代等）都可作为检索途径。

4. 确定检索方法

检索方法一般可分为 3 种：①追溯查找法，即利用文献末尾所附参考目录去查找资料。这种方法可以很快找到与文献有关的资料，但有漏检和误检的可能性；②直接查找法，即按所查资料的学科发展年代查起，直到本学科最近的有关资料。这种方法能查到较全的资料，但很费时间；③循环查找法，即前两种方法的综合使用。其具体的方法是先用直接查找法找到一些文献，然后根据文献后所附的参考目录进行追溯查找。这种方法花的时间较少，且获得的资料较全。为了节省时间，了解最新动态，应从近期倒查；了解有关课题的发展情况，则应从该课题开始研究的年代顺查。一般应该由今到古，由近及远。查到满足需要为止。

5. 获取原始文献

这是检索过程的终结，也是检索文献的最终目的。获取原文一般有 3 个步骤：

①整理文献出处。将文献出处中有缩写语、有音译刊名的还原成全称或原刊名；

②判断文献的出版类型；

③在上面 2 个步骤的基础上查找全文数据库、或通过查找图书馆馆藏目录、联合目录确定馆藏位置，从而获得原文，如果是特种文献，可分别在国图、中信所、中科院、专利局索取原文，或通过图书馆文献传递服务获得原文。

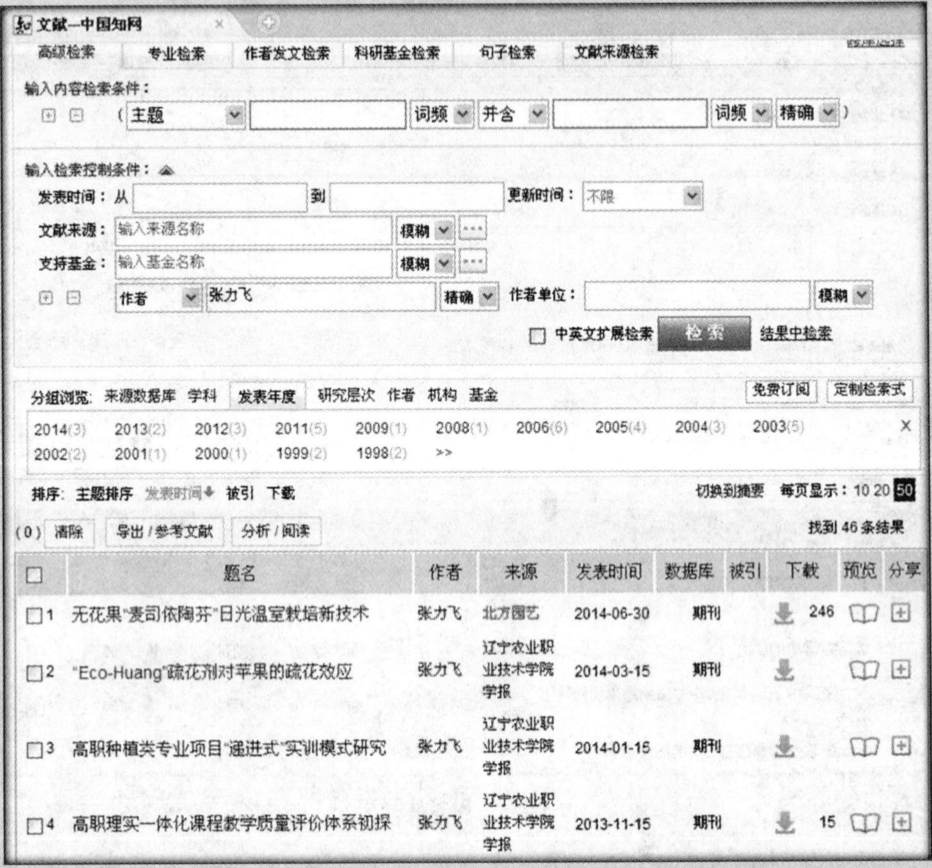

图 1-3　作者检索界面

二、练一练

结合导师课题，查阅 10 篇近期公开发表的论文，并将查阅情况填入下表。

"________________"主题相关文献

序号	题　名	作　者	来　源	发表时间
1				
2				
3				
4				
5				
6				
7				
8				
9				
10				

(三)农业科技论文材料的选择

我们通过各种渠道收集到许多材料,但这些材料不可能都在我们要写的某篇科技论文中用上,因此,就要将这些材料进行认真地研究、选择,寻找出其中最有用的材料。

科技论文材料的选择可以分三步进行。

第一步,阅读资料。就是将已收集的材料全部阅读一遍,力求掌握其内容的精髓。阅读材料,要讲究科学性。最好先读中文资料,后读外文资料;先读综述性资料,后读专题性资料;先读近期资料,后读过去的资料;先读文摘,后读全文;先粗读,后精读。

第二步,鉴别材料。就是分析研究材料,寻找出科学研究和写作所需的具有科学性、创新性、典型性的材料。这就要认真分析研究作者的判断、结论,以及使用的理论依据、事实材料、推理的方法、使用语言的准确性等是否正确。对文献中相互矛盾、含混不清的说法要比较鉴别,有的则要用实验、调查的方法核对。

第三步,占有材料。记些笔记是研究者个人搜集和储存直接和间接资料的主要手段。随着科学技术的发展,复印、缩微、录音、录像等技术手段的使用,虽然可以替代书面记录的部分功能,但记录笔记还有无法替代的作用。它对于帮助记忆,培养思维能力,培养写作能力都有重要作用。作者在研究有关资料时,产生的某些想法,特别是某些突然冒出的瞬间思维和想法也要用笔记及时记录下来。物候学家竺可桢从青年时代起数十年如一日坚持写日记,从不间断,他完整保留下来的九百万字的日记成为我国文献宝库中的财富。

读书笔记有 4 种:

①提要　将一本书、一篇文章的主要内容归纳整理记录下来;

②文摘　将书和文中的重要原文摘引下来;

③心得体会　写读后的感想和体会;

④综合笔记　既有提要,又有摘引,也有自己的体会。有的是一本书、一篇文章的综合笔记,有的是综合若干书籍或文章的笔记。

写读书笔记的要求是:勤,坚持不懈;精,选取精华;简,简明扼要,调理清楚;还要便于分类、储存和提取。

笔记无论用哪种方式,都万万不可忘记写上阅读的书名、篇名、出处、写作的年、月、日,否则写论文时就无法引用。此外,要注意留较大的边空,以便作旁批、注释和补充。

(四)农业科技论文材料的要求

1. 要有科学性

材料的科学性是科技论文写作中的关键因素,它必须是正确可靠的,是从科学实践中获得并被证明了的符合客观规律的知识和事实。如果材料虚假,以讹传讹,将谬种流传,贻害社会。

2. 要有典型性

所谓典型材料,就是能反映事物本质,具有代表性的材料。这样的材料,才能切中要害,起到以一当十的作用。

3. 要新颖

材料的新颖,指的是选择具有时代特征的新材料,包括新事物、新发现、新成果、新问题等。这样的材料,才能给人以新的信息。

四、拟写提纲

技能训练

拟订农业科技论文的提纲

一、学一学

案例 1-1　　**浸制标本制作新工艺的探索与应用**

提纲	文　稿
前言部分： ①浸渍标本的现状及评价 ②研究的范围和目的	浸制标本因其形色逼真，可以保持组织器官的原有形状或基本特征，因而成为解剖学和病理学教学过程的良好教具。传统的浸制标本制作方法存在着一定的缺陷，如保色时间短、标本易发生变色和腐烂而失去原有特征；保存液多具有强烈的刺激性、毒害性，对人体健康不利，且污染环境。因此，有必要探索一种浸制标本制作的新工艺，通过改良保存液的配方、配比，达到安全环保，直观真实地反映标本原态且延长标本保存时间的目标。 笔者从标本保存前的预处理、保存液的配方、标本瓶的封口方法几方面着手对传统的浸渍标本制作方法进行了新的探索，并将新工艺广泛应用，为动物解剖及动物病理学的相关科研和教学工作提供了技术平台
正文部分： ①应用的材料 ②研究的方法、步骤	1　材料 标本瓶、动物尸体、玻璃片、线、手术刀剪、甲醛、冰醋酸、乙醇溶液、纯化水、柠檬酸、亚硫酸、硝酸钾、苯甲酸钠、硫酸亚钴、氯化锡、硼酸。 2　方法 2.1　浸渍标本制作的主要步骤 (1)选材。选取新鲜、完整的动物尸体，于清水中洗净。 (2)固定。打开胸腹腔，取出用于制作标本的内脏器官，选择长短合适的玻璃片，将标本用线固定在玻璃片上。 (3)放置。将固定好的动物标本斜放于高矮合适的标本瓶中(以标本位于玻璃瓶正中适合观察为宜)。 (4)加保存液。将配好的保存液加入到已放入标本的标本瓶中至瓶口 1～2 cm，盖上瓶盖，封口。 (5)贴标签。将标记好动物名称、制作日期的标签贴于瓶盖上。 2.2　标本制作的优化条件 (1)标本保存前的预处理；(2)保存液的配方；(3)标本瓶的封口方法
结论与讨论部分： ①研究结果	3　结果 3.1　标本保存前的预处 用于制作标本的内脏器官在预处理液中浸泡 1～2 d。预处理液配制：250 mL 纯化水中加入 2.5 mL 甲醛和 2.5 g 硼酸。

提纲	文稿
结论与讨论部分： ①研究结果	3.2 保存液的配方 传统的保存液主要是40%的甲醛溶液，它具有强烈的刺激性、毒害性，对人体健康不利，污染环境，而且保存中往往有多聚甲醛形成，使浸液变油，影响观察，在保存过程中往往要经常更换。改良保存液配方采用5种不同的保存液对内脏标本进行浸渍保存。5种保存液的配制方法如下。 (1)甲醛、冰醋酸、酒精、纯化水按照3∶1∶8.5∶14的比例混匀。 (2)0.3%柠檬酸、1%亚硫酸、0.3%硝酸钾按照1∶1∶1的比例混匀。 (3)0.6%亚硫酸、0.2%柠檬酸、0.2%苯甲酸钠按照的1∶1∶1比例混匀。 (4)甲醛、亚硫酸、酒精、纯化水按照1∶4∶1∶100的比例混匀。 (5)400 mL纯化水中加入3 g硫酸亚钴、2 g氯化锡、5 mL甲醛溶液。 制做好的标本，前两年每隔半年检查1次，以后每隔1年检查1次。检查内容主要包括标本颜色、保存液的浑浊度。所有标本于2008年3月制做完成，此后记录好每次检查情况，结果见表1-1。

表1-1 5种不同保存液试验结果

配方	标本名称	标本数量	检查时间(月/年)及检查结果				
			10/2008	3/2009	10/2009	10/2011	10/2013
Ⅰ	肝	3	标本颜色稍褪	颜色进一步变淡	颜色发白	颜色发白	颜色发白
	脾	3	标本颜色稍褪	颜色进一步变淡	颜色发白	颜色发白	颜色发白
	肾	3	标本颜色稍褪	颜色进一步变淡	颜色发白	颜色发白	颜色发白
Ⅱ	肝	3	标本颜色稍褪	颜色进一步变淡	颜色发白	保存液稍浑浊	保存液浑浊
Ⅲ	脾	3	标本颜色稍褪	颜色进一步变淡	颜色发白	保存液稍浑浊	保存液浑浊
Ⅳ	肾	3	标本颜色稍褪	颜色进一步变淡	颜色发白	保存液稍浑浊	保存液浑浊
Ⅴ	肝	3	正常	正常	正常	正常	正常
	脾	3	正常	正常	正常	正常	正常
	肾	3	正常	正常	正常	正常	正常

提纲	文稿
②浸制标本制作新工艺的优势及应用	表1-1显示，使用配方五制成的保存液可以使标本在较长时间内保持原有的形状和色泽，且保存液本身不发生浑浊，是较为理想的浸渍标本保存液。 3.3 标本瓶的封口方法 将蜂蜡和松香分别熔融后混合在一起，加入凡士林调成胶状涂在瓶口与瓶盖连接处，厚度约2 mm。 4 讨论 笔者从标本保存前的预处理、保存液的配方、标本瓶的封口方法三方面着手对传统的浸渍标本制作工艺进行了改良。新工艺的保存液中甲醛的含量大大降低，使得整套工艺更加安全环保。标本固定前的预处理以及浸渍液中适当比例的硫酸亚钴和氯化锡的加入解决了传统工艺保色时间短的问题。新的封口方法取代传统的石蜡封口法，进一步增强了标本瓶的密封性，减少了浸渍液的挥发，延长了标本的保存时间。自2012年起，笔者采用新工艺制作浸渍标本约40多种，涉及猪、牛、羊、犬、猫等动物的胃、肠道、肝、肺、肾、脾、心脏等内脏器官，这些标本封口后保存至今均无需添加或更换保存液，97%左右的标本均保存完好。目前，这些标本均保存在江苏农牧科技职业学院的动物解剖实验室及动物病理实验室，供教学和科研使用

提纲是写作的内容要点，体现的是作者写作的总体思路，掌握论文结构全局，使论文层次清楚，重点明确。提纲可以帮助我们树立全局观念，从整体出发，去检验每部分所占的篇幅与其在全局中的地位和作用是否相称，各个部分之间的比例是否恰当和谐，每一字、每一句、每一段、每一部分是否都为全局所需，是否丝丝入扣，相互配合，都能为主题服务。据资料报道，世界上大约95%的科技人员是先编制写作提纲，后按提纲进行写作。

拟定提纲是对整体构思的具体实施。写提纲时，应将每一部分内容的素材准备好，比如：图、表、方程等，在提纲中注明，以备写作时参考。

提纲的内容都应符合论文写作要求：提出问题，解决问题，结论。

(一)创新性技术论文提纲拟定

由于这类论文包括新的技术、新的工艺和新产品、新设计，以介绍"新"为重点，这类论文的写作提纲一般包括如下内容：

前言部分：①该技术（工艺、产品、设计）的现状及评价；②研究的范围和目的。

正文部分：①应用的科学理论和原理；②研究的方法、步骤和环境条件；③研究所用的材料和设备（资料）；④生产实践（分析应用）的方法、步骤、注意事项和结果。

结论部分：①研究成果的可靠性（精度）；②成果使用的经济效益和社会效益；③需要改进的地方，或需继续研究的方向。

对上述提纲内容需要说明的是：

①在技术论文中，对于现状的评价，除特别需要外，不引用具体的事例，只作综合的评价；②对于上述提纲的内容，应考虑每一条内容是否还需要分层表述。如需分层，是否应写出每层的分层提纲；③应考虑正文部分在哪一条提纲内使用图、表的表述更为恰当；④上述提纲的顺序，具体可根据自己的写作风格重新排序。"浸制标本制作新工艺的探索与应用"写作提纲也可简写成：

前言

1　材料

2　方法

2.1　浸渍标本制作的主要步骤

2.2　标本制作的优化条件

3　结果

3.1　标本保存前的预处

3.2　保存液的配方

3.3　标本瓶的封口方法

4　讨论

(二)新技术(设备、产品)应用性论文提纲拟定

其写作提纲一般包括以下内容：

前言部分：①应用环境、条件概述；②可以使用的技术（设备、产品）的比选；③采用的新技术（设备、产品）；④应用的效果。

正文部分：①方案的比选。②新技术（设备、产品）的应用。包括：结合工程实际的工程设计；使用的主要材料和设备；劳力组织和工艺流程；注意事项和质量标准的控制等。③应用的结果。包括经济效益和社会效益评价。

结论部分：①对应用技术的评价；②对应用技术的改进或改进的建议。

技能训练

一、学一学

案例 1-2

柑橘大实蝇防治新技术研究

提纲	文稿
前言部分： ①介绍柑橘大实蝇发生情况； ②生产上常用方法及弊端； ③采用新技术研究的基础	柑橘大实蝇 *Bactroeera minax* 属双翅目实蝇科，幼虫俗称柑蛆。由于该害虫在全国多个柑橘产区普遍发生，2009 年起被取消检疫。在湖南一年发生 1 代，4 月中旬至 5 月中旬开始羽化，6 月中旬至 6 月底开始交配，6 月下旬至 7 月下旬为产卵高峰期，成虫期持续至 8 月上中旬，8 月底至 9 月上旬卵开始孵化，10 月底至 11 月上旬老熟幼虫开始化蛹，以蛹在土壤中越冬。据统计，湖南省 2008 年柑橘大实蝇的发生面积为 4 万 hm^2 多，2009 年 1.64 万 hm^2 多，2010 年达 5.9 万 hm^2，2010 年产量损失达 10 万 t 多。目前，生产上常用的防治方法有冬季翻耕灭蛹、树冠诱杀成虫、虫果处理以及植物检疫等。其蛹在土壤中且有蛹壳保护，翻耕灭蛹效果不会很好；成虫生命力强，活动范围大，树冠诱杀防治不完全；虫果处理能减少第二年虫口基数，但虫果处理易受人为因素影响。总之，这些常用防治方法的效果都不太理想。为了控制柑橘大实蝇为害，我们在研究柑橘大实蝇生物学特性、各虫态发生期等工作的基础上，进行了柑橘大实蝇防治新技术研究
正文部分： ①供试药剂； ②方案的设计、实施；	1. 材料与方法 供试药剂：A. 糖醋敌百虫诱杀剂[90%敌百虫晶体 500 倍液(南通江山农药化工股份有限公司)+5%红糖+0.5%白醋]；B. 果瑞特(0.1%阿维菌素饵剂，湖北谷瑞特生物技术有限公司)2 倍液；C. 猎蝇(0.02%饵剂 GF-120，美国陶氏益农公司)5 倍液；D. 诱黏(广东省江门市英豪农科有限公司)。设 5 个处理：A 处理采用防治新技术，即在大实蝇成虫羽化期对柑橘园及周边杂草喷施 A 药剂；B、C、D 处理则分别采用 B、C、D 3 种药剂进行常规树冠诱杀；另设对照(空白)。 新技术试验区为湖南省怀化市麻阳县兰里镇岩寨村橘园，山坡地，酸性黄壤，品种有脐橙和椪柑。2009 年虫果率 20%～30%，捡拾虫果进行处理。冬季未翻耕，橘园有杂草，杂草高度低于 40 cm。先挖蛹若干，将蛹分别放置 6 个口径 60 cm 盛装土壤的花钵里，覆盖一层约 2 cm 厚细土，分别于室内室外养蛹观察。通过剥蛹分级，调查柑橘大实蝇蛹发育进度，预测蛹的羽化始期为 5 月 17—19 日，室内养蛹观察羽化始见日为 5 月 18 日，室外养蛹观察羽化始见日为 5 月 20 日。从羽化始期开始对柑橘园及周边杂草喷施 A 药剂，2010 年 5 月 20 日开始喷药，隔 7 d 喷一次，连喷 3 次，每次每 667 m^2 施药液 50～60 kg，试验面积约 0.67 hm^2。 常规树冠诱杀试验在麻阳谭家寨乡进行，品种有脐橙、椪柑。2009 年虫果率与新方法试验区相当，2009 年捡拾虫果并进行处理。在柑橘园中诱到成虫后开始树冠诱杀，橘园 6 月3 日挂诱瓶，6 月 6 日每 667 m^2 诱捕成虫 3 头，6 月 8 日每 667 m^2 诱捕虫 5 头。

<table>
<tr><th>提纲</th><th>文稿</th></tr>
<tr><td>③数据调查与处理</td><td>2010年6月10日开始常规树冠诱杀防治试验，其中药剂B与C采取点喷诱杀，每3株喷1株，每株喷1点，每点喷药面积为0.4～0.5 m^2，喷施树冠中、上部叶片正反面，每隔7 d喷一次，连喷5次。药剂D采取挂瓶诱杀，取2 mL药剂涂在矿泉水瓶外表，挂在柑橘树中上部，每667 m^2挂3个瓶，每7 d换一次瓶，共挂换瓶5次。药剂B、C、D试验面积各0.4 hm^2。
对照(空白)：在麻阳县兰田镇岩寨村，虫果率与上述试验区相当，2009年捡拾且处理虫果，2010年不防治。面积约0.67 hm^2，有脐橙、冰糖橙和椪柑。
9月下旬与10月上旬分别调查虫果数一次，以脐橙的虫果数为计算依据。每一试验区5点取样，调查5株树，每株树按东南西北中5个方位调查5个果枝，每株树的调查数据设为1个重复，每处理5个重复。调查记载每个果枝的果实总数和虫果数。调查虫果时剥开果实检查是否有柑橘大实蝇幼虫，计算虫果率和防治效果，采用邓肯氏新复极差法(DMRT)进行显著性测定</td></tr>
<tr><td>结论与讨论部分：
①对应用新技术的防治效果分析；</td><td>2. 结果与分析
试验结果看出，采用新技术的防治效果明显优于常规树冠诱杀，两者防效差异极显著；果瑞特、猎蝇、诱黏3种药剂常规树冠诱杀的防治效果相近，无显著差异(表1)。由于柑橘大实蝇成虫活动范围大，新技术试验处理区是较独立的山坡地橘园，无其他橘园影响；常规树冠诱杀处理设在同一橘园，不同药剂间可能有影响，周围橘园防治对试验区可能也有影响。同时，由于各试验处理区上一年都进行了虫果处理，也会影响第二年虫口基数。因此，不同防治方法的效果可能有差异。
表1　不同药剂不同方法防治柑橘大实蝇的效果比较
<table>
<tr><th rowspan="2">处理</th><th colspan="3">虫果率/%</th><th rowspan="2">防治效果/%</th></tr>
<tr><th>9月30日</th><th>10月10日</th><th>平均</th></tr>
<tr><td>A</td><td>1.10</td><td>0</td><td>0.55</td><td>99.81aA</td></tr>
<tr><td>B</td><td>9.43</td><td>7.50</td><td>8.47</td><td>61.67bB</td></tr>
<tr><td>C</td><td>8.25</td><td>9.40</td><td>8.83</td><td>59.53bB</td></tr>
<tr><td>D</td><td>9.17</td><td>9.48</td><td>9.33</td><td>57.47bB</td></tr>
<tr><td>对照(空白)</td><td>21.65</td><td>22.22</td><td>21.94</td><td></td></tr>
</table>
注：A(糖醋敌百虫诱杀)药剂为新技术用药，B(果瑞特2倍液)、C(猎蝇5倍液)、D(诱黏)3种药剂为常规树冠诱杀用药。不同小写字母表示差异显著，不同大写字母表示差异极显著。
3. 结论与讨论
柑橘大实蝇生命力顽强，成虫历期长，多次交配产卵，繁殖速度快。在原有防治技术效果不理想的情况下，探索效果好、成本低、易操作的新技术显得刻不容缓。柑橘大实蝇生活史分为蛹、成虫、卵、幼虫4个阶段，由于蛹在土壤中且有蛹壳保护，较难将其杀死；卵和幼虫都在果实内，要想将其消灭，理论上只需将所有虫果摘下集中销毁即可，但由于判断虫果受人为因素影响，会有一些虫果得不到处理，这些虫果随市场销售而到处扩散，一些脱落地面的虫果由于农事操作扩散，都将成为第二年发生的虫源。因此，成虫期诱杀防治是防治该害虫普遍采用且较为有效的技术手段。本研究探索的新技术防治效果较好主要基于：一是防治时间合适。柑橘大实蝇成虫羽化期相对整个成虫期要短得多，一定区域内(如一个县)的成虫羽化期只有20多天，而成虫期可持续70多天，可将常规防治的诱杀成虫由70多天缩短至20多天，防治时间相对集中。二是防治全面，范围广泛。由于柑橘</td></tr>
</table>

提纲	文稿
②对新技术的应用建议	大实蝇以蛹在土壤中越冬，第二年蛹羽化出土，羽化成虫栖息在橘园及周围杂草上，对橘园及周围杂草喷施诱杀剂，诱杀覆盖面广且完全彻底。三是选择柑橘大实蝇生命力较弱时期进行诱杀。柑橘大实蝇刚由蛹羽化出土，生命力较弱，在其取食补充营养时诱杀，易将其杀死。 通过挖蛹来调查蛹的发育进度，工作量很大，如果虫源基数不大，找蛹很困难。所以，羽化期的预测方法可进一步改进，如建观察圃，于上年捡拾虫果，放置在养虫钵土壤中，用于第二年蛹发育进度调查。新技术所用药剂为自配药剂，成本低，还可试验其他药剂和研制新配方药剂，但需考虑防治成本。 防治新技术的应用推广需各柑橘产区、县植保站配备柑橘害虫测报专业技术人员，进行技术培训，掌握柑橘大实蝇蛹发育进度的调查方法，每年调查柑橘大实蝇蛹发育进度，准确预测羽化期。橘园可种植三叶草或保留矮秆杂草，冬季不翻耕。三叶草既有利于诱杀剂附着，同时利于水土保湿和保护天敌昆虫。新技术的防治时间科学可靠，防治效果好，成本低，方法简单易操作，对环境污染少，对柑橘果实几乎无污染，能改善橘园生态环境，保护橘园天敌昆虫，有效控制害虫猖獗发生，值得推广应用

二、练一练

（一）下面是两名同学拟订的毕业论文写作提纲，请根据你的理解进行修改。

（1）“饲料玉米栽培技术” 写作提纲

修改前	修改后
前言 一、栽培季节 二、选地整地与施足基肥 1. 选地 2. 整地 3. 施基肥 三、种子处理与播种 1. 选用良种 2. 种子处理 3. 播种规律 4. 播种 四、需肥规律 五、田间管理 1. 苗期管理 2. 穗期管理 六、病虫害的防治 七、收获	

(2)“高粱高产栽培技术”写作提纲

修改前	修改后
前言 1 材料与产量低的原因 1.1 供试材料 1.2 产量低的原因 1.2.1 种子 1.2.2 株距 1.2.3 时期 1.2.4 每坑中种子数量 2 改良的栽培技术 2.1 提高种子成活率 2.2 计算最恰当株距 2.3 在合适时间内播种 2.4 控制最适的种子数量 3 前期、后期管理 播种前的翻地、选地，播种后的浇水、施肥、打药，成熟时收获	

(二)结合自身毕业论文题目编写一份写作提纲

第三节　农业科技论文的基本格式

农业科技论文提纲确定了，就要撰写初稿。原则上要简明扼要，指出问题，说明问题，分析问题。提纲只是预拟一个轮廓，不可能对每一细部都考虑周密完善。在写作时，顺着写作思路而作，对于论点、例证和论证步骤等细部，很可能发现原来提纲中某些设想计划是不恰当的，就应该加以修改和调整；临时发现某些论点、例证和论证理由不确切，还应该重新查书、思考、斟酌和推敲，给予增补，使之完善。当然，文气的通畅，文字的华美，还是必要的。该用排比、重复强调等修辞手法，以突出重点、倾注感情的地方，需要妙笔生花，使读者产生特殊感应的地方，还是不能吝惜笔墨。总之，该长则长，该短则短，量体裁衣，从内容出发，为内容服务，句无虚发，字无浪费，这是基本原则。

对于初写农业科技论文的人来说，论文题目不宜太大，篇幅不宜太长，涉及问题的面不宜过宽，论述的问题也不求过深。应尽可能在前人已有知识的基础上提出一点新的看法。

一、题名

案例 1-3

论文题名

题　名	题　名
草莓主要土传病害的发生及防治	苹果腐烂病药剂对比试验
观赏茄果类蔬菜在家庭园艺中的应用	温室柚子生长结果习性调查
新嘎拉苹果果实着色试验	露地茄子老株剪枝对茄子品质的影响
“辽榛 3 号”锯末围穴压条技术	枣种质胚败育普查

1. 题名的概念

题名即标题、题目、命题等，是文章的重要组成部分，也是文摘、索引或提录等情报资料的重要组成部分，是论文核心内容的高度概括和集中表达，是最恰当、最简明并能反映论文最重要的特定内容的词语的逻辑组合。

题名可以明白无误、简明扼要地表达出作者的研究成果或研究思路，让读者通过题名即可明了论文要表述的大致内容，使其很快便形成正确的区分或取舍。

2. 拟定题名的一般要求

(1)准确性。题名应准确表达论文的中心内容，恰如其分地反映研究的范围和深度，不能使用笼统的、华而不实的，甚至是错误的词语加以表达。题名中也不宜包含对其本身价值的判断，而只能以客观的语言陈述科学事实。

常见的毛病有：

①以全概偏　即题名表达笼统宽泛，反映的信息范围大，而实际上论文包括的内容范围小。产生这类题名不准确也不恰当的原因，常常是作者想在文章的题名中反映自己论文的“一般性”的意义。如《活性污泥系统的生物强化效果研究》，很明显，这个题名很大，感觉要么以全概偏，要么是篇综述；经过阅读，了解到论文研究的是活性污泥系统在处理苯酚废水时产生了生物强化效果。同时，“研究”二字亦颇显沉重。最终将题名改成《活性污泥系统处理苯酚废水的生物强化效果初探》。

②以偏概全　与“以全概偏”相反，即题名反映的信息范围小，而实际上论文包括的内容范围大，这样的题名同样是不准确、不恰当的。原因是作者可能想把自己期望的或最终的结果反映在题名上，实际上题名应当由论文的综合内容来确定。如《谷氨酸铜对亚历山大藻 LC3 的灭除研究》，通过阅读全文发现，虽然结果表明谷氨酸铜的灭除效果最好，但实际上文中是对几种杀灭剂进行比较，并未区分孰重孰轻。修改为《5 种杀灭剂对亚历山大藻 LC3 的灭除效果比较分析》。

(2)简洁性。题名应采用最少的字数涵盖最大量的信息，既要达到“增之一分则太长，减之一分则太短”的效果，每个字都必不可少，但又不能少到无法理解，故不能使用烦琐的、晦涩的词语加以表达。《科学技术报告、学位论文和学术论文的编写格式》规定，题名“一般不超过 20 个汉字，英文题名则不宜超过 10 个实词”。基本的原则是，题名的长短和字数应由题名所要表达的意思来确定。

常见的问题：

①烦琐冗长　题名表述中含有无关或相关性小的多余词语（比如“研究”“规律”的滥用；连词、介词等虚词的多次使用），或者同义、近义词同时使用（比如“分析”与“研究”，“动态”与“变化”，“研究”与“探讨”等），以及没有必要的副题名，等等。在这一方面，好的题名要在保证能准确反映最主要的特定内容的前提下，字数越少越好。如《长期定位不同施肥处理太湖地区水稻土磷素动态的研究》，这一题名读起来就不顺畅。文中“长期定位”只在引言中出现了1次，也并没有表明是本研究的特定条件。修改为《不同施肥处理下太湖地区水稻土的磷素动态分析》，或者改为《不同施肥处理对太湖地区水稻土中磷素含量的影响》。

②结构复杂　题名一般为名词性短语，而尽量不采用完整的、复杂的主谓宾结构，偶尔亦可用动宾词组加以表达。如《生物表面活性剂鼠李糖脂促进水体中石油烃的降解研究》，修改为以名词为中心的偏正结构，即《生物表面活性剂鼠李糖脂对水体中石油烃降解的促进作用》。

当题名不易简洁时，可以采用主题名（表示论文的中心内容或论点）和副题名（表示论文的中心内容或论点涉及的范围）的办法处理，即副题名对主题名的内容起一种限制作用。如《农民的“发财树”农村的“推进器”——沈阳寒富苹果产业发展情况的调查与思考》。

(3)题名应具有鲜明性。即要一目了然。题名应选择本学科领域中词义单一、通俗易懂、便于引用的规范的词语，开门见山，重点突出，清楚地反映论文的主旨和特色。

此外，为了便于二次文献检索，根据通用标准和业内规定，科技论文的题名要避免使用数学式、化学式、特殊符号、不常用的专业术语和非英语词汇，以及专利名、产品名、药品名、公司名和商标名等。

当题名较长时，题头空格4格或5格，如一行写不完，另起一行，比上一行退两格书写。如有副标题时，另起一行，比主题名退两格加破折号书写题名。当题名较短时，题名居中书写。

二、署名

案例1-4　　**“中短剪葡萄结实特性比较”一文的署名**

史洪琴[1]，蒋丽光[2]

1. 贵州省遵义师范学院生物系，贵州 遵义 563002；2. 贵州省遵义市红花岗区农牧局 果蔬站，贵州 遵义 563002

1. 署名的意义

(1)明确论文由谁负责。一篇农业科技论文应具有创造性、新颖性，能在生产中应用或具有学术意义和科学价值。因而要求数据准确，真实客观、论证严谨。论文作者应按“文责自负”的原则对论文的真实性、可靠性负责。所以在发表前要署上自己的名字。当有读者对论文中某些内容提出疑问时可以负责解答。另一方面署名会促使作者对论文严格要求，保证论文的质量。否则不但对读者而且对作者本人都会造成不好的影响。若发现论文有剽窃、抄袭现象或存在主观臆测、弄虚作假等较大问题时，作者应承担全部责任。

(2)可使作者获得应有的荣誉。署名是作者获得荣誉的一种表现，是作者将自己的科研成果向社会做出贡献的一次记录。一篇好的科技论文发表后，会产生较好的社会效益和经济效益，同时也对科学宝库起到了添砖加瓦的作用。它被人们检索、引用、摘录或转载，读者可以从中得到启发、借鉴，不断获取有益的东西。其中有的会被选进各种教科书，有的则被直接用于生产实际，指导生产实际。论文的作者因此会受到后人的敬仰，他的名字将光荣地载入科技发展的史册中。因此，署名使作者获得了应有的荣誉。

(3)文献检索的需要。一篇科技论文完成后，便成为科技文献。为了读者查询方便，这些浩如烟海的散乱文献资料必须有序化，形成检索机制。为此，文献必须具备索引项。索引项包括著者、篇名、分类、主题词等，故署名除供读者直接查询外，也是文献检索的需要。在引用文献时，第一项内容就是著者名，因此，署名是科技论文本身必不可少的一项内容。

(4)可以明确著作权人。《中华人民共和国著作权法》规定，著作权是法律给予作者的一种专有权。按著作权包括5项人身权和财产权。我国著作权法中规定："著作权属于作者"，"在作品上署名的公民、法人或者非法人单位为作者。"因此在科技论文上署名实际上是直接记录了由谁对该论文拥有著作权，即署名就确定了著作权的归属。

另外，有了作者署名，论文发表后，作者可以用它作为一种凭据，用于考核和晋升，有时可获得所在单位或有关部门的物质奖励。作者在研究工作中有时可凭自己发表的论文向国家自然科学基金委员会或有关部门申请各种科学基金。

2. 署名对象

一篇科技论文从工作开始到发表的全过程包括：①提出和选定课题并进行文献调研；②方法论证和制定实验方案；③实验设备、材料、试剂及其他条件的准备；④各项实验的操作，完成；⑤实验数据分析，提出新见解、新理论，并完成论文的撰写。因此，《科学技术报告学位论文和学术论文的编写格式》对科技论文的作者署名条件作了如下规定："署名的个人作者，只限于那些选定研究课题和制定研究方案，直接参加全部或主要部分研究工作并做出贡献以及参加撰写论文并能对内容负责的人。"那么，究竟哪些人能署名呢？

由上述规定的条件可以看出：只对论文做出一般贡献的不能署名；只有直接参加完成论文全过程工作中的主要工作，包括参加第1、2、4、5项工作，尤其要参加第4项(实验研究)工作并做出贡献的才能署名。

在这里还应指出，《科学技术报告学位论文和学术论文的编写格式》规定的条件中特别强调要在直接参加实验研究中做出贡献是因为在完成实验研究中要付出创造性劳动。实验中可能会遇到未预想的困难和难题，需要随时提出解决的办法，并随时修改实验方案，直到获得满意的结果。论文的创造性特点主要由此获得，在此做出的贡献是创造性贡献。这种贡献相对而言应该是比较大的。

因此，《中华人民共和国专利法实施细则》第11条对专利发明人的条件作了如下规定："专利法所称的发明或者设计人是指对发明创造的实质性特点做出创造性贡献的人。"《中华人民共和国发明奖励条例实施细则》第7条对发明人也作了规定："发明人是指以本人为主完成了报奖项目的部分或者全部创造性技术内容的人。"专利法对专利发明人条件强调的"创造性贡献"，发明奖励条例对发明人条件强调"完成创造性技术内容"与《科学技术报告学位论文和学术论文的编写格式》对科技论文作者署名条件强调"直接参加全部或主要部分研究工作并做出贡献"是相互一致的。

署名一定要名实相符。"实"就是《科学技术报告学位论文和学术论文的编写格式》上规定的条件，只有符合这些条件的才能有资格署名。那些未直接参加课题或参加工作较少的人，自己做出贡献不大，就不要想“金榜题名”，否则很难避免受图个人虚名而不惜侵占他人劳动成果之嫌。

署名的作者要“能对内容负责”，凡对论文不能负责，不能解释的人就不能在论文上署名。这样能保证论文质量，并使论文更好为读者服务。

3. 署名的位置与格式

署名在题名的下方。按照事先排序（两人以上）一一列举。工作单位名称、地址和邮编写在署名的下方，居中书写。

三、摘要

技能训练

撰写摘要

一、学一学

案例 1-5　“氮、磷、钾施用量与洋葱产量的相关性研究”一文的摘要

摘要类型	例　文
报道性摘要	采用 3 因素 2 次回归通用旋转设计，对 N、P、K 施用量与洋葱产量的相关关系进行了研究，并且分别建立了三元二次回归方程。结果表明：N、P、K 皆有利于洋葱的形成，P 对洋葱产量的影响较大，在土壤缺 P 地区应重视 P 肥的施用；N、P、K 在影响洋葱产量上存在交互作用；经计算机模拟，N、P、K 最佳施用量分别为 187.5、300.0、45.0 kg/hm^2，洋葱产量最高可达 111 603.0 kg/hm^2
指示性摘要	采用 3 因素 2 次回归通用旋转设计，对 N、P、K 施用量与洋葱产量的相关关系进行了研究
报道-指示性摘要	采用 3 因素 2 次回归通用旋转设计，对 N、P、K 施用量与洋葱产量的相关关系进行了研究，并且分别建立了三元二次回归方程。结果表明：N、P、K 皆有利于洋葱的形成，P 对洋葱产量的影响较大，在土壤缺 P 地区应重视 P 肥的施用；N、P、K 在影响洋葱产量上存在交互作用。另外，经过计算机模拟，得出 N、P、K 的最佳组合方案
结构式摘要	[目的]为了研究 N、P、K 施用量与洋葱产量的相关关系。[方法]采用 3 因素 2 次回归通用旋转设计，对 N、P、K 施用量与洋葱产量的相关关系进行了研究，并分别建立了三元二次回归方程。[结果]结果表明：N、P、K 皆有利于洋葱的形成，P 对洋葱产量的影响较大，在土壤缺 P 地区应重视 P 肥的施用；N、P、K 在影响洋葱产量上存在交互作用；经计算机模拟，N、P、K 最佳施用量分别为 187.5、300.0、45.0 kg/hm^2，洋葱产量最高可达 111 603.0 kg/hm^2。[结论]该研究为优化 N、P、K 肥的施用，获得优质、高产的洋葱提供了理论依据

1. 摘要的概念与作用

(1)摘要是对论文的内容不加注释和评论的简短陈述。

(2)摘要的作用

①让读者尽快了解论文的主要内容,以补充题名的不足。科技文献数量大,读者不可能一拿到文章就通读。是否需要通读某篇论文,从题名上进行判断后,主要的是根据摘要来决定,所以,摘要担负着吸引读者和介绍文章主要内容的任务。

②为科技情报人员和计算机检索提供方便。论文发表后,文摘杂志对摘要可以不作修改或稍作修改而直接利用,从而可避免由他人编写摘要可能产生的误解、欠缺和错误,这就为科技文献的检索和利用提供了极大的方便。

2. 摘要的分类

(1)报道性摘要。即资料性摘要或情报性摘要,是指明一次文献的主题范围及内容梗概的简明文摘。报道性摘要以简洁、准确的语言陈述论文的目的、范围、方法和过程、结果和结论,向读者提供论文中所有的创新内容和尽可能多的定量或定性信息。该摘要类型一般适用于试验研究和专题研究类论文,尤其适用于创新内容较多的论文。篇幅以200～300字为宜。

(2)指示性摘要。即概述性摘要或简介性摘要,以概括性的语言简要地介绍论文的论题,或者概括地表述研究的目的,仅使读者对论文的主要内容有一个概括的了解。篇幅50～100字。

指示性摘要是相对于报道性摘要而言的。它与报道性摘要区别的关键在于有关内容不作具体陈述,其自明性要差于报道性摘要。该摘要类型一般适用于泛述、综述及创新内容少而篇幅较长的文章。它较多地采用了概述性记述词语,如“对……作了探讨,叙述了……,对……作了比较,采用了……”等,类似于中心思想的归纳。其摘要的具体内容不明确、不具体,不具备独立性和自明性。

(3)报道—指示性摘要。介于报道性和指示性之间,是以报道性摘要的形式表述论文中价值最高的那部分内容,其余部分则以指示性摘要形式表达,篇幅100～200字。

(4)结构式摘要。摘要的结构要素是论文文体结构的必要组成部分。国家标准中要求“摘要一般应说明研究工作目的、实验方法、结果和最终结论等”。规范的学术期刊论文摘要应包含研究试验的目的、方法、结果和结论这4个要素,篇幅150～300字。各要素的具体写作方法如下。

目的要素:多数位于篇首,也有部分在方法要素之后;表达的信息是研究、研制、调查等的前提、目的和任务,所涉及主题范围;常见的语言标志有“为了……”“以……方法,研究了……”等。

方法要素:常处于结果要素之前;表达的信息为所用的原理、理论、条件、对象、材料、工艺、结构、手段、装备、程序等;常见的语言标志有“采用……方法,研究了……”“研究了……”“试验了……”“调查了……”等。

结果要素:一般在方法要素之后;表达的信息是实验的、研究的结果,数据,被确定的关系,观察结果,得到的效果、性能等;常见的语言标志有“结果表明,……”“结果显示:……”等。

结论要素:大多在摘要的最后;表达的信息为结果的分析、研究、比较、评价、应用,提出的问题,今后的课题,假设,启发,建议,预测等;常见的语言标志有“以上结果说明……”“说明……”“可见,……”等。

结构式摘要信息量大、内容完整、重点突出、观点明确、层次清晰、条理分明,具有独立性、自含性、客观性、简洁性、清晰性和信息性，便于读者阅读、作者写作、编辑加工、二次文献加工及检索引用等优点。因此，结构式摘要在目前国内外期刊中得到了广泛应用。

3. 摘要的写作要求

摘要的要素主要包括以下4个方面的内容：

(1)研究目的。准确描述该研究的目的，说明提出问题的缘由，表明研究的范围和重要性。

(2)研究方法。简要说明研究课题的基本设计，使用了什么材料和方法，所用的仪器及设备，如何分组对照，研究范围和精确程度，数据是如何取得的，经何种统计学方法处理。

(3)结果。简要列出该研究的主要结果，有什么新发现，说明其价值和局限。叙述要具体、准确并给出结果的置信值及统计学显著性检验的确切值。

(4)结论。简要地说明经验，论证取得的正确观点及理论价值或应用价值，是否还有与此有关的其他问题有待进一步研究，是否可推广应用等。

根据有关规定，可以把摘要的写作要求归纳成如下几点：

①用第三人称　作为一种可供阅读和检索的独立使用的文体，摘要只能用第三人称而不用其他人称来写。应采用“对……进行了研究”，“报告了……现状”，“进行了……调查”等记述方式，而不使用“本文”“作者”“我们”等作为陈述主语，减弱摘要表述的客观性。

②简短精练，明确具体　简短，指篇幅短，50～300字；精练，指摘录出原文的精华，无多余的话；明确具体，指表意明白，不含糊，无空泛、笼统的词语，应有较多而有用的定性和定量的信息。尽可能不用“高于”“低于”“大于”“小于”等笼统字眼，并且尽量注明统计学分析结果，如t值、F值、P值等。

③格式要规范　尽可能用规范术语，不用非共知共用的符号和术语。不得简单地重复题名中已有的信息，并切忌罗列段落标题来代替摘要。除了实在无变通办法可用以外，一般不使用插图、表格、数学公式和化学结构式以及相邻专业读者难以理解的缩略语、简称、代号。如果确有必要，在摘要中首次出现时必须加以说明。不分段。摘要段置于作者之后，关键词之前。

④文字表达上应符合“结构严谨，语言通顺，标点符号准确”的要求　摘要中的语言应当符合现代汉语的语法规则、修辞规则和逻辑规则，不能出现语病。采用规范化的术语，不可使用非公认公知的符号、缩写词，特别是自定义的缩写形式。避免使用套话，应直截了当阐述主要内容，如“经研究证实……”，“此实验的目的……”等。

案例1-6

论文摘要2例

论文名称	摘要
不同药剂处理对无花果根腐病的影响	以2～3年生“布兰瑞克”无花果为试材，研究4种组合药剂对无花果根部病害的防治效果。结果表明：从防治效果和成本看，福美砷＋五氯硝基苯＋多菌灵或福美砷＋根病清＋甲霜灵锰锌10～15 g的300倍液为最佳组合药剂
无花果V形架栽培技术	针对无花果的秋果生长发育特性，采用一年一栽无干多枝垄式V形支架栽培，其操作技术简单，便于田间管理，树冠通风透光良好，并具有抗风、抗倒伏、避寒的作用。采用此法栽培的无花果早期优质丰产明显，定植当年每667 m^2产量550～600 kg，第2年产量1 500～1 700 kg，达到盛果期产量要求，第3年产量在2 000 kg以上

二、练一练

下面是"不同微生物菌剂处理的猪场沼液在温室无花果上的应用"一文，请结合所学知识撰写其摘要。

不同微生物菌剂处理的猪场沼液在温室无花果上的应用

近年来，生态农业在世界各国得以迅速发展，模式多种多样，但其共同特点都是以种植业为基础，以养殖业为主干，以沼气为纽带，组成物质良性循环利用的生态农业系统。澳大利亚等国家不但将沼液用于农田施肥，而且还施用于草地，并研究在不同季节不同沼液施用量草的生长状况和营养物质的利用效果；德国对沼液的安全利用有严格的规定，必须在70℃以上的温度下处理 1 h 才可作为肥料使用。在我国，沼液安全利用还处于起步阶段，并以南方研究为多。该研究旨在比较不同微生物菌剂处理后的猪场沼液在温室无花果上的应用效果，以期筛选出适合我国北方地区处理猪场沼液的最佳剂型，为我国北方地区进一步综合利用沼液提供理论及数据基础，为猪场废水无害化处理和资源化利用提供科学依据与参考借鉴。

1　材料与方法

1.1　试验地概况

试验于 2014 年 4 月在辽宁农业职业技术学院 4 号日光温室中进行。该温室为钢筋骨架，坐北朝南，全长 54 m。温室矢高 3.6 m，跨度 8 m，后墙高 2.2 m，墙体厚 0.6 m，内置 10 cm 苯板。透明采光材料选用聚乙烯长寿无滴膜，以保温被保温，配有自动卷帘机。温室内土壤 pH 为 6.28，土壤容重为 1.2～1.4 g/cm^3，有机质含量 1.1%。

1.2　试验材料

供试无花果品种为"麦司依陶芬"，4 年生，V 形整枝，每株树保留结果枝 8～10 个。该品种树势中庸，树冠开张，枝条软而分枝多。夏、秋果兼用型，夏果 6 月下旬始熟，单果重 100～130 g，秋果 8 月下旬始熟，单果重 70～100 g。可溶性固形物含量在 15%左右，味较浓，品质中上。果实发育期 90 d 左右。

1.3　试验方法

1.3.1　沼液处理　试验选取 3 种菌剂，即发酵菌剂、光合菌剂、复合菌剂，分别对沼液进行处理，为处理Ⅰ～Ⅲ，处理Ⅳ为清水对照。

1.3.2　沼液施用　于 4 月 4 日无花果现蕾期开始施用处理后沼液。在温室中，选取同品种、同树龄、长势均等的无花果树 4 行，编号为 1～4 号，每行施用 1 个处理，使用量为25 kg。2 周 1 次，连续施用 3 次。

1.4　项目测定

处理后沼液进行水质指标参照《水和废水监测分析方法》测定，氨氮含量采用纳氏试剂比色法测定(GB 7479—1987)，总磷含量采用钼酸铵分光光度法测定(GB/T 11893—1989)，CODcr 采用重铬酸钾法测定(GB/T 11914—1989)，重金属镉、铜、铅、锌含量采用直接吸入火焰原子吸收法测定。检测结果见表 1。

按照典型取样法每处理选取 1 株树，调查其上 8 个新梢。从 4 月 11 日开始测量新梢长度与基部 10 cm 部位的新梢粗度，每周调查 1 次，连续调查 8 次。对于产量调查，根据历年果实采收截止期限计算出无花果能够正常成熟现蕾期，即 7 月上旬，对试验树调查果个数；对于果实品质调查，主要测定每枝上第 5、10 个果的单果重和果实可溶性固形物含量。测量长度工具为钢卷尺、测量粗度的工具为千分尺，测量单果重的工具为托盘天平，测量可溶性固形物的工具为手持测糖仪。产量分析数据由各株调查果的平均值乘以单株树的果个数获得。

表 1　不同微生物菌剂处理的猪场沼液检测

处理	NO_2-N /(mg·L^{-1})	NO_3-N /(mg·L^{-1})	NH_4-N /(mg·L^{-1})	PO_4^{3-} /(mg·L^{-1})	COD /(mg·L^{-1})	Cu^{2+} /(μg·L^{-1})	Pb^{2+} /(μg·L^{-1})	Zn^{2+} /(μg·L^{-1})	Cd^{2+} /(μg·L^{-1})
Ⅰ	0.080 0	0.605 0	0.802 1	5.268 9	1 787	36.1	1.8	123.2	未检出
Ⅱ	0.038 8	0.090 1	0.174 0	4.505 1	1 701	4.2	7.3	20.2	0.5
Ⅲ	0.038 0	0.137 0	0.456 4	5.606 7	1 499	13.2	1.9	92.7	5.5

1.5　数据分析

试验数据采用 Excel 软件进行处理分析。

2　结果与分析

2.1　不同微生物菌剂处理的猪场沼液对无花果新梢生长的影响

衡量果树新梢生长量的指标一般包括新梢加长生长和加粗生长，因此为更好反映不同微生物菌剂处理的猪场沼液对无花果新梢生长的影响，分别调查了新梢长度和粗度的变化。

2.1.1　不同微生物菌剂处理的猪场沼液对无花果新梢长度的影响　由图 1 可知，自4 月4 日施用沼液以来，至 5 月 27 日调查截止，各处理无花果新梢长度增长顺序为Ⅲ＞Ⅱ＞Ⅰ＞Ⅳ。长度增量分别为 66.81、66.44、62.38、61.25 cm。处理Ⅲ和处理Ⅱ新梢增长较快。

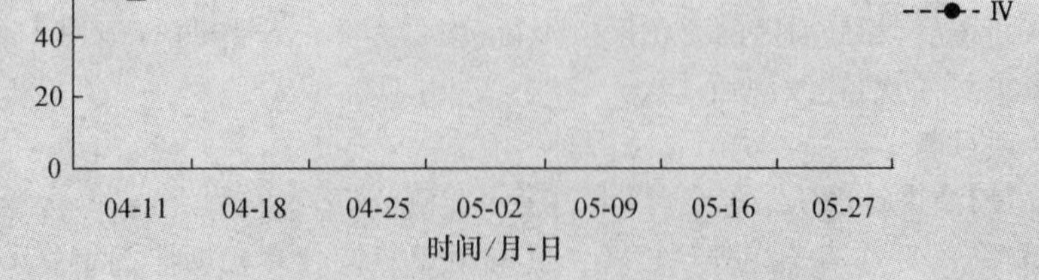

图 1　不同沼液处理的无花果新梢长度生长动态

2.1.2　不同微生物菌剂处理的猪场沼液对无花果新梢粗度的影响　由图 2 可知，自 4 月 4 日施用沼液以来，至 5 月 27 日调查截止，各处理后无花果新梢粗度增长顺序为Ⅲ＞Ⅰ＞Ⅱ＞Ⅳ。粗度增量分别为 0.54、0.48、0.45、0.39 cm。处理Ⅲ和处理Ⅰ新梢增粗较大。

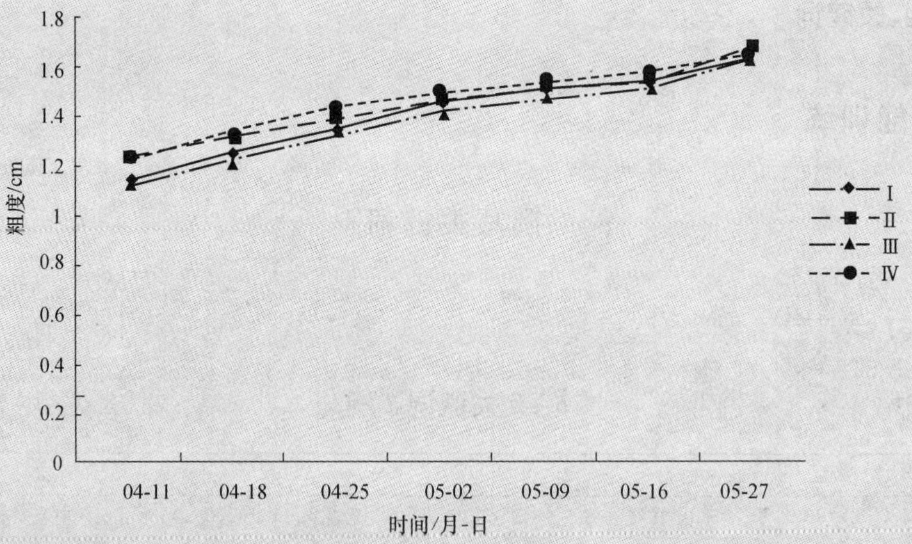

图 2　不同沼液处理的无花果新梢粗度生长动态

2.2　不同微生物菌剂处理的猪场沼液对无花果单株产量及品质的影响

由表 2 可知，不同微生物菌剂处理的猪场沼液对无花果单株产量影响差异极显著，其中处理Ⅲ极显著优于其他 3 个处理；处理Ⅰ极显著优于清水对照和处理Ⅱ。不同微生物菌剂处理的猪场沼液对无花果可溶性固形物影响差异不显著。

表 2　不同微生物菌剂处理的猪场沼液对无花果单株产量及果实品质的影响

处理	单株产量/kg	可溶性固形物含量/%
Ⅰ	10.307bB	15.2a
Ⅱ	6.656dC	15.3a
Ⅲ	11.183aA	15.2a
Ⅳ	7.268cC	15.0a

3　结论与讨论

通过不同微生物菌剂处理的猪场沼液在温室无花果上的应用，调查数据表明处理Ⅲ(复合菌剂处理沼液)的新梢长度、粗度变化最大，单株产量极显著高于其他 3 个处理；其次是处理Ⅰ(发酵菌剂处理沼液)。该试验仅对每行 1 次施用 25 kg 的沼液，2 周 1 次，3 次截止，是否可以增加用量或改变喷施措施，有待进一步研究。

请撰写摘要。

“不同微生物菌剂处理的猪场沼液在温室无花果上的应用”摘要

摘 要	

四、关键词

技能训练

撰写关键词

一、学一学

案例 1-7　　**论文关键词 2 例**

论文名称	关键词
无花果 V 形架栽培技术	无花果；整形修剪；V 形架；早期丰产
红富士苹果郁闭园树形改造技术	红富士；苹果；郁闭园；树形改造

关键词是 20 世纪 60 年代初出现的一种检索语言，它是现代科技论文编制二次文献、建立数据库的重要检索标识和参考依据。关键词是将论文中起关键作用的、最能说明问题的、代表论文内容特征的词选出来，在摘要的配合下，可使读者准确、迅速、科学、全面地获取科研信息。

关键词包括主题词和自由词两部分。主题词是专门为文献的标引或检索而从自然语言的主要词汇中挑选出来并加以规范化了的词或词组；也就是为了满足计算机查全、查准的要求而限定的标识词。主题词又称叙词，在标引中用以表达文献的主题，在检索中用它构成提问式，以表达检索的要求。自由词则是未规范的即还未收入主题词表中的词或词组。自由词又称非叙词，它是为标引或检索文献提供的一种引导词，用以指引到正式使用的主题词。

关键词的绝大部分选自论文文题和摘要。据统计，关键词在论文题中出现的概率一般在 85%以上，在摘要中出现的概率为 90%，仅有 10%～15%的关键词从正文中提炼。所以，作者应在认真研究论文题目、摘要、正文内容及文中各种图表的基础上，提炼主题概念，选用能准确反映论文主题思想和特征内容的规范化词语。如果所选关键词没有包含在文题、摘要甚至文中小标题中，这样的关键词就不能说选得很准，或者说文题的拟定有问题。对未被普遍使用或未被专业上公认的缩写词不可选标为关键词。如有英文摘要时，应选标英文关键词，并注意中英文关键词的一致性。

按照国家标准《科学技术期刊编排格式》规定，每篇科技论文都应在论文摘要后面给出 3～8 个关键词，词标的太少不能起到检索论文全部内容的作用，太多则往往出现一些非关键词也充斥其中的情况。以主题词为主，以自由词为辅：首先要选取列入《汉语主题词表》和专业性主题词表（如《医学主题词表》）等词表中的规范性词。对那些确能反映新技术、新学科而尚未被主题词表录入新产生的名词术语，可用非规范的自由词标出，以便更好地表述论文的主题内容及补充关键词个数的不足。使用新的自由词也应看其是否符合下列条件：是否具有独立的检索意义；是否是新的学科或技术发展的需要；是否被国内外科技文献的检索工作接纳和兼容；能否与国际上著名检索机构关键词的选用接轨。一定注意不要为了强调反映文献主题的全面性，而把关键词写成一句句内容全面的短语。

二、练一练

请写出“不同微生物菌剂处理的猪场沼液在温室无花果上的应用”一文的关键词。

关键词	

五、引言

技能训练

撰写引言

一、学一学

案例 1-8　**“不同药剂处理对无花果根腐病的影响”一文引言**

引言	评析
无花果(*Ficus carica* L. sp)为桑科(Moraceae)无花果属(*Ficus* L.)落叶小乔木，又名映日果、优昙树、蜜果、底珍树、文先果、阿驿、奶浆果等。无花果高可达 10 m，树皮光滑，小枝粗壮直立，无毛，单叶互生，隐头花序，因外观只见果而不见花，所以称之“无花果”。无花果既可以食用果实，又是城市园林绿化、工厂绿化，居民区及庭院种植的优良树种。在温度、湿度较高的环境下，极易发生根部病害的传播导致根腐病，严重影响其正常生长	介绍研究对象、基本特征及其研究对象存在的问题
该试验用 4 种药剂对无花果根腐病进行防治，来探讨不同药剂处理对无花果根腐病的防治效果，为无花果根腐病的防治提供依据	本研究的方法及成果推广意义

1. 引言的概念和内容

引言，又称前言、概述、绪论等，是论文主体部分的开端，它向读者交代本研究的来龙去脉，引导读者阅读和理解全文。

引言的内容大致包括如下几项：

(1)研究的理由、目的和背景。包括问题的提出，研究对象及其基本特征，前人对这一问题做了哪些研究工作，存在哪些不足，希望解决什么问题，该问题的解决有什么作用和意义；研究工作的背景是什么。一篇论文的基础源于某项研究，而该研究的意义即为什么要做这项工作，就形成了研究的背景。背景通常与社会的需要密切相关，研究者们可通过社会调查或广泛查阅文献及专利来获得相关信息。在写作论文时，再挑选出与该文内容直接相关的文献，用自己的话把它的意思简洁地表达出来。有的作者研究的课题较冷门，文献不多，则涉及的专业范围可宽一些；而热门课题的文献量较大，则相关范围宜窄一些，只引用与课题非常贴近的数篇即可(这点与综述文章不同，综述文章的参考文献通常有30～50篇)。对课题背景明确的作者，寥寥数语就概括了全部背景，不仅令读者一目了然，而且可看出作者头脑清晰，对该研究工作的目的十分明确。不谈课题背景，只提及自己做了某项工作，这样的引言是不完整的，与一篇实验报告无多大区别。

(2)理论依据、实验基础和研究方法。如果是沿用已知的理论、原理和方法，只需提及一笔，或注出有关的文献即可。如果要引出新的概念或术语，则应加以定义或阐明。创新是科学技术发展的动力，创新性在科技论文中占有尤其重要的地位，甚至在审稿阶段，是审稿人决定让论文通过与否的重要依据。作者创新之处的叙述在简明扼要的前提下，应尽量具体，仅仅一句"……未见文献报道"恐怕是没有说服力。如"虽然关于染料在溶剂中的光敏化、光氧化曾经有过报道，但是染料尤其是光盘用染料在溶剂中的性能一直未有人深入地研究过"。

(3)预期的结果和结论，并概述成果及应用前景。任何研究工作都有其潜在的用途，有的本身就是一项应用工作。即便某些基础性较强的研究，也是可大致预测应用于某些方面的；所以在引言的结尾处指明本工作成果可用在何领域或可间接起到何种作用，无疑会给读者一个完整的概念，也是吸引读者继续细读论文的一种手段。

2. 引言的写作要求

(1)开门见山，不绕弯子。一起笔就要切题，不能铺垫太远，不必交代开题过程和成果鉴定程序及结论。不必叙述同行熟知的及教科书中的常识性内容。背景材料紧紧围绕主题，研究史不宜写得太长，不必罗列与本课题关系不大的文献。

(2)尊重科学，实事求是。在论述论文研究的意义时，不要拔高，也不要过谦。切忌使用"有很高的学术价值""填补了国内外空白""首次发现"等不适之词；同时也不要使用客套话，如"水平有限""抛砖引玉"之类的语言。但可在必要时，交代本文的方法和结果等可供哪些人、干什么作参考。治学态度应严谨、谦逊，要尊重他人成果，不要妄加批评。

(3)引言的内容不应与摘要重复，也不应是摘要的注释。摘要是论文的缩影，要高度概括、简略，是独立于文章之外的部分；而引言则可稍加具体，明确反映选题的缘由，是课题研究的必要说明。没有引言，全文结构残缺，诸项内容的分析展开就显得突然、生硬，就不可能是一篇构思严谨、表达缜密的文章。引言一般应与结论相呼应，在引言中提出的问题，在结论中应有解答，但也应避免与结论雷同。

(4)引言要简短，最好不要分段论述，不要含有插图、列表和数学公式的推导证明。吉林大学学报(工学版)陈永杰建议引言部分的内容以不超过600字为宜。

撰写引言时，要注意以下几点：

①引言的篇幅大小虽无硬性的统一规定，但不宜太长，要精练，突出重点，一般应控制在1 000字以内；

②摘要已经交代清楚的内容，在引言里不要重复；

③不要描述同行熟知的、教材上能找到的基本理论或知识；

④在回顾前人的研究时，不需要面面俱到，应引用"最相关"的文献以指引读者，优先引用相关研究中经典、重要、最新和最具说服力的文献。如果作者没有引用最重要的相关文

献，或者不恰当地大量引用作者本人的文献，将会使整篇文章的价值大打折扣；

⑤图、表、公式等在引言中不宜列出；

⑥对不常用的专门术语或缩写词，进行解释或定义，以帮助编辑、审稿人和读者阅读稿件；

⑦引言的关键在最后部分，即要明确地陈述该研究的目的和假设。读者在阅读后面的内容时，会思索作者是否最终达到了预期的目的，假设是否成立，以什么研究材料和研究方法来验证这些假设，逻辑结构上是否合理，这将是整个研究是否科学、严谨的核心。

案例 1-9　　“红富士苹果郁闭园树形改造技术”一文的引言

红富士是指由原产日本的富士苹果芽变选育培养成的一批着色好的品种，日本叫着色系富士。生产上栽培的红富士品种主要是长富 2 号、秋富 1 号等，如果提供适宜的栽培条件，这些品种可以生产出优质果品。红富士是我国出口量最大的苹果品种，出口果实要求果面着色面积在 90%以上，并且要着色均匀，果实的萼洼、梗洼都要着色；果面光亮，没有果锈、裂纹、黑点、红点；果实直径达到 80 mm，单果重在 200 g 以上。潍坊市果树栽种面积 80 000 hm^2左右，果品年产量 1 300 000 t，其中苹果种植面积约 20 000 hm^2，年产量约 400 000 t，红富士约占苹果种植面积的 60%，约占苹果产量的 70%。红富士主要栽植品种为长富 2，多为乔化密植栽培。由于技术措施不配套，随着树龄增大，相当数量的红富士果园树冠郁闭，光照恶化，病虫害严重，产量降低，品质变差，经济效益降低。为改变这种状况，指导优质红富士苹果生产，进行了潍坊地区优质红富士苹果生产技术开发研究，现介绍研究的关键技术之一——郁闭园树形改造技术。

二、练一练

结合自身毕业论文写作撰写其引言。

六、正文

技能训练

撰写正文

一、学一学

案例 1-10　　“疏花剂施易乐对苹果果实生长及品质的影响试验”一文正文

1. 材料方法

试验于 2010 年在榆次北田苹果园进行，供试苹果树为树龄 9～10 年生的乔化树。树高 3～4 m，冠幅 3～3.5 m，主干树形，树势中等，果园管理水平中等。试验品种为丹霞、富士，喷布时间为顶芽中心花开放后 3 d；喷布浓度设 4 个处理，分别为：①施易乐 5 g/L＋

展着剂；②施易乐 10 g/L＋展着剂；③施易乐 20 g/L＋展着剂；④清水，即对照。

2010 年对各处理果实从幼果期到采收期对果实横径和纵径进行了跟踪调查，处理树选择中部外围大小基本一致并且分布在各个方向的 12 个果，挂牌标记，每隔 2 周用游标卡尺测量 1 次果实纵横径，纵径测量最大部分，横径以十字形两方向测量，取其平均值。

果实硬度、可溶性固形物含量、酸含量在采收后进行，每一树选择大小、颜色均能代表本品种特性的果实 30 个，每次 10 个，分 3 次进行测定，用 GY-B 型手持硬度计测定果实去皮硬度，用泰光牌 30921 型折光糖度计测定果实可溶性固形物含量，用 NaOH 滴定法测定果实含酸量。

2. 结果与分析

2010 年从幼果期到采收期对丹霞、富士果实横径和纵径跟踪调查，结果表明，施易乐处理和对照之间各品种果实横径、纵径的生长曲线基本一致，各品种果实在各个时期纵径、横径生长速度与对照基本相近。这些情况说明花期喷布施易乐对幼果的膨大以及中后期的果实生长速度无明显影响。

果形指数、果实硬度、可溶性固形物含量以及酸含量是反映果实品质、果实贮藏性、风味等的重要指标。2010 年的试验结果表明（表 1），花期喷布施易乐对富士和丹霞苹果的果实硬度、可溶性固形物含量、可滴定酸含量均无明显影响。

表 1　施易乐对富士、丹霞果实品质的影响

处理	硬度/(kg/cm^2)		可溶性固形物含量/%		可滴定酸含量/%	
	富士	丹霞	富士	丹霞	富士	丹霞
①	8.1	8.6	16.4	15.3	0.33	0.30
②	8.1	8.6	16.5	15.4	0.35	0.32
③	8.2	8.7	16.3	15.4	0.31	0.33
④	8.0	8.6	16.2	15.3	0.35	0.31

3. 讨论

果实品质的好坏直接关系到果品生产者的经济效益，化学疏花疏果技术虽然可以减轻劳动强度，降低生产成本，但往往会不同程度地对果实产生不良影响，如 NAA 影响果实的膨大，BA 有疏果作用且能提高果形指数，同时引起树形混乱。本试验所用系列疏花剂为有机钙制剂，在花期喷布后经对果实生长处理动态连续追踪调查，发现其对果实发育过程无不良影响。综合以上事实我们可以得出结论，疏花剂施易乐具有良好疏花效应，对果实生长发育及果实品质无不良影响。

正文即论证部分，是论文的核心部分，占有绝大部分篇幅。由于论文作者研究工作所涉及的学科、选题、研究对象和研究方法、工作进程、结果表达方式等差异很大，所以对正文要写的内容不能作统一规定；但是，总的思路和结构安排应当符合“提出论点，通过论据[事实和(或)数据]来对论点加以论证”这一共同的要求。

1. 正文写作要求

(1)主题鲜明，重点突出。主题是作者基本观点的体现，对论文的价值起主导和决定作用。除了在论文的题名、摘要、引言、结论部分明确地点出主题外，在正文部分更要注意突出主题。要透过现象抓本质，在分析材料、统计结果的基础上提出能反映事物客观规律的见解，将实践知识上升为理论知识，得出有价值的结论。

(2)层次分明，论证严密。正文要站在一定的理论高度，把所有的材料和数据有机地组织在一起，运用已知的理论进行分析、综合、抽象、概括和严密的逻辑推理，从材料中凝结出结论，这不仅要求材料充分可靠，而且要求有扎实的文字组织功底，更要有较强的逻辑思维能力和开放的思想。节、段安排符合逻辑顺序，服从读者的认识和思维规律。

(3)材料可靠，科学合理。材料要来自客观实际，包括社会调查、生产实践和科学实验。写作时要尽量用直接材料，对间接材料的引用要在全面理解文章本义的基础上合理取舍，不能断章取义，更不能歪曲原意。要善于从众多、繁杂的材料中取其具有代表性的材料。

(4)格式正确，图表规范。全文都必须符合科技论文要求的格式规范，不能缺东少西。语言文字一定要简练，图表按照规范要求绘制，尤其要注意图表的标号和名称是否齐全，图表中应该有的实验条件是否备注。

(5)结论创新。农业科技论文是要解决一个实际问题，或者取得科研成果，或者形成一个新的专业观点等。因此，正文内容应突出一个新字，具有首创性。

总之，正文写作中应恰当地使用这些论证方式，并遵守论证的逻辑规则，在组织好真实而充分的材料即论据的基础上，通过符合逻辑的推理和论证，使论文的主要论点即作者的主要观点为读者所接受。当然，严密论证的结果，也可能否定了原来的某些论点。这并不可怕，反而是好事，因为它保证了论文的科学性，同时表明作者具有“坚持真理，修正错误”的科学态度。

2. 正文的内容

一般，正文可分作几个段落来写，每个段落需列什么样的标题，没有固定的格式，但大体上可以有以下几个部分(以试验研究报告类论文为例)。

①理论分析　亦称基本原理，包括论证的理论依据，对所作的假设及其合理性的阐述，对分析方法的说明。其要点是，假说、前提条件、分析的对象、适用的理论、分析的方法、计算的过程等。

写作时应注意区别哪些是已知的(前人已有的)，哪些是作者首次提出来的，哪些是经过作者改进的，须交待清楚。

②实验材料和方法　材料的表达主要指对材料的来源、性质和数量，以及材料的选取和处理等事项的阐述。

方法的表达主要指对实验的仪器、设备，以及实验条件和测试方法等事项的阐述。

写作要点是：实验对象，实验材料的名称、来源、性质、数量、选取方法和处理方法，实验目的，使用的仪器、设备(包括型号、名称、量测范围和精度等)，实验及测定的方法和过程，出现的问题和采取的措施等。

材料和方法的阐述必须具体、真实。如果是采用前人的，只需注明出处；如果是改进前人的，则要交待改进之处；如果是自己提出的，则应详细说明，必要时可用示意图、方框图或照片图等配合表述。

由于科学技术研究成果必须接受检验，介绍清楚这些内容，目的在于使别人能够重复操作。

③实验结果及其分析　这是论文的价值所在，是论文的关键部分。它包括给出结果，并对结果进行定量或定性的分析。

写作要点是：以绘图和列表等手段整理实验结果，通过数理统计和误差分析说明结果的可靠性、再现性和普遍性，进行实验结果与理论计算结果的比较，说明结果的适用对象和范围，分析不符合预见的现象和数据，检验理论分析的正确性等。

给出实验结果时要对数据进行整理，并采用合适的表达形式如插图或表格等。在整理数据时，不能只选取符合自己预料的，而随意舍去与自己料想不符或相反的数据。

结果分析时，必须以理论为基础，以事实为依据，认真、仔细地推敲结果，既要肯定结果的可信度和再现性，又要进行误差分析，并与理论结果做比较（相反，如果论题产生的是理论结果，则应由试验结果来验证），说明存在的问题。分析问题要切中要害，不能空泛议论。要压缩或删除那些众所周知的一般性道理的叙述，省略那些不必要的中间步骤或推导过程，突出精华部分。

④结果的讨论　对结果进行讨论，目的在于阐述结果的意义，说明与前人所得结果不同的原因，根据研究结果继续阐发作者自己的见解。

写作要点是：解释所取得的研究成果，说明成果的意义，指出自己的成果与前人研究成果或观点的异同，讨论尚未定论之处和相反的结果，提出研究的方向和问题。最主要的是突出新发现、新发明，说明研究结果的必然性或偶然性。

3. 正文的写作要求及注意事项

对正文部分写作的总的要求是：明晰、准确，完备，简洁。

具体要求有如下几点：①论点明确，论据充分，论证合理；②事实准确，数据准确，计算准确，语言准确；③内容丰富，文字简练，避免重复、烦琐；④条理清楚，逻辑性强，表达形式与内容相适应；⑤不泄密，对需保密的资料应作技术处理。

正文写作时主要注意下述两点：

（1）抓住基本观点。正文部分乃至整篇论文总是以作者的基本观点为轴线，要用材料（事实或数据）说明观点，形成材料与观点的统一。在基本观点上，对新发现的问题要详尽分析和阐述，即使不能深入，也要严密论证，否则得不出正确的、有价值的结论，说服不了读者，更不会为读者所接受。

（2）注重准确性，即科学性。对科学技术论文特别强调科学性，要贯串在论文的始终，正文部分对科学性的要求则更加突出。写作中要坚持实事求是的原则，不能弄虚作假，粗心大意。

二、练一练

结合自身毕业论文写作撰写正文。

七、参考文献

案例 1-11

参考文献著录格式示例

1. 普通图书

[序号]主要责任者.文献题名[M]. 版本项．出版地：出版者，出版年．

[1]广西壮族自治区林业厅.广西自然保护区[M]. 北京：中国林业出版社，1993.

[2]蒋有绪，郭泉水，马娟，等.中国森林群落分类及其群落学特征[M]. 北京：科学出版

社,1998.

[3]CRAWFPRD W,GORMAN M. Future libraries: dreams,madness,& reality [M]. Chicago: American Library Association,1995.

2. 论文集、会议录

[序号]主要责任者.文献题名[C]. 出版地:出版者,出版年.

[1]中国力学学会.第 3 届全国实验流体力学学术会议论文集[C]. 天津:[出版者不详],1990.

[2]郗荣庭,刘孟军,王文江.干果研究进展(6)[C]. 北京:中国农业科学技术出版社,2009.

[3] ROSENTHALL E M. Proceedings of the Fifth Canadian Mathematical Congress,University of Montreal,1961[C]. Toronto: University of Toronto Press,1963.

3. 学位论文

[序号]主要责任者.文献题名[D]. 出版地:出版者,出版年.

[1]张志祥.间断动力系统的随机扰动及其在守恒律方程中的应用[D]. 北京:北京大学数学学院,1998.

[2]张筑生.微分半动力系统的不变集[D]. 北京:北京大学数学系数学研究所,1983.

[3] CALMS R B. Infrared spectroscopic studies on solid oxygen[D]. Berkeley:Univ. of California. 1965.

4. 专利文献

[序号]专利申请或所有者.专利题名:专利国别,专利编号[P]. 公告日期或公布日期.

[1]刘加林.多功能一次性压舌板:中国,92214985. 2[P]. 1993-04-14.

[2]姜锡洲.一种温热外敷药制备方案:中国,88105607. 3[P]. 1989-07-26.

[3]河北绿洲生态环境科技有限公司.一种荒漠化地区生态植被综合培育种植方法:中国,01129210. 5 [P/OL] . 2001-10-24 [2002-05-28] . http://211. 152. 9. 47/sipoasp/zlijs/hyjs-yx- new. asp? recid=01129210. 5&leixin.

5. 著中析出的文献

[序号]析出文献主要责任者.析出文献题名[文献类型]//原文献主要责任者.原文献题名.出版地:出版者,出版年:析出文献起止页码.

[1]韩吉人.论职工教育的特点[G]//中国职工教育研究会.职工教育研究论文集.北京:人民教育出版社,1985:90-99.

[2]程根伟.1998 年长江洪水的成因与减灾对策[M]//许后译,赵其国.长江流域洪涝灾害与科技对策.北京:科学出版社,1999:32-36.

[3] MARTIN G.. Control of electronic resources in Australia [M]//PATTLE L W,COX BJ. Electronic resources: selection and bibliographic control. New York: The Haworth Press,1996: 85-96.

6. 期刊中析出的文献

[序号]主要责任者.文献题名[J]. 刊名,年,卷(期):起止页码.

[1]李炳穆.理想的图书馆员和信息专家的素质与形象[J]. 图书情报工作,2000,(2):5-8.

[2]习亚洲地质图编目组.亚洲地层与地质历史概述[J]. 地质学报,1978,3:194-208.

[3] HEWITT J A. Technical services in 1983[J]. Library Resource Services,1984,28(3): 205-218.

7. 报纸中析出的文献

[序号]主要责任者.文献题名[N]. 报纸名,出版日期(版次).

[1]丁文祥.数字革命与竞争国际化[N]. 中国青年报,2000-11-20(15).

[2]张田勤.罪犯 DNA 库与生命伦理学计划[N]. 大众科技报,2000-11-12(7).

8. 电子文献(包括专著或连续出版物中析出的电子文献)

[序号]主要责任者.电子文献题名[文献类型标志/文献载体标志].电子文献的出处,出版年(更新或修改日期)[引用日期].获取或访问路径.

[1]江向东.互联网环境下的信息处理与图书管理系统解决方案[J/OL].情报学报,1999,18(2):4[2000-01-18].http://www.chinainfo.gov.cn/periodical/gbxb/gbxb99/gbxb9902 03.

[2]TURCOTTE D L. Fractals and chaos in geology and geophysics[M/OL]. New York: Cambridge University Press,1992[1998-09-23]. http://www.seg.org/reviews/mccorm30.html.

"参考文献"的概念是为撰写或编辑论著而引用的有关图书、文献等资料。在科技论文中,凡是引用前人(包括作者自己过去)已发表的文献中的观点、数据和材料等,都要对它们在文中出现的地方予以标明,并在文末列出参考文献表。

参考文献的排序,一般是先远后近,先中后外。即年代久的放在前面,年代近的放在后面。但也可按在论文中出现的先后为序,不必拘于一格。

知识链接

文献类型和电子文献载体标志代码

表 1-1　文献类型和标志代码

文献类型	标志代码	文献类型	标志代码	文献类型	标志代码
普通图书	M	专利	P	学位论文	D
汇编	G	会议录	C	标准	S
期刊	J	报纸	N	数据库	DB
报告	R	计算机程序	CP	电子公告	EB

表 1-2　电子文献载体和标志代码

载体类型	标志代码	载体类型	标志代码
磁带(magnetic tape)	MT	磁盘(disk)	DK
光盘(CD-ROM)	CD	联机网络(online)	OL

八、致谢

现代科学技术研究往往不是一个人能单独完成的，而需要他人的合作与帮助，因此，当研究成果以论文形式发表时，作者应当对他人的劳动给以充分肯定，并对他们表示感谢。致谢的对象是，国家科学基金、资助研究工作的奖学金基金、合同单位、资助或支持的企业、组织或个人；协助完成研究工作和提供便利条件的组织或个人；在研究工作中提出建议和提供帮助的人；给予转载和引用权的资料、图片、文献、研究思想和设想的所有者；其他应感谢的组织或个人。致谢可以放在题注内，也可放在结论后。

初稿写成以后，应再三修改，审查是否符合要求。事实上，人的认识不是一次完成的，很难一次就达到完善恰当的程度。仔细检查，反复修改，总会发现还有不恰当、不完善之处，大至问题是否提得鲜明中肯，论点和事例有无说服力，结构层次是否严谨，小至文字的修饰加工，有无废话，语言是否准确、鲜明、生动，等等，总会发现尚需修改之处，发现很多在提纲中看不出的毛病，或是原先估计不到的问题。写成初稿后进行反复的审查和修改，是十分必要的。

第四节　农业科技论文的规范表达

农业科技论文规范表达的要求来自自然科学技术期刊编排的标准化和规范化。标准是衡量事物的准则，在科学技术和生产领域里，国家机关或社会团体为了适应科学技术发展和合理组织生产的需要，在产品质量、品种规格、零部件通用等方面规定了统一的若干技术要求，这些技术要求就是标准。我国现在通行的有国家标准、地方标准、行业标准和企业标准，同时还有国际标准。规范是某一标准的具体化，是在一定范围内实施的明文规定。国家标准具有权威性、标准型和严肃性；规范具有指导性、规范性和导向型。

一、农业科技论文规范表达的意义

随着科学技术的高速发展，科技信息量猛增。而计算机的普遍应用，又使信息从“人”识别进入了“机”识别。为了实现科技信息的正确处理和快速传播，要求科技期刊的编排必须实现标准化和规范化。农业科技论文只有实现编写格式的标准化和各个细节表达的规范化，才能真正体现科学的内涵，准确表达科学的内容，从而有利于传播、存储、检索和利用。

农业科技论文的规范表达，不仅能提高论文本身的水平，而且可以反映出作者具有严谨的治学态度和优良的写作功底。我们可以设想，在两篇都有发表价值的论文中只能选取一篇发表时，被选中的一定是表达比较规范的那篇，因为它的编辑加工量小，或者不必要经过作者的再修改，从而保证出版时间和出版质量。因此，作者必须努力提高自身的写作修养，实现论文的规范表达。

农业科技论文的规范表达的内容：一是编写格式的标准化；二是文字细节和技术细节表达的规范化，主要包括名词名称、数字、量和单位、数学式、化学式等的规范表达，以及插图和表格的合理设计；三是科技语言和标点符号的规范运用。

二、层次标题的规范表达

农业科技论文的各层次标题一律用阿拉伯数字连续编码，不同层次的两个数字之间用下圆点(.)分隔开，末位数字后面不加点号。一般采用三级标题顶格排序。一级标题序号如1,2,3…；二级序标题序号如1.1,1.2,…；2.1,2.2,…；三级序号如1.1.1,1.1.2,…；2.1.1,2.1.2,…,依此类推。各层次的第一个序码均左顶格书写，最后一个序码之后空1个字距接写标题。引言、参考文献和致谢不排序。

案例 1-12　　**题名："砂糖"无花果扦插生根试验**

前言
1　试验材料与方法
1.1　试验材料
1.2　试验方法
1.2.1　温床准备
1.2.2　插条剪截
1.2.3　试验设计实施
1.2.4　调查记载
2　结果与分析
2.1　不同处理对无花果生根的影响
2.2　1号处理生根情况
3　结论与讨论
参考文献
致谢

三、量符号和计量单位的规范表达

(一)量符号的规范表达

在强制性国家标准《量和单位》中，对每个基本物理量都给出了1个或1个以上的符号，这些符号就是标准化的量符号，如 l(长度)、d(直径)、A 或 S(面积)、V(体积)、t(时间)、v(速度)、λ(波长)、m(质量)、F(力)、T(热力学温度)、t(摄氏温度)、φ(体积分数)等。国家标准规定，非普及性科学书刊，尤其是在数理公式中，必须使用量符号。量符号必须用斜体字母(pH 值除外，它用正体字母)。

(二)计量单位的规范表达

《中华人民共和国法定计量单位》是以国际单位制(SI)单位为基础，根据我国情况加选的一些非 SI 单位构成的。全文只能使用法定单位，不能使用非法定单位，如市制单位、公制单位、英制单位，以及其他旧杂制单位。尤其请注意，土地面积不能用"亩"。大面积用 hm^2(读作"公顷")，很大面积用 km^2(读作"平方千米")，小面积(如宅基地、小试验地等)用 m^2(读作"平方米")。采用单位的国际符号，而不采用单位的中文符号。国际符号指用拉丁字母或希腊字母表示的单位或其词头，如 μm(读作"微米")、kg(读作"千克")、N(读作"牛顿")、kPa(读作"千帕")等。要注意区分单位符合和词头符号的大小写：一般单位符号为小写体，如 m(米)、t(吨)、g(克)等；来源于人名的单位，其符号的首字母大写，如 A(安培)、Pa(帕斯卡)、J(焦耳)等，例外的是 L(升)不是来源于人名。词头符号中表示的因次为 10^6 及以上，用大写体，如 M(10^6，兆)等；表示的因次为 10^3 及以下，用小写体，如 k(10^3，千)、h(10^2，百)、d(10^{-1}，分)、c(10^{-2}，厘)、m(10^{-3}，毫)、μ(10^{-6}，微)、n(10^{-9}，纳)等。

有国际符号的一定不用中文符号，如：min(分)、s(秒)、d(天)、h(小时)、a(年)、kg(千克)、m(米)……；但要注意 ppm、ppb 等，只是表示数量份额的英文缩写，意义也不确切，而且其中有的在不同国家代表不同的数值，因此不能再用，可将 200 ppm 改为 200×10^{-6}，或者改为 200 mg/L。单位前的数值，一般应控制在 0.1～1 000，既不能太小，也不能太大，尤其在图表中，否则应当改换词头。例如，0.001 m，应改为 1 mm，1 200 g，应改为 1.2 kg，32 000 kg，应改为 32 t。

四、数字的规范表达

1. 定型的词、词组、成语、惯用语、缩略语，以及具有修辞色彩的词语中作为语素的数字，必须用汉字数字。例如：第一，三倍体，三氧化二铝，星期五，“十一五”计划，第一作者，一分为二等。

2. 相邻 2 个数字连用表示的概数。例如：一两千米，二三十公顷，四百五六十万元[注意：其间不用顿号(、)]。

3. 带有“几”字的数字表示的概数。例如：十几，几百，三千几百万，几万分之一。

4. 各国、各民族的非公历纪年及月日。

5. 含有月日简称表示事件、节日和其他特定含义的词组中的数字。例如：“一二·九”运动。

6. 书写和排印 4 位和 4 位以上的数字要采用三位分节法，即从小数点算起，向左和向右每 3 位数之间留出 1/4 个汉字大小的空隙。例如：3 245，3.141 592 6。

7. 阿拉伯数字不能与除“万”“亿”外的汉字数词连用。如“十二亿一千五百万”可写为“121 500 万”或“12.15 亿”，但不能写为“12 亿 1 千 5 百万”。

8. 表示数值范围采用浪纹号(～)。例如：120～130 kg。不是表示数值范围，使用连接号“—”，如“1995—2000 年”，“做 2—3 次试验”。

9. 表示百分数范围时，前一个百分号不能省略。如“52%～55%”不能写成“52～55%”。

10. 用“万”或“亿”表示的数值范围，每个数值中的“万”或“亿”不能省略。如“20 万～30 万”不能写成“20～30 万”。

11. 单位不完全相同的量值范围，每个量值的单位应全部写出，如“3 h～4 h 20 min”不能写作“3～4 h 20 min”；但单位相同的量值范围，前一个量值的单位可以省略，如“100 g～150 g”可以写作“100～150 g”。

12. 表示带百分数公差的中心值时，百分号(%)只需写 1 次，同时“%”前的中心值与公差应当用括号起。例如“(50±5)%”任何时候都不得写作“50±5%”，也不得写作“50%±5%”。

13. 用量值相乘表示面积或体积时，每个数值的单位都应写出。如：“60 m×40 m”，不能写作“60×40 m”或“60×40 m^2”。

14. 一组量值的单位相同时，可以只在最末一个量值后写出单位，其余量值的单位可以省略。如“50 mm，45 mm，42 mm，37 mm”，可以写作“50，45，42，37 mm”。各量值后的点号可以用“，”，也可以用“、”，但全文应统一。

五、图表的规范表达

图表是农业科技论文简洁而有效地表示研究材料和方法、实验结果等必不可少的手段。一张好的图表可以把难以用语言表达清楚的问题透彻地展示给读者。

图表的主要作用是用来表达实验和统计的结果。实验和统计所出现的变化趋势，一般用图来表达，图比表更形象直观，但不能像表那样可以表达精确的数量。因此，论文中用图还是用表，要从内容需要出发。目的是表述实验结果并有精确统计的论文，应该以用表为主；目的在于表达某种变化趋势，用图会更好。图和表都要紧紧围绕论文论证的中心问题，同文字有机地构成统一的整体。

图表虽然有重要作用，但在论文中所占的篇幅是有限的，中外期刊中，图表一般只占25%～30%。不少论文的内容不可能或不必要用图表表达，图表的设计和制版又比较麻烦，因此，可以用简明语言表达清楚的内容，尽量不用图表；用一个图表能表达清楚的，就不要用几个图表。

1. 表

表是以列和行的形式建立的资料排列。在科技论文中，它既可以用来表述实验材料和方法的特征、特性，也可以用来统计实验结果。写表格时，注明表号、表题、表注，采用三线表，用阿拉伯数字编号。表的基本格式如下：

<table>
<tr><th colspan="2" rowspan="2">总题</th><th colspan="2">列题</th><th rowspan="2">备注</th></tr>
<tr><th>副列题</th><th>副列题</th></tr>
<tr><td rowspan="2">行题</td><td>副行题</td><td></td><td></td><td></td></tr>
<tr><td>副行题</td><td></td><td></td><td></td></tr>
</table>

案例 1-13

表 2　2006—2007 年破眠 3 号 20 倍液处理的 5 个葡萄品种果实经济性状和产量

品种	处理	单穗重/g	单粒重/g	色泽	可溶性固形物含量/%	株产/kg	商品果率/%
巨峰	破眠 3 号	314.1	12.6	紫黑色	17.50	3.9	97.0
	对照	296.8	10.5	深红色	16.35	3.2	76.0
巨玫瑰	破眠 3 号	320.7	12.5	紫黑色	17.70	4.2	97.0
	对照	273.8	10.3	深红色	16.55	3.2	77.1
户太八号	破眠 3 号	292.9	13.0	紫黑色	17.60	3.9	95.6
	对照	265.1	10.5	深红色	16.40	3.3	82.0
V28	破眠 3 号	285.9	13.8	紫黑色	17.90	3.8	97.5
	对照	261.7	11.3	深红色	16.50	3.2	80.9
无核早红	破眠 3 号	296.1	6.6	红褐色	17.55	4.0	98.0
	对照	268.9	5.8	红色	16.40	3.5	82.4

注：表中数据为 2006 年、2007 年两年平均值。

(1)行题和列题

确定行列项目一般是,行题——被研究的对象,列题——研究工作所观察的项目。有时因排版困难,将研究对象改作列题,将观察项目改作行题,但这不是正例。行和列的项目的安排,从上到下,从左到右,应该有一定的逻辑顺序,便于观察比较。

(2)总题

总题一栏,过去多用对角线分为两半,分别概括行题和列题的内容;还有一分为三的。现在,为了简便,多不采用这种方法。只对行题内容进行总括,实际上也成了列题。有时索性空着。

(3)备注

备注一栏要尽量少用。有些须加注的内容,可以采取脚注方法,在要注释的数字或文字的右上角,打上※或#的符号,然后在表下注出。

(4)文字与数字

表中各栏内的文字和数字应居中书写。文字应从左取齐,数字应从右取齐,如有小数,小数点应取齐,小数点后的位数应统一。缺项须用"—"表示。

(5)计量单位

表里数字的计量单位完全一样,可以写在表题下一行,偏右书写;表中计量单位在一列内相同多应把计量单位写在列题下;表中计量单位在一行内相同,应把计量单位写在行题后。

(6)直表转栏和横栏分段

设计表格的大小一定要考虑书籍、期刊的版面。长宽比例,必须符合页面尺寸与排版格式的要求。如果竖行项目太多,超出版面,而横栏项目又较少,便可以采用直表转栏的办法,即将竖行从中切断,并列排在右侧,列题照写,两栏间以双线隔开。如:

	Ⅰ	Ⅱ	Ⅲ	Ⅳ	Ⅴ		Ⅰ	Ⅱ	Ⅲ	Ⅳ	Ⅴ
1						6					
2						7					
3						8					
4						9					
5						10					

如果横栏项目太多,超出版面,竖行项目较少,则可以采用横栏分段的办法,即将横栏从中切开,分上下两段叠排,行题照写,中间用双线隔开。如:

	一	二	三	四	五	六	七	八	九	十
一组										
二组										
	十一	十二	十三	十四	十五	十六	十七	十八	十九	二十
一组										
二组										

(7)横、竖线的运用

运用横、竖线是为了看得清楚些，能看清楚，就可以尽量不用或少用。简单数据往往只按行列排在一起，完全不用横、竖线；左右两边的竖线一般可不用；有时用竖线，不用或少用横线，有时用横线，不用或少用竖线。这样设计，不仅减少了排版的麻烦，而且看起来清楚、美观。

2. 图

广义的图就是指论文中起说明和论证作用的各式各样的图像。图像法有多种表达形式，一般有曲线图、折线图、柱形图、示意图、实物图等，图的标题要写在图的下面，首先说明图号，再写名图的名称，如有图注写在标题的下方。

(1)曲线图

曲线图主要用于表达两个可变因素之间关系，以及表达某种因素在一定时间或时期内变化的趋势。一般用两个坐标代表两个可变量。自变量用横坐标表示，因变量用纵坐标表示。时间和不具有误差的量一般都用横坐标表示。如撰写摘要中的图 1、图 2(见本书第 36 页、37 页)。

为了便于比较研究，有时把几条曲线画在一张图上。这时纵、横坐标常常要表示两个不同的含义，因此，须要画出四框，然后在左右边框标出两种纵坐标的尺度；上下边框上标出两种横坐标的尺度，这样就可以画出几条不同的曲线。图中曲线有两根以上、测点有两个以上时，要用不同的线条和符号表示，同时标出图例，图例可以写在图中空白处。图内要尽量不加文字说明，需要说明时，可在图中需要说明的地方标注代号，在图题下解释说明。

(2)柱形图和圆形图

柱形图，也称条形图，广泛用于表示相对数量的大小，有时也可以表示一些数量与另一因素的关系(图 1-1)。

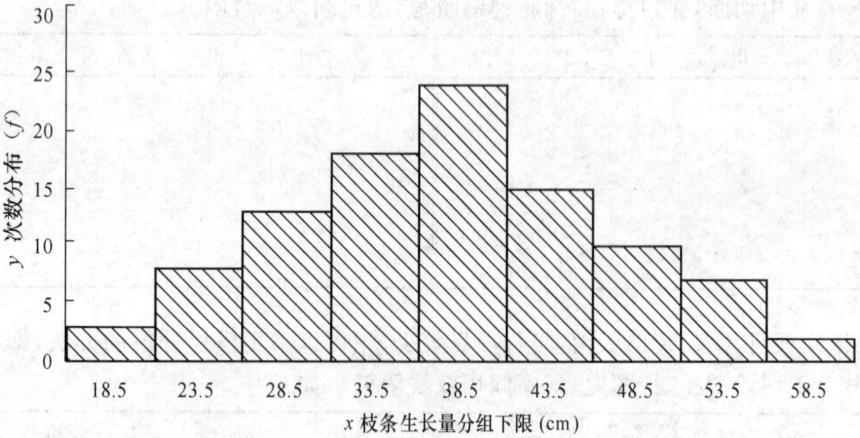

图 1-1　苹果梨枝条生长量次数分布柱形图

柱形图有时只用横坐标，有时甚至不用坐标表示数量，而直接将数字写在柱头或柱内。如果不能将有关数量排列在一个柱图内，则可以分为几个柱图，将几个柱图排在一起，也可以进行比较研究。柱形图的图题、图例、说明的要求同曲线图一样。

圆形图比较简单，不再举例说明。其作用与柱形图大致相同，主要用于表示数字大小比例。

(3)示意图

示意图多用来表示某个概念或过程，没有固定格式。有方框图、箭头图、树状图等各种各样的形式。

图 1-2 是中国科学院陈世骧同志的论文《物种概念与分类原理》一文中的示意图。这个图很简明、形象地说明了两种不同分类方法及其主要分歧。作者把方框图和树状图结合在一起，设计具有巧妙、简洁、深刻的特点。由于示意图没有一定形式、规矩，要靠作者丰富的想象力，因此，设计制作更要深思熟虑。

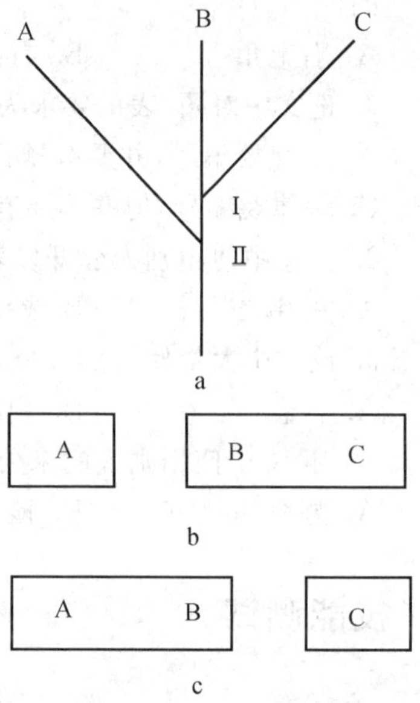

图 1-2　猩猩属、黑猩猩属和人属的两种分类

a. 猩猩 A、黑猩猩 B 和人类 C 之间的宗谱关系

b. 分支分类　c. 传统分类

(4)画和照片

在农业科技论文中，时常需要表示实物的形态。有的用照片来表示，有的可用图画来表示。

照片有：一般照片、X 光照片、显微照片等种类。照片要求黑白分明，背景简单、层次清楚。论文用的照片要经选择和剪裁，使中心鲜明突出。有些照片必须附尺寸比例时，在拍摄时就应将尺寸放在标本的适当位置，一起拍入照片内。

凡是送编辑部准备发表的论文，其中图、画、照片的制作一定要考虑制版的方便。不要贴在或夹在文稿中，而要连同标题、说明一起集中编号，单独用纸袋装好。在论文中空出适当位置，写上图表标号。

知识测试

1. 论文的价值在于(　　)

A. 符合实际的假设得出的正确结论　　B. 不符合实际的假设得出的结论

C. 个人思想的表现

2. 在论文写出稿子各阶段中，哪个阶段工作量最大？(　　)

A. 腹稿　　B. 初稿　　C. 修改稿　　D. 定稿

3. 摘要的风格(　　)

A. 可以用第一人称　　B. 摘要大小不宜超过论文字数的 5%

C. 可以使用文学性修饰　　D. 可以包含作者未来的计划

E. 可以自我评价

4. 一篇论文其关键词可以选择几个(　　)

A. 两个　　B. 3～8 个　　C. 9 个以上

5. 参考文献的顺序依(　　)

A. 在文中出现的次序排列　　B. 按作者已经收集到的文献序号排序

C. 以文献的重要程度排列

6. 在正文中，当需要说明引用内容出处时，应把引用的参考文献编号连同方括号，写在

标注的(　　)

A. 右上角　　B. 右下角　　C. 左上角　　D. 左下角

7. 论文中对图、表的要求为(　　)

A. 一律要编号,并要有题目　　B. 可以不编号,可以没有题目

C. 一律要编号,但并不要有题目　　D. 可以不编号,但要有题目

8. 论文中使用别人公开发表的结论,并注明出处的属于(　　)

A. 引用　　B. 抄袭　　C. 剽窃

9. 论文中大量使用别人公开发表的内容,不注明出处的属于(　　)

A. 抄袭　　B. 剽窃　　C. 借用

10. 论文中使用别人的未公开发表的内容(　　)

A. 剽窃　　B. 抄袭　　C. 引用

技能测试

1. 李春是红光机械厂的技术员。他为了研究金属缺口疲劳的问题正搜集有关的资料,同事褚红告诉他,其父褚武扬在1983年发表过关于缺口疲劳的论文,但她记不清论文的题目和所发表的刊名了。请你告诉李春同志怎样才能找到这篇论文。

2. 在搜集间接材料中,通常使用的检索方法:①追溯查找法;②直接查找法;③循环查找法。现在,张红急需有关艾滋病研究的资料,请告诉她哪种检索方法能尽快查到关于艾滋病研究的资料。

3. 围绕“饲养长毛兔应注意的问题”这个题目,从下面的材料中,选出恰当的材料来。

①在不同的环境和气候下,要注意长毛兔的生长情况。

②在异常季节,要注意有无特殊变化。

③注意笼舍的清洁卫生,经常要清扫笼舍的垃圾,饲料槽要经常洗刷消毒,如有吃剩的饲料要及时清除干净。

④注意饲养的清洁、青饲料要喂新鲜的,但不能用水洗;不能喂腐烂变质的饲料;有霜、带露水、被雨淋过的饲料,一定要晾干再喂。

⑤从小兔时起,应培养饮水的习惯,最好每天中午喂一次水。夏季水中可加少许食盐,冬季饮用温水,雨季饮用万分之二的碘酊溶液。

⑥饲料要定时定量。成兔每天喂三次,幼兔可喂五至六次。

⑦饲料应合理搭配、多样化,粗与精相配合,青与干相配合,逐步改变饲料,不要突然改变。

⑧要经常注意观察兔子的粪便,调整饲料的搭配,粗饲料应加工粉碎后再喂。

⑨随时观察兔子的健康情况,若有病兔要及时隔离饲养,对病兔笼舍及用具进行消毒处理。

⑩要按时注射预防药物,减少兔子生病的可能性。

4. 现有一篇《人工神经网络在传感器目标识别中的应用》的论文,作者在论文目次中草拟了以下几个方面:一、概述　二、数学基础知识　三、传感器基础知识　四、人工神经网络简介　五、人工神经网络在目标识别中的应用　六、仿真　七、结论　八、致谢

请根据上述要求,选定目次安排较合理的一个:

A. 一、概述;二、预备知识(包括所要用的数学、传感器、人工神经网络基本的知识要

点)；三、理论、方法(包括方案设计等)；四、试验或仿真结果；五、结论；六、致谢；七、参考文献

B. 一、概述；二、数学基础知识；三、传感器基础知识；四、人工神经网络简介；五、人工神经网络在目标识别中的应用；六、仿真；七、结论；八、致谢；九、参考文献

C. 一、概述；二、数学基础知识；三、传感器基础知识；四、人工神经网络简介；五、人工神经网络在目标识别中的应用；六、仿真；七、结论

D. 一、概述；二、预备知识(包括所要用的数学、传感器、人工神经网络基本的知识要点)；三、理论、方法(包括方案设计等)；四、试验或仿真结果；五、结论

5. 请总结“柿子更换良种新技术”一文的写作提纲(写至2级标题)。

柿子更换良种新技术

由于果树品种发展迅速，使新品种的推广、老品种的更新速度加快。而柿树品种，由于柿树树体寿命长，生长缓慢，嫁接成活率稍低，要达到品种迅速改良，是一个极其重要的果树良种化课题。果树高接换头更换良种技术进一步的深层次研究在生产中越来越受到重视。过去的高接换头方法因接穗的切削、切削后接穗的处理、嫁接时间、被改接树的准备、嫁接技术等方面或多或少地存在着一些问题，为此我们经过6年的柿树高接换头实践，总结出了一套高接换头新技术。该技术嫁接速度快，成活率可达95%以上，且嫁接新梢生长壮、结果早。解决了柿树品种迅速改良难的重要课题。

1　柿子嫁接成活率低的原因

1.1　砧木和接穗的质量太差。接穗与砧木贮藏有较多的养分，利于接口愈合。如果砧木不健壮，接穗不充实，容易使嫁接失败。

1.2　嫁接时的环境条件不适宜。柿树的愈伤组织最适宜在20℃左右的气温、饱和的湿度、充足的氧气条件下形成。

1.3　嫁接时期掌握不好。柿树内单宁物质含量较高，单宁极易被氧化而形成隔膜，阻碍砧木和接穗的愈合。

1.4　嫁接技术不当。如果削面不平滑，隔膜形成较厚，影响愈合。如果嫁接速度太慢，切口上的单宁被氧化形成隔膜，也影响愈合。如果砧木和接穗形成层对得不准，愈伤组织难以形成，更影响愈合。

2　提高嫁接成活率的技术

2.1　培育健壮的砧木，待嫁接的柿树要先加强土肥水管理、病虫防治，实施中耕除草，增加短截、疏枝和回缩量。以培育出健壮的树体。

2.2　适时嫁接，枝接过早嫁接，砧、穗仍在休眠，接口面细胞会干枯，使接口死细胞层加厚，影响嫁接成活。过晚，接穗已经发芽，嫁接后容易失水抽干。

2.3　嫁接时的环境要求。选阴天、无风、湿度较大的天气嫁接，但不要在雨天进行，更不能让雨水直接进入接口。

2.4　提高嫁接技术。砧穗形成层要对准紧贴。嫁接刀要锋利，接穗削面要平滑。嫁接动作要快，削好的接穗不可暴露在空气中，包扎时要一环压一环，做到“严、紧、密”。这样使形成层密切接触，不易错位，同时还可防止雨水渗入接口。

3　改接树的准备

3.1　幼树、壮树劣质品种的改造，改接前进行冬季修剪，修剪原则是按照树体原来的树体结构，整好树形，配备好主枝、侧枝、中央主干以及结果枝组，疏除过密枝、重叠枝、交叉枝

和下垂枝，留枝量要超过树体标准枝量的20%，即留够足量的枝以备嫁接。并在接前一星期浇一次透水，浅耕树盘，以便嫁接后管理。

3.2　弱树、衰老树劣质品种的改造，改接前冬季修剪，要大量进行短截、回缩（可回缩到3～5年生枝上）和疏除过弱枝。生长季节，加强土肥水管理，肥料以优质有机肥、复合肥和速效性氮肥为主，使树体变旺变壮，以保证嫁接成活率。

4　接穗采集及处理

在树液未流动以前采集接穗（多在嫁接前一个月），采集生长健壮、芽眼饱满、无病虫害的1年生枝条作接穗。打捆在背阴处或地窖内沙藏，以备嫁接使用。

5　嫁接时期

通过6年来的嫁接实践，我们观察到，在鲁西南地区，柿树嫁接时间以3月下旬至4月上旬为宜，最佳时间为4月上旬，最好在4月7日前完成全部嫁接，物候期为砧木芽已萌动膨大但未展叶，嫁接成活率最高，可达95%以上，而过早和过晚嫁接成活率均明显下降。嫁接时，接穗芽不能萌动，接穗上保留1～2个饱满芽。

6　嫁接方式及方法

6.1　嫁接方式，对已修剪过的树采用自上而下、先里后外的嫁接方式；嫁接部位距基枝越近越好，且选在光滑处。根据树体大小确定其嫁接部位的数量，一般在主枝两侧每隔20 cm，同侧每隔40 cm接一部位；3～10年生树，嫁接部位10～30个，10～15年生树，嫁接部位30～90个，尽量多接部位（但不超过同树龄标准枝量的20%），以便尽快扩大树冠，多余枝待恢复树冠后合理疏除。

6.2　嫁接方法，采用劈接法。在嫁接时应注意：①接穗削面长度不能过短，应为2～3 cm，要求外厚内薄，上厚下薄，削面平滑；②砧木断面要削平，劈口一定要齐；③插接穗时，砧穗形成层要对齐；④嫁接动作要快。

6.3　嫁接操作方法及削接穗后的处理，嫁接时两人一组，一人嫁接，一人包扎。嫁接人员削好接穗用ABT7号生根粉1 000倍液浸泡，每个接穗要两刀削成（外厚内薄，上厚下薄，削面平滑），接穗削好后立即放入ABT7号生根粉1 000倍液，每次削接穗5～8个，嫁接时取出，接穗插入砧木要快，接后包扎人员立即包扎，尽量缩短砧、穗在空气中的暴露时间，以防氧化，影响愈合。

6.4　包扎，包扎时用大方块塑膜全包。材料选用0.003 mm厚的塑料地膜，用刀裁成15～20 cm^2 的方块，把接穗连同砧桩断面一起罩住，使接芽外面的塑膜绷紧在接芽上，然后用塑料绳在接口部扎紧，要求把接穗和接口包严扎紧，接芽上只覆盖一层塑膜且紧贴接芽，成活后芽子可自动顶破塑料地膜而生长，总之包扎要严、紧、密。

7　嫁接后管理

嫁接后要及时抹除砧木上萌发的嫩芽，一般5～7 d 1次，直到接芽旺长，砧木不再发生萌芽为止。当新梢长到30 cm以上时，解除绑缚物，并将新梢拢缚在支柱上，以防风折。对于危害接芽的柿梢鹰夜蛾、刺蛾、金龟子等害虫，可用2 000倍的菊酯类药液喷杀。当新梢长到60～80 cm时，在枝长1/3或1/4的半木质化处摘心，以促发分枝；分枝长到30～40 cm时再摘心，以促进树体极早成形。冬季修剪时，对各级骨干枝适度中短截，疏除过密枝、直立枝，其他枝条一律缓放，使树体既能迅速扩大树冠，又能早期丰产。其他管理，如松土、除草、施肥、整树盘等均按常规进行。

Chapter 2

第二章 农业科技报告类写作

知识目标

1. 了解科技报告概念、特点
2. 熟悉农业科技报告写作的思路
3. 掌握科技报告的种类及各类农业科技报告的写作格式与要求

技能目标

1. 理解农业科技报告不同类型写作的主体构建过程
2. 能正确撰写不同种类农业科技报告

第一节　概述

科技报告的全称叫作科学技术报告，它是一大类科技作品的总称，包括研究报告、考察报告和实验报告。科技报告的内容密切结合生产、科研实践，满足科学技术活动发展的需要。它是科技工作者在科研工作过程中的研究、考察、实验结果的真实记录。科技报告或者描述某项科学技术研究的进展和成果，或者报告某项技术研制试验和评价的结果，或者陈述某个科学技术问题的现状和发展趋势。科技报告是现代科学技术发展的产物，到目前已经发展到为科技文献中的一大门类，成为一种正式的文体。

一、科技报告的特点

（一）专一的告知性

科技报告侧重于报道客观事实，报送对象明确。科研人员应该向上级主管部门或资助机构报告科学研究的进展情况、结果、经费的使用及建议等，自觉接受检查和督促；另一方面，也应让社会同行或合作者了解科研成果的新信息，以促进学术交流和技术合作。因此，告知性不仅明确而且专一，成为科技报告的根本特点。

（二）明确的目的性

科技报告明确的目的性主要表现在两个方面：一是要客观地、准确地报道事实，全面、具体地反映科研工作的全过程，从而能真实、质朴地反映事实的本质；二是在客观的叙述中，要求作者能从事实出发，经过分析和综合，从中寻找出事物发生、发展的规律，并尽可能提升为理性的认识。因此，作者撰写科技报告目的就是为解决科研工作中的某一问题，促进科学技术的发展。

（三）严格的保密性

科技报告作为内部的科研记录，描述的内容技术性很强。有的科技报告的内容专深、具体，往往涉及国防或尖端科学技术的研究成果，大多数不公开发表，保密性极强。即使有极少数的科技报告被允许公开发表，但在发表之前，作者必须对关键性的技术和数据等作较大的变更处理，使公布的科技报告控制在保密要求所允许的范围之内。

（四）快速的时效性

科技报告及时报道现实科研中的新发明、新创造和新理论，它的这种告知性的特点必然赋予它具有时效性，以快速传播信息和及时通报情况为目的，帮助人们了解科学和技术发展的新水平，而且科技报告的写作简便省时，出版周期短，不但传播信息的速度快、能力强，而又能提供全面的信息。

（五）广泛的实用性

科技报告在世界科学技术的发展中起着保存资料、交流情况和快速反映科技动态的积极作用，所以被科技工作者广泛应用，成为科技领域内使用最为频繁的一种文体。

二、科技报告的分类

根据不同的要求，科技报告可以划分成多种类型。

(一)根据工作进程的时间顺序划分,可分为以下 4 种

1. 初期报告

也叫研究计划,是科研人员在研究试验之前写的计划性报告。

2. 进展报告

也叫进度报告,是科研人员向课题的主管部门或资助部门汇报工作进展情况而写的报告。又分为定期报告(季度报告,半年报告等)和不定期报告。

3. 中间报告

即报道某项课题研究的若干阶段的工作小结以及对下一阶段的工作建议等。

4. 终结报告

即课题结束时所写的总结性报告。

(二)根据研究内容划分,可分为以下 3 种

1. 科学技术研究报告

是作者向人们报告某一科技课题的研究经过和研究成果的文章。它是科技人员用来传播科技研究信息和交流科学技术研究成果的重要手段,也是研究单位、承包单位向提供经费部门汇报科学研究或技术研究经过和成果的正式文件。

2. 科技考察报告

也称科技调查报告,它是报告某个课题的考察过程、内容和分析结果的文章。常见的科技考察报告有 3 种:一种是科技情况考察报告,一种是科技会议考察报告,一种是学科研究考察报告。前两种考察报告多见于赴国外的考察团或参加国际科学技术会议的代表团回国后所写的报告,后一种考察报告则是自然科学工作者用以报告自己调查研究成果的文章。

3. 科技实验报告

是描述和记录某项科技实验的过程和结果的报告。科技实验报告有表格式实验报告和文章式实验报告两种。表格式的科技实验报告是一种简单的实验报告,它要求报告人逐项填写实验报告表格里的各个项目。这些项目有:实验名称、实验目的、实验器材、实验装置、实验步骤、实验结果、实验结论等。文章式的实验报告是一种复杂的实验报告,它需要把实验的过程和结果写成文章。

第二节　农业科技调查报告与考察报告

一、农业科技调查报告

(一)例文

案例 2-1　　**××县农业科技推广应用状况调查报告**

××县农业科技推广应用状况调查报告 ××县是一个以粮食生产为主的农业县份。近几年,随着国家惠农政策的相继出台并付诸实施,极大激发调动了广大农民的种田积极性,出现了新一轮竞相种地的热潮。在中央惠民政策的激励和全县人民的共同努力下,农业有了较快发展,农民收入水平不断提高,农村形势进入历史以来最好的发展时期。	报告题目　语言准确、字数简短精练,字数不超过 20 字

续表

但从实践看，几年来，粮食产量始终在低水平徘徊，水稻亩产难以继续稳定增产，而且粮食品质不优，市场价格不稳，经济效益不高。究其原因，一个重要因素就是科技推广应用水平不高、典型示范不到位、农业科技贡献率低，成为我县农业生产中亟须解决的课题之一。 为此，县政府组织相关部门，深入全县8个乡镇、部分村（屯），通过走访农户和科技人员，采取调查问卷及座谈讨论等形式，就我县农业科技推广应用情况进行了广泛深入的调查。	强调××县农业发展情况，介绍调查的背景及调查对象意义，各层次之间呈逐步深入的关系
一、基本情况 我县现有耕地面积143万亩，其中水田92.9万亩。几年来，县委、县政府高度重视农业科技在发展粮食生产上的推广应用，相关部门及科技人员致力提高科技在农业中的贡献份额，使我县农技推广应用工作取得显著实效。	第一部分介绍调查地点及基本内容，提出论点“农业科技推广在我县取得显著成绩”
一是以综合配套技术为主体，水稻生产得到迅猛发展。我县是以水稻生产为主的农业县份，水稻是农民收入的主要来源。我县属第三积温带，年活动积温在2 300～2 500℃，无霜期120天左右，境内有大小河流27条，小型（Ⅰ）水库8座，小型（Ⅱ）水库4座，塘坝820座，泡泽275个，水资源比较丰富，发展水稻生产有着得天独厚的自然条件。为使资源优势尽快转化为经济优势，自20世纪80年代我县从方正引进寒地旱育水稻稀植技术以来，全县上下通力协作，大作“水”文章，使水稻面积平均每年以5万亩左右的速度增长；加之农机具购买热的兴起，1996年我县被列为国家级水稻生产全程机械化示范县，1998年被列为国家级商品粮基地县，全力组织实施水稻田间机械化配套工程项目，积极探索大棚育秧、机械插秧、测土施肥、机械收割等水稻生产模式。到目前为止，全县大中棚育苗面积占整个育苗面积的75%以上，全县共有大中棚2.2万栋，其中大棚4 500栋，中棚17 500栋，解决了秧苗素质问题，缓解了积温不足、无霜期短的问题；大力发展水稻全程机械化，全县机械插秧面积达58万亩，占水稻插秧面积的60%，全县拥有各类插秧机18 000台，全县拥有各类收割机4 500台左右，机械收割占总收割面积75%以上。随着水稻生产稀植、超稀植、宽窄行、抛秧、全程施肥等新技术的应用，全县水稻单产由20世纪80年代的610斤提高到目前的830斤；大力发展水稻优质米生产，全县90%以上的品种都采用优质米品种如沙沙泥、富士光等，实现了增产增收。	摆出论据一、二、三、四，证明论点的正确性与科学性 用调查获取的材料进行论证
二是以大豆垄三栽培技术为主体，大豆生产科技含量不断提高。大豆是我县第二主栽作物。“十五”期间重点解决大豆品质和大豆产量问题，改革传统的耕种方法，大力推广大豆垅三栽培方法，即垅体垅沟深松，分层深施肥、垅上双行精量点播。经调查采用垅三栽培比普通栽培平均每亩增产35 kg，增加经济效益84元。同时，科技人员认真研究大豆重迎茬综合配套栽培技术，即施入防治大豆重迎茬药剂，平衡施肥，分层施肥，科学管理，选用抗重迎茬品种，经过几年的努力使大豆重迎茬减产降到最低程度，每亩挽回经济损失35元。大力发展大豆小垅密植，即45 cm小垅垅上双行，每公顷保苗在35万株左右，成为大豆增产的又一途径。 三是以玉米通透栽培为主体，青贮玉米生产取得明显成效。通过通透栽培，玉米产量由过去的亩产800斤增加到1 200斤，为发展畜牧业生产奠定了基础。科技部门连续几年搞了青贮玉米加工试验，亩产最高可达6吨以上，加工处理也形成一整套技术。	论文主体部分一和二，两个调查问题是并列的，即论文各层次间的关系是平等并列的，它们在表现主题方面的地位和作用也大体相同。 第二部分提出论点“现存问题”

续表

四是以测土配方施肥为主体，粮食增产幅度稳步提升。近年来，县农技推广中心投入150多万元资金和设备，健全完善了土壤化验室，增添了大量土化设备，免费为农民测土配方，至20××年共化验土样6 100多个，覆盖面积20余万亩。据测算，应用测土配方施肥技术，平均每亩地水稻可节省化肥10斤，增加产量80斤，亩节本增效80元。	
二、问题及原因 几年来，尽管我县农技推广应用取得一定成绩，但存在的问题也不容忽视。 一是从粮食生产看，存在科技贡献率低、应用水平差的问题。农民在生产过程中因操作不当、不懂或不会运用科技而导致农业效益低下。在对农户调查中发现，有接近70%的农户在生产经营中仅依靠老经验、老传统进行耕作；有20%的农户能借助或简单应用农业科技进行经营；只有10%的农户才基本掌握农业科技，这部分农户大多都是经营大户，在科技方面受益较大。由于大部分农户不懂得运用科技进行经营，因而造成科技在农业中的贡献份额较低。在水稻生产方面，据调查，全县约有10%农户育苗操作跑粗，在这个环节造成减产约67 kg/亩；有20%的农户施肥方法不正确、不科学，在这个环节造成减产约100 kg/亩；不能合理利用水源进行科学灌水的农户约占20%，造成总产量降低30%，减产约105 kg/亩。主要表现在：一是育苗及苗床管理不规范。部分地块还存在着小棚育苗，苗长势弱，根系不发达，边苗浪费多，不适合机械插秧，不便于施肥和浇水；播量过大，育不出壮苗；苗床管理不及时，造成立枯病，青枯病发生。二是施肥管理不科学。氮肥施用过晚，一次投肥过多，既浪费肥料，又对作物生长不利。应用测土配方施肥农户少，农民盲目投入过大；三是水稻选种比较杂。	摆出论据一、二、三，证明论点的正确与科学性 用调查获取的材料进行论证
二是从县乡科技推广看，存在面上大、作用小的问题。经了解，我县农业科技推广应用的渠道主要有县乡政府行政性推广、有关部门服务性推广、村级组织针对性推广和民间以销售农资为目的的赢利性推广4种渠道。几年来，我县采取每年农闲季节举办各种科技培训班、创办农民技术学校、举办农技电视专题讲座等办法，给农民增收提供了有效帮助。但在具体培训推广中，却暴露出许多不尽人意的问题。一是科技培训效果不佳。个别乡镇领导重视不够，个别村委会为农民服务意识不强，参加培训的农户较少，影响了农业技术成果的转化。二是农技知识更新慢。推广方式比较单一，农技咨询服务和田间地头指导不够。三是阵地作用发挥不够好。有的农村“一校两室”以及远程教育流于形式，没有真正发挥作用。	
三是从农民自身看，存在科技文化素质低、科技应用水平差的问题。首先，农民素质整体不高、组织化程度低，吸纳新技术能力差。农村劳动力平均受教育年限低于国家平均水平，农村文盲、半文盲人口所占比重较大，农民本身不愿或不主动学习或尝试新技术，过多地依赖传统经验和方法，得过且过，满足现状，对新技术虽然渴望但却不敢实践，小农意识十分顽固。其次，农村缺少适应新农村建设的新型农民，农民科技人员少，初中毕业生接受农技教育的少，过去学校的“三园一田”试验基地早已不存在了，农户又不注重新劳动力的技能培养，所以初中毕业生返乡务农后大多数不懂得经营，不会管理。农民科技文化素质仍难以适应新时期农业发展的客观需要，给农业科技创新及其成果的推广应用带来极大困难。	

续表

三、建议和对策 把科技作为推进农业现代化建设，全面建设社会主义新农村的重要举措和战略任务纳入重要日程，采取政府推进、部门服务、积极扶持、建立农民专业合作经济组织及发展科技大户等有效措施，使科技在我县农业生产中的占有份额不断加大，转化率不断提高，进一步促进农民增收。 一是加大对农业技术队伍建设的管理力度，在发挥基层科技部门主导作用上狠下功夫。一是增加科技服务设施投入。进一步改善乡镇农技推广机构办公条件，购置缺乏必备的设施（设备），改变农技推广工作“一张嘴，两条腿”的局面。二是强化农业科技队伍建设。对乡镇农业科技服务机构人员在编在岗情况进行全面清理，对空编严重的及时补充，对不在岗的专业技术人员限期归位，不能归位的及时转岗。要对农技推广服务专业人员进行资格认证，实行竞争上岗，确保专业技术人员比例在本部门中不低于80%。引导和鼓励涉农专业高校毕业生到基层农技推广服务机构工作，以充实和加强基层农技队伍，解决青黄不接、后继乏人问题。同时，要认真制定和执行农技人员岗位目标责任制，以农技推广业务水平和实绩作为乡镇农技推广服务人员技术职称评定的主要依据，对有突出贡献、业绩显著的人员可优先评聘和破格晋升。三是继续开展科技入户工程建设。农技人员要身体力行，把各项农技推广技术讲给农民听，教给农民学，做给农民看，带着农民干。使一批具有科技创新意识和较强科技应用水平的科技示范户，在当地真正能起到农业技术载体和示范辐射作用，带动全体农民开展科学种田，形成农业科技推广的长效机制。四是充分调动科技人员积极性。对现有农业科技人员，要真正做到专职专用，并给予相应职权，对承担科技计划项目的人员要保证匹配一定的经费。大力引进人才，鼓励他们流向基层、流向农业生产第一线，领办、创办各类农业科技推广实体。 二是加大对基层干部培养力度，在加快转化农业科技成果上狠下功夫。目前我县乡村干部学历比较高，但专业性较低，含金量不足，在指导农业生产上一直停留在靠经验、靠书本、靠专家、靠老天的“四靠”惯式上，形成了管农业不懂农业，懂生产不懂技术的特殊现象。因此，要加大对乡村干部的培训力度，把提高他们的科技素质作为一项紧迫的重要任务，力争每年都分批进行培训或轮训。每期培训至少要一周，培训时间应选择在农业生产的关键环节期，使教学与实践相贯通，课堂与田间相结合，耳闻目睹与亲手操作相一致，使乡村干部的科技素质能真正有一个质的飞跃。达到要求的、能独立指导农业生产的上岗工作，达不到要求的继续培训，督促乡村干部努力提高自己，既为农民增收提供服务，又使科技成果迅速转化。 三是加大对农民的培训力度，在提高农民的科技素质上狠下功夫。农民既是推广农业科技的主体，又是农业科技的直接受益者，只有把他们的科技素质提高起来，农业才会有一个较快的发展。因此，要在巩固几年来科技培训的基础上，把科技培训的重点向科技入户方面转变，变集中培训为入户培训，变课堂说教为现场答疑，通过手把手、面对面的传授技术方法，逐步形成专家带大户、大户带小户、农户帮农户的科技群体模式。同时要重点培养核心户、典型户和示范户，通过重点户的示范带动，让农民看得见、摸得着、学得会、做得到。继续发挥科技示范园区的载体作用，依靠园区的示范效应，为农民带来最直观的科技成果鉴定，逐步形成县有示范区、乡有示范地、村有示范户的科技示范链	提出解决问题的建议，采用问题与解决办法一一对应，即第一个解决办法针对第一个存在问题进行叙述，依此类推进行介绍。这样的叙述方法有章可循，层次清晰，达到就事论事的效果

(二)讲评

1. 基本格式

文章通常有 3 部分组成:导语、正文、结语。

2. 写作要求

语言要准确简洁,切忌模棱两可。大话、空话、套话,不要过度渲染,可适当注意语言的生动形象性,但以不损害内容的真实性的态度的严肃性为前提。

(1)标题的写法

①公文式　如:“关于环境综合治理的调查报告”。

②提问式　如:“某某厂为什么能扭亏为盈”。

③有正副标题式。一般正标题点明报告的主题,副标题指出被调查的对象。如:“不要让子孙后代埋怨我们——关于北京河流污染情况的调查。”

(2)导语的写法

导语又称前言,它主要起交代背景、引导全文的作用,它的内容有以下几方面。

①关于调查本身的情况　调查时间、地点、方法、对象、范围。

②关于调查对象的概况　如调查事物的背景,它的发生、发展、变化过程等。

③关于调查的目的和研究结果

以上情况不一定全写,依据情况区别对待,关键是简明扼要、提纲挈领。

(3)正文的写法

正文是全文的核心、主体内容包括两方面。

①调查获取的材料　包括事件的前因后果、发展过程、具体做法等。

②分析研究的结果　即调查事件的分析、认识、结论。

正文的结构形式大体有 3 种。

第一种,纵向式。如时间顺序、调查顺序。

第二种,横向式。如按事物的性质分类、归纳,并列的从几个方面安排材料,提出方法。

第三种,综合式。

无论采用哪一种结构方式都要做到层次分明、条理清楚。

(4)结语的写法

它是全文的收尾,内容多种多样。可以是总结全文,得出结论;也可以是提出建议希望;也可以是指出问题引发思索。

二、农业科技考察报告

根据社会实践的需要和预期的目的,运用勘测、挖掘、采集、讯问、调研等手段对未知的科学技术领域进行探索后写出的书面报告。一般分为 3 类:

(一)科技情况考察报告

着重反映国内外深奥的科技知识和复杂的生产技术,旨在为科技工作者提供最前沿的科技信息,包括学科发展的最新水平和动向,以引导和促进科技发展。

(二)科技会议考察报告

主要介绍各类科技会议的情况,包括科研管理、课题选择、实验设备、测试技术、数据处理等方面的先进经验。

(三)为达到某一学科或专题研究的目的而进行实地考察后撰写的书面报告

大部分科技考察报告属于此类。如对某一地区自然资源开发利用的考察，或对某种经济作物生长结果习性及其经济价值的考察，或对某一稀有动植物的考察等。

农业科技考察报告的格式与农业科技实验报告大体相同。包括引言、正文和结论。

引言主要交代考察的目的、对象、时间、地点和人员组成、考察情况、考察结果总的评价等。要求简明、概括，文字不宜过多。

正文主要包括考察方法和过程、考察结果和分析两方面的内容，详细叙述对哪些方面进行过考察，所看到的现象和事实，最后分析、归纳、提炼得出科学的认识。

结论是对考察的结果及其意义进行评价。

第三节　农业科技实验(试验)报告

实验是为了获取实验值或者验证某个已经被接受的原理。一般人所做的都是实验。试验是为了探索的目的，进行的尝试。有时候并不能预料结果。试验都是实验。实验比试验的范围宽广。本书主要阐述应用文体书写的规范，因此，对于二词并未做太大区分。

一般来说，农业科技实验报告有两种形式，表格式实验报告和文章式(叙述式)实验报告两种。文章式的实验报告是一种复杂的实验报告，它需要把实验的过程和结果写成文章。下面分别介绍两种报告的写作格式与要求。

一、表格式实验报告

(一)例文

案例 2-2

玉米两对相对性状的遗传分析实验报告

实验题目	实验一　玉米两对相对性状的遗传分析					日期	2012.12.5
班级	园艺 12-1 班	组别	第一组	姓名	王明	类型	植物遗传实验

实验目的：通过两对相对性状的杂交实验，掌握两对相对性状遗传分析的基本思路与方法，结合实例验证并加深对自由组合定律的理解。

实验原理

已知控制玉米籽粒的二对性状：即有色(C)/无色(c)、饱满(Sh)/凹陷(sh)的基因均位于第 9 染色体上。以籽粒有色饱满非糯自交系(CCShSh)与无色凹陷糯性自交系(ccshsh)杂交，杂种 F_1 自交，然后根据自交果穗上每种表型的子粒数及其比例，估算出是否符合两对相对性状自由组合定律。

实验器材

计算器、计数器。

玉米(有色、饱满×无色、皱缩)F_1 自交 F_2 代。

实验步骤

1. 玉米(有色饱满×无色皱缩)F_1 自交果穗 F_2 代标本观察

F_1 自交果穗上有有色饱满、有色凹陷、无色饱满、无色凹陷 4 种类型的籽粒。每人取果穗标本一个，先观察各种类型籽粒的特征，然后按籽粒性状类型分类计数，将结果记入表 1 中。

表 1　两对相对性状遗传分析

杂交组合	世代		表型及性状个体数				χ^2 值
			有色饱满	无色皱缩	有色皱缩	无色饱满	
有色饱满×无色皱缩	F_2	观察值(O)					
		预期数目(E)					

2. 资料汇总与 χ^2 检验

汇总全组考察统计结果，并按材料类型及对应的理论比例进行 χ^2 测验，将 χ^2 值填入表 1，查 χ^2 值表，进行遗传分析(测交子代与 F_2 均有 4 种分离类型，DF 为 3，可不进行连续性校正，α 为 0.05)。

实验结果与数据处理

表 1　两对相对性状遗传分析

杂交组合	世代		表型及性状个体数				χ^2 值
			有色饱满	无色皱缩	有色皱缩	无色饱满	
有色饱满×无色皱缩	F_2	观察值(O)	257	85	85	26	0.159
		预期数目(E)	255	85	85	28	

实验结论：

据表 1 两对相对性状表现型数及卡方值分析，所试材料符合自由组合定律。

(二)讲评

1. 基本格式

表格式的科技实验报告是一种简单的实验报告，实验的目的、方法、过程、结果等记录下来，经过整理，写成的书面汇报。它是描述、记录某个科研课题过程和结果的一种科技应用文体，是客观地记录实验的过程和结果，着重告知一项科学事实，不夹带实验者的主观看法。它要求报告人逐项填写实验报告表格里的各个项目。这些项目有：实验名称、学生姓名、班级、实验目的、实验器材、实验装置、实验步骤、实验结果、实验结论等。

2. 写作要求

(1)实验名称。要用最简练的语言反映实验的内容。如验证某程序、定律、算法，可写成“验证×××”“分析×××”。

(2)实验时间和地点。实验日期(年、月、日)和地点。

(3)实验人员。参加人员的姓名及合作者。

(4)实验目的。在理论上验证定理、公式、算法，并使实验者获得深刻和系统的理解，在实践上，掌握使用实验设备的技能技巧和程序的调试方法。一般需说明是验证型实验还是设计型实验，是创新型实验还是综合型实验。

(5)实验原理。在此阐述实验相关的主要原理。

(6)实验内容及步骤。这是实验报告极其重要的内容。要抓住重点，可以从理论和实践两个方面考虑。这部分要写明依据何种原理、定律、算法或操作方法进行实验。详细叙述理论计算过程。

(7)实验结果与数据分析。对于实验结果的表述，一般有 3 种方法：一是文字叙述：根据实验目的将原始资料系统化、条理化，用准确的专业术语客观地描述实验现象和结果，要有时间顺序以及各项指标在时间上的关系。二是用表格或坐标图的方式使实验结果突出、清晰，便于相互比较，尤其适合于分组较多，且各组观察指标一致的实验，使组间异同一目了然。三是应用记录仪器描记出的曲线图，以便形象生动、直观明了地反映指标的变化趋势。在实验报告中，可选用其中一种或几种方法，以获得最佳效果。

(8)结论。结论不是具体实验结果的再次罗列，而是针对这一实验所能验证的概念、原则或理论的简明总结，是从实验结果中归纳出的一般性、概括性的判断，要简练、准确、严谨、客观。

二、文章式(叙述式)实验报告

(一)例文

案例 2-3

小菜蛾性诱剂筛选试验报告

小菜蛾性诱剂筛选试验报告	试验题目(要求与调查报告中相同)
小菜蛾又名菜蛾，俗称吊丝虫，属鳞翅目菜蛾科，是目前十字花科蔬菜最重要的害虫。在辽宁1年发生4～5代，以蛹在杂草或残株落叶间越冬。小菜蛾繁殖率高，寄主广，世代短，抗药性强，用药剂防治困难。性诱剂防治就是用性诱剂把雄蛾诱至诱捕器，并用物理法杀死雄蛾，破坏其交配，以达到防治目的。为选出最佳性诱剂诱芯，在新民市植保站做了筛选试验，现报告如下。	前言的展开按照介绍研究对象——→对象的危害特点及防治问题——→介绍试验意义层层递进开题。
1　材料与方法 1.1　试验地概况	材料与方法和结果与分析统称为试验内容
试验在新民市大民屯镇前栏杆村农户王同伟家责任田进行，种植作物为甘蓝，共0.47 hm^2，试验用地为该责任田南部的0.13 hm^2。属壤质草甸土，基肥施农家肥60 t/hm^2、撒可富复合肥375 kg/hm^2，生长过程中冲肥2次。甘蓝苗定植时间为5月27日。7月10日喷50%丁醚脉可湿性粉剂2 000倍液，7月16日喷10%除尽悬浮剂2 000倍液。此地块甘蓝于7月21日采收。	试验地的基本情况介绍，其中包括试验所在地情况，种植的土质、前茬作物、施肥情况、试验中基本栽培管理及农事操作等。
1.2　试验材料 天然橡胶诱芯DBM2009482和毛细管诱芯DBM20095113，由宁波纽康生物技术有限公司提供。	试验所采用的动植物等材料的品种、来源及主要特征等
1.3　试验方法 田间安装性诱剂诱捕器的时间是6月15日，共安装6个诱捕器。其中1、3、5号所用诱芯为天然橡胶诱芯DBM2009482，2、4、6号所用诱芯为毛细管诱芯DBM20095113。 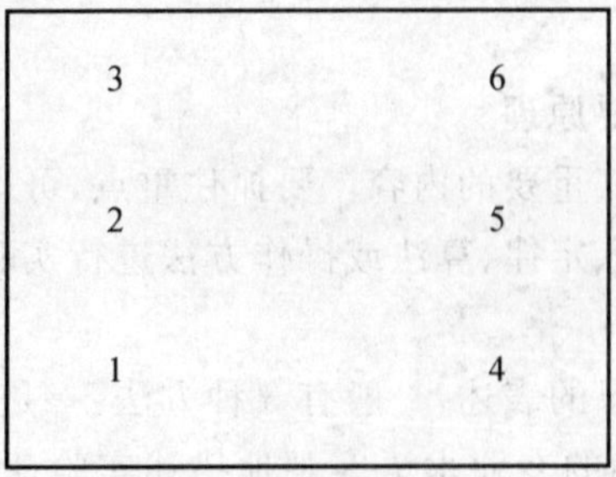 图1　小区示意图	试验方法，包括采用的试验设计方法、确定的试验因素和水平、重复次数、试验小区大小、排列等。

续表

将6个诱捕器安装好诱芯、编号后，等距安装在试验地内，其布局如图1所示。

提出论点“2009年6月22日至7月21日，诱捕器诱蛾数量随时间的推移呈减少趋势”，通过表中不同时期诱芯诱蛾数量叙述进行论证。

2　结果与分析

从表1可以看出，2009年6月22日至7月21日，诱捕器诱蛾数量随时间的推移呈减少趋势。每个诱捕器均以2009年6月22日诱蛾数量最多，1、3、5号天然橡胶诱芯诱蛾数量分别为676、319、1 077头，2、4、6号毛细管诱芯诱蛾数量分别为646、513、862头；其间部分诱芯诱蛾数量虽有波动，但均以2009年7月21日诱蛾数量最少，1、3、5号天然橡胶诱芯诱蛾数量分别为127、236、106头；2、4、6号毛细管诱芯诱蛾数量分别为74、61、126头。在诱蛾总量方而，1、3、5号诱芯分别诱蛾2 267、3 797、2 612头，2、4、6号诱芯分别诱峨2 137、1 533、2 750头。

一般试验报告中经常采用以绘图和列表等手段整理实验结果，很多还会通过数理统计和方差分析说明结果的可靠性、再现性和普遍性。

表1　小菜蛾性诱剂诱蛾量调查表

调査时间	各诱捕器诱蛾量/头					
	1	3	5	2	4	6
2009-06-22	676	319	1 077	646	513	862
2009-06-26	374	436	303	150	275	346
2009-06-30	256	437	277	187	134	340
2009-07-03	283	340	230	221	271	319
2009-07-07	256	320	269	461	94	164
2009-07-13	128	418	211	302	120	401
2009-07-17	167	291	139	96	65	192
2009-07-21	127	236	106	74	61	126
合计	2 267	3 797	2 612	2 137	1 533	2 750

本文从结果与分析就可看出研究内容较少，这样结论段内容也较少，可以不分条写，整个为一段。

3　结论与讨论

1、3、5号诱蛾量累计值为8 676头，2、4、6号诱捕器诱蛾量累计值为6 420头，前者比后者诱蛾量高35.1%。可见天然橡胶诱芯DBM2009482诱小菜蛾雄蛾的效果好于毛细管诱芯DBM20095113。在实际生产中推荐使用天然橡胶诱芯DBM2009482。

结论里包括必要的数据，但主要是用文字表达。

4　参考文献

[1]邓建宇，蒋耀培，汪祖国，等．小菜蛾雄蛾对小同组分、比例和剂量的人工合成引诱剂的田间反应[J]．浙江大学学报：农业与生命科学版，2007(5)：514-518.

[2]杨健，宁国云．性信息素在小菜蛾、斜纹夜蛾和甜菜夜蛾监测上的应用[J]．作物杂志，2010(1)：93-94.

[3]吴华新，郑永利．蔬菜害虫性诱剂p7间群体诱杀技术[J]．中国蔬菜，2010(7)：20-22.

[4]张维东．性诱剂诱杀害虫技术在大连地区的推广应用[J]．吉林蔬菜，2010(2)：89.

参考文献只著录最必要、最新的文献，同时只著录公开发表的文献，对于未发表的文献权威性较低，一般不予引用。最后采用标准化的著录格式（参见第一章第三节七参考文献写作要求）

(二)讲评

1. 基本格式

叙述式实验报告,以叙述为主要方式来解说实验过程,一般分为标题、前言、主体和结尾四部分。按照实验名称,实验目的意义,实验内容,结论和建议、参考文献几部分书写。

2. 写作要求

(1)实验名称。是论文的总纲,是能反映论文最重要的特定内容的最恰当、最简明的词语的逻辑组合。题目的一般要求:准确得体、简短精练、便于检索、容易认读、尽可能不用动宾结构等。

(2)实验目的意义。介绍本研究的意义,其作用在于唤起读者的注意,使读者对论文先有一个总体的了解。内容包括研究的理由、目的和背景、实验理论依据、实验基础、研究方法、预期的结果及其地位、作用。

(3)实验内容。一般实验内容可分作几个段落来写,每个段落需列什么样的标题,没有固定的格式,但大体上可以有实验材料和方法、实验结果及其分析、结果与讨论等几个部分。

(4)结论和建议。结论不是研究结果的简单重复,而是对研究结果更深入一步的认识,将研究结果升华成新的总观点 其内容要点包括本研究结果说明了什么问题,得出了什么规律的东西,解决了什么理论或实际问题;对前人有关本问题的看法作了哪些检验,哪些与本研究结果一致或不一致,作者做了哪些修正、补充、发展;本研究的不足之处或遗留问题。

第四节 农业科技总结报告

一、农业科技工作总结报告

(一)例文

案例 2-4 **农作物新品种新技术引进试验示范总结**

一、项目基本情况 随着社会主义市场经济的发展和种植业结构的调整,我国农业发展进入新的阶段,种子事业发生了较大变化,如种子科研育种已向多元化发展,农作物育种科研成果不断涌现。从适应市场经济发展和种植业结构调整的要求出发,2004 年实施《农作物新品种新技术引进试验示范》项目,在培育和广泛引进品种的基础上,结合我区农作物种植结构的分布,相对集中,突出优势作物和重点地区,因地制宜,组织新良种和种子新技术的试验示范及推广应用,促进品种更新更换,实施农业增效、农民增收。	交代项目实施的背景及意义,介绍项目的基本情况。
(一)项目资金计划安排情况 农作物新品种新技术引进试验示范项目资金计划安排 210 万元。其中: 1. 各类作物新品种引进、试验示范经费 198 万元。含水稻、玉米、甘蔗、大豆、西瓜、花生、红薯、马铃薯等作物品种引进、试验示范。	介绍项目资金计划安排情况。

续表

2. 主要农作物品种审定工作正常开展费用12万元。	介绍项目主要建设内容。
(二)主要建设内容 (1)建立和完善农作物品种试验网络。包括水稻、玉米新品种筛选试验;水稻、玉米、甘蔗、西瓜、大豆、花生、红薯、马铃薯等作物品种区域试验;水稻、玉米、甘蔗品种生产试验等。 (2)组织农作物品种审定委员会的专家、委员开展相关的农作物品种审定工作。 (3)广泛引进新品种,建立农作物新品种试验示范展示核心基地。建立水稻、玉米、马铃薯、西瓜四大农作物新品种试验示范展示核心基地;召开全区性水稻、马铃薯新品种试验示范展示现场考察会议等。 (4)开展主要农作物品种标准描述工作。建立生产上应用的水稻品种标准描述种植基地。	一是简单介绍申请项目书中的任务情况,为完成情况做一一对照提供指标。一般分为项目的基本情况、建设资金使用安排与计划建设内容三部分。
二、建设项目资金使用情况 《农作物新品种新技术引进试验示范》项目资金主要用于试验的人工、农资、田租等补助,没有土建工程,具体开支如下: (一)各类作物新品种引进试验示范经费补助198万元 1. 水稻、玉米、甘蔗新品种筛选试验3万元。 2. 水稻、玉米、大豆、西瓜等作物品种区域试验154万元。 3. 马铃薯、红薯等作物品种引进试验筛选20万元。 4. 水稻、玉米、西瓜、甘蔗等作物新品种示范展示21万元。 (二)水稻、玉米、西瓜等主要农作物品种审定12万元。	二是项目资金的使用情况。要将项目计划书中的计划使用项与实际使用项对照介绍,费用是否有结余、使用分配是否一致等情况,如有不同要解释原因。 三总结建设项目进展情况是本文的重点内容,项目总结是否能通过,主要看此部分报告情况。
三、项目取得的成效 (1)农作物品种试验,为农业结构调整和农业安全高效发展提供科学、可靠的品种依据。据统计,2004年共引进各类农作物品种658个参加试验示范,其中水稻品种293个、玉米品种273个、西瓜品种43个、大豆品种11个、花生11个、红薯17个、甘蔗10个。 (2)通过试验示范,带动面上新品种的大面积推广,加快新品种的推广应用步伐,并带来可观的社会效益。实施新品种试验示范,带动面上新品种的推广,取得显著的社会效益。据不完全统计,2004年水稻新品种推广面积300万亩,玉米新品种推广面积200万亩。水稻品种按亩增25 kg计,新增稻谷7 500万kg;玉米品种按亩增30 kg计,新增玉米6 000万kg。 (3)建立起完善的品种试验体系,为品种管理提供科学依据,保证生产上应用的品种优良性,有效地防止品种多乱杂的现象,特别是对一些劣质品种甚至是未稳定的品种进行有效控制,对确保农业增产丰收作用巨大。 (4)项目的实施,完善我区水稻品种标准描述,为品种真实性鉴定提供科学、准确的依据,有利及时解决农业生产中发生的水稻种子质量纠纷,确保农业和农村的稳定。2004年主要实施"水稻及其亲本标准体系创建"项目,共测试了水稻品种74个,其中杂交水稻组合61个,常规稻品种5个,不育系4个,恢复系3个。	项目建设内容成效(写作要求为论点+数字或理论、论证,余同) 三的写作顺序与项目计划书中的计划安排相同,按照经费使用情况与项目建设内容成效顺序书写。

续表

(5)项目的实施，加快了新品种新技术的推广，使农业科研成果尽快转化为现实生产力，为农业生产做出应有的贡献。2004 年 7 月 1～3 日，由广西壮族自治区农业厅主办，我站及有关单位在水稻新品种试验示范核心基地承办首次“看禾选种，助农增收”大型科技活动取得了良好的效果，尤其是在良种宣传和推广良法方面效果显著。一是扩大了良种的宣传效果。活动期间，主办单位在组织与会代表参观考察参试参展品种的同时，组织了广西农作物品种审定委员会水稻专业委员对广西水稻新品种试验示范展示核心基地的 193 个参试参展品种进行了现场鉴评，评选出 30 个优良品种（其中早熟品种 4 个、中熟品种 6 个、晚熟品种 18 个、常规优质稻品种 2 个），并以此 30 个优良品种为标准，开展了“优良品种有奖竞猜活动”，有效地调动了农业科技人员和广大农民群众考察良种、选择良种、了解良种的积极性，显著地增加了对良种的宣传效果。二是推广了良法。活动期间，自治区种子总站组织编印、发放了《广西 2004 年“看禾选种，助农增收”活动》宣传手册和《水稻新品种及其管理须知》2 000 册，良种良法配套资料《水稻免耕栽培技术》光盘 500 张、《水稻主要病虫害防治及肥水管理技术》500 册；有关种子企业编印、发放良种推介挂图和配套栽培技术资料近 2 万份，达到了良种良法一起推的目的。	
四、建设项目存在的问题和改进建议 1.“农作物品种区域试验”专项经费尚未设立，新品种试验示范经费仍然不足，试验基础设施条件差。 2. 农作物新品种试验示范有其特殊性，经费的投入和管理应结合实际，综合考虑。依据《中华人民共和国种子法》《广西壮族自治区农作物种子管理条例》及农业部《主要农作物品种审定办法》的有关规定，主要农作物品种实行强制性审定，农作物新品种区域试验是品种审定的基础性工作，为品种审定提供科学依据。试验点（网络）是根据我区的生态条件以及农作物种植结构的分布特点而设计的，必然存在分散的特点，且各个试点的条件不均衡，承担的试验任务也不一致。建议在经费的投入和管理上由组织实施单位根据实际情况确定	问题和建议主要针对客观和主观问题提出（如资金使用、管理、监督或项目的管理等）。技术性问题一般在项目技术总结报告中阐述即可

(二)讲评

1. 基本格式

农业科技工作总结按照项目的基本情况、项目实施情况、问题与展望的顺序撰写。

(1)农业项目的基本情况。主要把项目来源和立项的重要作用交待清楚。

(2)项目实施情况。凡是经过申请报批立项的项目都有明确的目标任务。总结时，首先要对照合同或任务书规定完成的指标，逐项逐项的检查，看项目实施结束，是否全面地完成和超额完成指标任务，总体、大项完成情况用数字直接表述，小项可用表格式说明，对比多用直观图来表示。在项目实施时，需要写项目得以顺利开展所使用的有效方法，包括技术措施和组织措施。对于项目的主要技术与改进，要简单介绍，留在工作总结全面阐述。

(3)科技项目实施存在问题及展望。包括主观问题、客观问题及针对问题提出建设性意见等。

2. 写作要求

农业科技总结报告既包括项目实施工作总结也包括农业技术总结。工作总结是对农业科技项目实施工作进行全面的总结，是纲领性的，要求观点明确、概念清楚、内容充实、事实确凿、重点突出、科学性强、高度概括、条理清楚、数据可靠、结论恰当，重点对完成项目任务、采取的措施、使用的方法、存在问题及建议等进行阐述，其中也包括有技术方面的内容，但只是对关键的、重要的部分提几句，能全面准确地反映出项目的技术先进水平、实用性、科学性和效益的显著性。

二、农业科技技术总结报告

（一）例文

案例 2-5　　**“先达 901”玉米良种推广示范的总结报告**

加尤镇位于凌云县东北部，距县城 27 km，北与乐业县接壤，东、北与凤山县、天娥县交界，属土石山结构的山镇。粮食种植主要是以水稻、玉米为主，全镇的石山区玉米单产很低，其低产原因除自然条件和人为因素外，主要是推广种植使用优良品种有关。大部分的农民还有对新杂交品种所顾虑，为了切实搞好玉米杂交良种的推广工作，提高玉米的单产，增加农民的收入，结合县农业局的 2012 年全国粮油（玉米）高产创建示范工作。该镇推广站 2012 年在加尤镇加尤村龙华洞进行了一次推广先达“901”玉米良种的示范，现将示范推广工作总结如下：	引言部分介绍试验目的意义，主要介绍良种试验展开的背景及开展良种示范的意义。
1　示范内容	
1.1　示范地点　加尤村龙华洞实施 10 hm^2 示范片，辐射带动面上推广 100 hm^2。	试验地情况。
1.2　示范时间　2012 年 3 月至 8 月。	试验时间。
1.3　示范用种　由凌云县金丰公司提供的先达“901”玉米杂交种子。用种量：每 667 m^2 为 2 kg。正大“619”作为对照用，用种量：每 667 m^2 为 2 kg。	实验材料来源。
1.4　示范方法	
1.4.1　宣传发动　播种前对示范片的农户进行宣传，发动示范片的农户积极参与，争取示范片的农户对种植新品种的支持。 1.4.2　技术培训　对示范农户进行种植技术知识培训，观看录像片，发放栽培技术宣传资料，提高示范片的农户的种植水平。	试验方法（指示范方法，主要介绍技术示范方法）。
1.4.3　示范用地的选择　选择耕作层较深厚，保水保肥能力较强，肥力水平较高的陀地、台地的地块连片种植。 1.4.4　免耕种植　在播种前 7～10 d 进行喷施除草剂，每 667 m^2 用 30%草甘膦 250 mL＋百草枯 150 mL 兑水 50 kg 喷施。播种前清除杂草、石块和前茬残留下来的作物秸秆。 1.4.5　施足基肥　亩施腐熟的农家肥 1 000 kg＋普钙 25 kg＋45%复合肥 25 kg 作基肥施用。 1.4.6　适时播种合理密植　选择在气温稳定、土壤水分适中的 3 月上旬播种。播种时，用犁开行，严格要求种子不能与肥料直接接触，每穴播 2 粒种子，盖种土采用人工盖种，盖种土厚在 3 cm	示范优质高效管理技术。

续表

1.4.7 合理密植 单行单株种植，行距 70 cm，株距 25～30 cm，确保每亩有 3 500～4 000 株。

结合田间管理项目。

1.5 田间管理

1.5.1 查苗、补种补苗和定苗 补苗方法：在播种大田同时用塑盘(100 孔/盘)进行育苗以备用补苗，移栽时淋定根水；玉米出苗后注意检查，发现缺苗，及时采取补苗或补种(种子要吸足水分)，选择在 3 叶前选雨后进行，如不能在雨天进行，补苗后要淋足定根水。补苗在 3 叶前完成。

1.5.2 中耕除草 待玉米幼苗长到 4～5 片叶，选在土壤湿润时进行定苗，同时进行中耕除草，追肥培土。

示范内容是农业科技技术总结中最重要的内容，按照试验地情况、试验时间、实验材料来源、试验方法、田间管理等农业科学试验的写作步骤书写，这里不再详细介绍。

1.6 追肥

1.6.1 攻苗肥 玉米幼苗长到 4～5 片叶时，667 m^2 用尿素 15 kg＋氯化钾 10 kg 混施或尿素 15 kg＋复合肥 20 kg，对于补苗新长起来的植株要偏施一些，确保生长一致。

1.6.2 攻秆肥 玉米幼苗长到 8～9 片叶时，667 m^2 用尿素 7.5 kg＋氯化钾 5 kg 追施。

1.6.3 重施攻苞肥 玉米抽雄前后是消耗养分最大，需肥量最多的时期，在大喇叭口期追施功苞肥，亩施尿素 10 kg，结合大培土。

1.7 病虫害防治 主要虫害有黑毛虫、玉米螟和蚜虫等，病害主要有纹枯病和大小斑病等，在灌浆至成熟期防鼠害。

2 示范效果与效益分析

2.1 示范结果

经对示范片在同等土质、水肥管理条件相近的分好、中、差三个类别的地块进行测产验收，先达“901”平均产量为 628.9 kg/667 m^2，正大“619”为 559.4 kg/667 m^2，先达“901”比正大“619”667 m^2 增产 69.5 kg，增产率为 12.42%。

试验示范结果。

2.2 效益分析

从表 1 中可看出，在相同的自然条件与栽培条件一致的情况下，先达“901”667 m^2 纯收入比正大“619”多收入 180.7 元，经济效益显著。

表 1 经济效益分析表

作物名称	产量/(kg/667 m^2)	产值/(元/667 m^2)	生产成本/(元/667 m^2)	纯收入/(元/667 m^2)
先达“901”	628.9	1 633.1	1 003	632.1
正大“619”	559.4	1 454.4	1 003	451.4

2.3 经济性状分析及田间表现

从表 2 中先达“901”与正大“619”各种性状没有明显的差异。

……

3 小结

根据示范结果，这就证明了先达“901”这个玉米良种继正大“619”之后在石山区是很有推广价值的新品种。

4 示范的主要收获和体会

4.1 推广新的的玉米杂交品种，必须注意从选地到栽培管理，及时开展病虫害防治工作等都采取相应栽培技术措施。

续表

4.2 在山区推广杂交玉米良种，首先要做好示范样板，办好示范样板，让广大农民看得见，摸得着，有样板可看，是农技推广工作中的有效方法。 4.3 农科技术人员须深入到农业生产第一线，做好新品种的试验示范、按技术方案、技术规程要求，高质量、高标准实施，使本地群众看到推广新品种带来的好处，从而加快了全乡杂交玉米新品种推广速度	试验问题与经验（与农业科学实验报告书写要点相同，此处不赘述）

（二）讲评

1. 基本格式

农业科技技术总结写作类似于农业科学实验报告。

2. 写作要求

(1)要说明实验目的。实验目的是一项科学实验的出发点和落脚点，因此必须首先写清楚。在说明实验目的中，一般先概要说明在农业生产和农业科研中存在的问题和解决这一问题的迫切性，然后才顺势提出为什么要进行这一研究、试验。这样不仅目的交待明确，而且便于显现这一试验研究的重要性。

(2)要说明实验条件和实验内容。在农业科学实验中，实验的条件影响着实验研究的结果和结论。因此在写作农业科学实验总结时，要对影响实验的有关条件，作必要的说明。例如一些农作物栽培试验，就需对气候、土壤、肥力、前作等作必要的说明。

实验内容是农业科学实验课题实施的核心。一般应逐一说明试验材料、试验方法。例如处理设置、对比项目、实验区划、排列顺序、重复次数、管理水平等。写作这一部分要把有关情况分项述说，并尽量使用科学研究中有特定内涵的习用词语。

(3)要列述实验结果。列述实验结果是科学实验总结的主体部分。在这一部分中要系统列述实验所获材料，并从这些材料中引出认识。这部分的基本要求是要做到观点鲜明、材料充分，观点与材料高度统一。

这一部分一般有两种写法：有的先明确列出观点，这些观点通常用提示语加以概括，然后列述材料证明观点。有的先列述实验材料，再由材料中推导出观点。

写作实验结果部分要注意以下三点：①作为实验结果的各个纲目句型要整齐统一，即若为分论点则均为分论点；若为分论题则均为分论题。②对每一份观点的论证要坚持观点与材料的高度统一，即所用材料必须充分有力；必须同观点有着内在的紧密的联系，能够证明观点，导出认识。③在使用材料证明观点过程中，要注意把文字语言同符号语言（图表）密切结合，文字语言既要对符号语言作画龙点睛的提示，又不能同图表所示数据作简单重复。

(4)要做出实验结论。所谓结论即根据各试验结果所做出的综合判断。这些判断要明确回答实验目的中所提出的问题。实验结论不应是实验结果的简单重复，而应是实验结果的深化和升华。

第五节　农业科技研究报告

研究报告是描述一项课题研究的进展和结果的文件，一般应提供系统的或按工作进程的研究信息，可以包括正反两方面的结果和经验，以便有关人员和读者判断和评价。承诺预期成果为研究报告、(系列)论文的课题，“研究报告”应作为课题鉴定的“成果主件”。

一、例文

案例 2-6　**黄瓜工厂化生产高产稳产栽培技术开发研究**

黄瓜工厂化生产高产稳产栽培技术开发研究

陈青云　张福墁　高丽红

（课题名称。）

1　课题提出

“黄瓜工厂化生产高产稳产栽培技术开发研究”是国家重大科技产业工程“工厂化高效农业示范工程”的一个子课题。黄瓜是国内外温室栽培的主要作物，也是对栽培技术和环境条件要求十分严格、获得优质高产难度很大的作物。长期以来，我国栽培设施简陋，环境调控能力差，在寒冷的冬季难以为作物创造适宜的生长环境，又难以定量研究各种作物与环境间的相互关系。因此，我国温室黄瓜产量水平与国外相差悬殊，经济效益也低。为了改变这一局面，在工厂化高效农业示范工程中设立了“黄瓜工厂化生产高产稳产栽培技术开发研究”课题。

（课题的提出背景(也可理解为简述课题的基本内容)。）

本课题对以下几个方面进行了重点研究：

①适宜于长季节栽培的优良黄瓜品种品比筛选；

②黄瓜品质、产量与光温水肥环境的量化关系；

③病虫害综合防治技术体系；

④黄瓜无土基质栽培与土壤栽培的技术操作规程；

⑤温室黄瓜高产栽培计算机专家系统。

通过3年的研究，取得了预期成果。

2　研究方法与成果

2.1　筛选出了适合温室长季节栽培的优良品种。我们搜集了国内外近几年选育推出的温室专用黄瓜品种36份(亚洲品系14份、欧洲品系6份、欧亚杂交品系16份)，经过不同茬口的品比试验，筛选出了北京101(试2)、裕试3号、Deltastar‘戴多星’)3个主要品种。这3个品种均能适宜长季节栽培，其主要特征如表1所示。

2.2　初步摸清黄瓜生长发育与光温水肥环境之间的量化关系

表1　筛选黄瓜品种的主要特征

品种名	选育单位	主要特征
北京101	北京市蔬菜研究中心	强雌性品种，低温弱光下生长势强，结实性好，丰产
裕试3号	中国农业大学园艺学院	侧枝结瓜能力强，低温弱光下的瓜条发育速度快，风味品质好
Deltastar(戴多星)	荷兰	雌生系、抗病性强，耐弱光，结实性好，无刺，丰产，荷兰温室专用品种

2.2.1　黄瓜生长发育与光温环境之间的量化关系

采取平行观测方法，系统多点观测记录了不同类型现代化温室中的光温分布特点及不同季节温光特性，同步观测黄瓜的生长发育动态和产量，通过对黄瓜不同生育期的不同生长动态指标与相同时期的光温指标的相关分析，研究得出了黄瓜主要生育阶段的光温量化指标(表2)。

续表

表 2　温室黄瓜光温环境量化指标

		最低气温/℃	最高气温/℃	日平均气温/℃	日积温/(℃·d^{-1})	适温持续时间/(h·d^{-1})	10 cm土壤温度/℃	日总辐射量/(MJ·m^{-1})
初瓜期	(正常) 50 kg/(667 m^2·d)	13.5～16.1	27.7～31.8	19.2～20.5	370.0～440.0	3.3～4.8	17.3～18.3	6.5
盛瓜期	(高产)＞250 kg/(667 m^2·d)	19.0±	27.5～33.0	24.2±	537.7～396.7	7.6	25.5±	≥11.4
	(正常) 200 kg/(667 m^2·d)	16.5±	26.9～32.8	19.4～23.8	440.0±	6.1	20.3～22.7	8.3～9.0
	(减产)＜50 kg/(667 m^2·d)	10.8	21.9	18.0	255.7	1.9～3.1	18.2	5.5

(注：适温持续时间是指白天 06:00 到 18:00 温室内气温 25℃≤T≤32℃ 的持续时间，日积温指白天 6:00～18:00 温室内气温 T≥20℃ 及夜间≥12℃ 温度的按小时的累加值。)

2.2.2　首次建立了温室黄瓜根系吸水的土壤水动力学模型……

2.2.3　施肥量化管理指标

2.3　病虫害综合防治与农药增效剂的研制开发

2.4　确立了黄瓜工厂化高产稳产栽培技术规程

2.5　温室黄瓜栽培计算机专家系统的开发

2.6　技术示范推广

3 年来，我们先后在北京市顺义三高农业示范基地、北京市农业局小汤山特菜基地进行温室黄瓜高产栽培技术开发，累计试验示范面积 0.8 hm^2。在河北固安县、邯郸市、山西长子县 3 个技术辐射基地推广面积达 70 hm^2，黄瓜生产的产值累计达 1 400 万元。农药增效剂“效力增”全国累计推广 4 万 hm^2，产值 400 万元，创企业经济效益 100 万元，用于生产后节省防治用药费用 1 080 万元(按全年防治费 30 元/667 m^2 计算)。由此可以看出，本项目的经济效益、生态效益及社会效益是显著。

3　结语

我国北方在大型现代化温室内进行黄瓜长季节高产栽培还刚刚开始，可供借鉴的经验不多，特别是对作物与环境之间的量化关系，掌握得不够深入全面，关于黄瓜光温水肥量化指标，还有待进一步在生产中加以验证和完善。所以温室环境调控还难以完全符合黄瓜生长发育的要求，使得温室黄瓜的增产潜力还不能充分发挥。与国外高产水平还有较大差距，有待今后进一步改进提高

研究方法与成果(每一标题的第一句都是此段文章意思的总结，也就是论点，起到提纲挈领的作用。后面部分都是围绕解释此论点进行的论证，论证中采用表格支持，很有说服力。以下同)

成果的技术推广是研究报告中不可或缺的一部分，主要说明推广应用情况及产生的经济及社会效益。

问题与思考(可以提出课题能研究的下一步方向，也可针对课题提出建议或改进措施)

二、讲评

(一)基本格式

包括课题名称，课题提出，课题研究内容与方法，研究结果等。

(二)写作要求

研究报告的主要结构包括以下几方面：

1. 课题名称

一般不要超过 20 个字，课题名称要能确切地反映研究的目标、内容、对象、变量关系、

方法。

2. 课题的提出

课题的提出也叫课题的确立。一般包括 4 个方面：

(1)课题提出的背景。

(2)课题研究的目的、意义及价值。包括课题涉及农业科学领域存在的问题，解决问题的作用，说明国内外研究的进展情况和趋势以及本课题研究的先进性和创造性。

(3)课题的理论依据。课题采取何种农业科技理论做支撑。

(4)课题的实践依据。即完成课题的条件分析(包括两个方面：一方面要分析研究人员、实验教师的知识结构、科研水平、心理素质、兴趣爱好等；另一方面要分析学校开展课题研究的硬件、软件环境及投入的实验经费、时间等)。

3. 研究内容与方法

即选择哪几个方面的内容入手研究。研究时采用恰当研究方法、研究设计与实施流程。

4. 研究结果

主要是概述在研究过程中取得了哪些成效或收获。这一部分要求客观、真实地对研究的材料和数据进行分析，阐明这些数据说明了什么，并分析和评价研究的结果和意义。在这里可以阐述个人对研究的结果的见解或观点。

5. 问题与思考及建议

在这一部分中可以对研究中遇到的实际困难、有待于解决的问题给予指出或进行反思，并提出解决的对策。

知识测试

1. 科技报告是什么？科技报告的特点有哪些？
2. 农业科技调查报告的基本格式有哪些？
3. 对比农业科技试验报告与农业科技总结报告的异同点。
4. 如何正确撰写农业科技研究报告。

技能测试

1. 小张是农业技术推广站的推广人员，2013 年营口大石桥镇温室蔬菜设施结构情况进行调研，请为其设计一调研报告。

2. 李明做一农业田间试验，试验名称为“喷施 PBO 对中油四号桃新梢发育的影响”，请针对其设计试验方案及实施过程，为其撰写田间试验总结报告。

Chapter 3

第三章 农业科技应用文类写作

知识目标

1. 了解设计任务书、农业科技产品说明书、发明申报书的写作格式及要求
2. 熟悉农业科技应用文的类型
3. 掌握农业科研项目申请书、科研计划任务书、专利申请书、成果鉴定书及科技进步奖成果申报书的写作步骤和要求。

技能目标

能独立完成一篇农业科技应用文的写作任务

第一节　概述

一、概念

农业科技应用文是应用文的一种，比较专业，是农业科技工作者在科学研究、科技管理过程中处理事务、解决问题时经常使用的具有一定惯用格式的文体。

农业科技应用文与其他科技应用文一样，撰写时必须以科学研究为前提，同时融入应用文写作的技巧，将各种科研计划、进展及成果等清晰、准确地表达出来，以利于科研活动的顺利进行。

随着科学技术的发展，国家科研水平不断提升，科技应用文的种类不断增多，其在内容和形式上也在不断地发生变化，并日趋规范化，撰写农业科技应用文已成为农业科技工作者必备的素质。高质量的农业科技应用文能够提高科研工作效率，加速科技成果的转化。如：一般的科学研究项目都需要有关部门的立项审批，而项目申报书的质量直接关系到项目能否被立项，高质量的项目申报书，能将项目的优势、创新等淋漓尽致地表达出来，加速项目的顺利审批。相反，如果不懂得科技应用文的写作规范及技巧，不能将自身的科研成果有效的表达、凝练出来，则科研工作是无效的。从这个意义上讲，科技应用文写作质量的好坏从一定侧面反映了科学技术水平。

二、农业科技应用文的特点

农业科技应用文是科技知识、科技成果的重要载体，其类型较多，写作格式也不尽相同，但共同点如下：

(一)内容科学

科技应用文必须正确反映客观事物的本质和规律，储存的是科技信息。这是科技应用文与其他应用文的重要区别。科技性是科技应用文的根本属性。

科技应用文的科技性主要包括以下两方面的含义：首先是内容上，写作的内容应为科技问题，反映和解决科技工作中的情况和问题，内容必须真实、准确；其次是内容本身具有科学意义，应用文反映的内容在科技上是成熟的、先进的和可行的。

(二)格式固定

科技应用文的类型较多，但每种类型都有其固定的格式，尤其是一些表格式的科技应用文，撰写格式更为严格。这些固定的格式能够保证科技内容撰写的统一、规范，提高科技管理部门的工作效率，并且这些惯用的格式多数是科技工作者在长期的工作过程中总结出来了，符合实际需求，能够最大限度地涵盖科技工作目的与要求，确保工作质量。科技应用文的格式在一定时期内是固定的、不变的，当然，随着科学技术水平的不断提升，有些科技应用文的行文格式会更加标准化、科学化和高效化。

(三)语言规范

科技应用文的撰写者和读者对象是专业的科技工作者及相关人员，针对性非常强。撰写内容为某一学科或专业范围内的科技活动及其成果，书写语言除了具有其他应用文的语言质朴、简洁和精炼外，还具有专用语言即科技术语，这些语言具有高度的概括性和专业性，能够用较少的文字表述丰富的科技内容。同时除了语言文字外，还可以用图形语言和符号语言来表述科技内容，如某一科研成果或科技问题用文字表述比较平淡、抽象时，可以直接提供照片或图形，使所要阐述的直观、清晰、准确地表达出来，使读者能够一目了然，容易理解。符号语言作为一种高级形式的语言，可以代替自然语言的书写叙述，表述某种过程、关系或结果，并且形式简单、国际通用，能够准确、规范地表述科技内容。科技应用文的语言无论是文字还是符号、图片，均要求准确、绝对真实可靠，以免带来无法弥补的损失。

（四）作用明确

科技应用文是记录科技活动，描述科技成果的重要载体；是反映情况、汇报工作的重要手段。每种科技应用文都有其明确的书写目的，是针对某一科技问题或科技成果进行撰写。如《科技成果申请书》是项目申请者在项目完成后，向项目主管部门申请鉴定的文书；《科技成果鉴定证书》是鉴定委员会专家对项目申请者完成的科研成果鉴定后形成的文件，旨在判断科技成果的质量和水平。《专利请求书》《专利说明书》和《权力要求书》是为了获得发明项目的专利权。可见，科技应用文的实用性非常强，是解决科技管理和科技活动过程中各种问题的重要文书。

三、农业科技应用文的分类

农业科技应用文是农业科技工作者在进行科研活动及相关科研管理工作中，处理各种科研业务，实现科技活动的常用文体。由于农业科技活动涉及领域及环节较多，使得科技应用文的类型也较多，特别是随着科学技术管理的规划化、国家化，科技应用文内容涵盖越来越广。按照科技应用文的性质、内容、适用范围及写作特点，主要可分为以下几类：

（一）科技规划计划类

科技规划是发展科学技术的较长期的纲领性总体计划，按内容可分为产品开发规划、专业发展规划和全面规划；按时间可分为长期规划、中期规划和短期规划。

科技计划是在科技规划指导和规定下，为科技发展目标及实现途径而制订的一套行动方案。按内容可分为科研技术任务书、新产品开发计划等。

（二）农业科技项目管理类

农业科技项目管理类是农业科技工作者在项目申报及实施过程中必须撰写的文书，主要包括农业科技项目建议书、农业科技项目申报书、农业科技项目进展报告及农业科研项目结题书等。

（三）农业成果鉴定及奖励申报类

农业成果鉴定及奖励申报类是指按照国家的有关政策、条例对科技成果进行鉴定、奖励而撰写的文书。科技成果鉴定相关文书主要有科技成果鉴定申请书和科技成果鉴定证书，其中科技成果包括理论成果、技术成果及推广应用成果等。奖励申报类文书主要有自然科学奖申报书、发明奖励申报书及科技进步奖申报书，其是科技成果通过鉴定后，成果主要完成人申报奖励时撰写的文书。

（四）农业科技合同类

农业科技合同又称技术合同，是开展农业科技研究时，甲乙及以上主体为实现某一目的经共同协商而制定的具有约束力的契约性文书。主要包括农业技术开发合同文书、农业技术咨询合同文书、农业技术服务合同文书、农业技术转让合同文书和农业科研立项合同文书等。

(五)农业发明专利类

农业发明专利类是农业科技工作者按照国家有关法规,为自己的发明创造取得独有的实施权而撰写的文书。主要包括专利请求书、专利说明书、权力要求书、发明申报书及授予专利权决定书等。

(六)农业科技说明类

科技说明类是指对某农业工程设计方案及农业产品性能、用途等进行介绍、说明的应用文书。主要包括农业工程设计说明书、产品说明书等。

第二节 农业科研项目申请书

农业科研项目申报书是农业科技工作者向各级科研项目主管部门申请课题资助的请求性文字材料。目前随着我国科技水平的不断提升,科研项目的类型也不断增多,有国家级的科研项目,如国家自然科学基金、"863"计划、"973"计划等;有省部级的科研项目,如省级自然科学基金、科技攻关项目、高等学校博士学科点专项科研基金项目及省博士启动项目等;还有市、厅级的以及横向项目等。无论哪种项目其申报书均有固定的格式,并且项目下达部门下达项目计划时往往将《项目指南》与申请书同时下达,申请者登录该部门官方网站即可下载到最新版本申请书,且可以根据《项目指南》填写项目申报书。

一、例文

案例 3-1

某科研项目申报书

××省教育厅科学技术研究项目申请书

项　目　类　别　一般项目

项　目　名　称　××主效自毒物质的分离、鉴定及其作用机制研究

学科名称·代码　××学·×××××

研　究　类　别　基础研究

项目负责人　×××

所　在　学　校(盖章)

填　表　日　期　2011-11-1

××省教育厅制

2011 年 10 月

一、项目组成员信息

<table>
<tr><td rowspan="5">项目负责人情况</td><td>姓名</td><td>××</td><td>性别</td><td>×</td><td>出生年月</td><td colspan="3">×× 年×月</td></tr>
<tr><td>学位</td><td>博士</td><td>技术职称</td><td>讲师</td><td>从事专业</td><td colspan="3">××栽培与生理生态</td></tr>
<tr><td>个人成就[ ]</td><td colspan="7">1院士 2长江学者 3教育部优秀人才 4教育厅优秀人才 5省百层次人才</td></tr>
<tr><td>联系电话</td><td colspan="2">××××××××</td><td colspan="2">E-mail</td><td colspan="3">×××××@163.com</td></tr>
<tr><td>通讯地址</td><td colspan="3">××××××××××××××</td><td>邮政编码</td><td colspan="3">××××××</td></tr>
<tr><td colspan="2">实验室名称</td><td colspan="3"></td><td>批准部门</td><td colspan="3"></td></tr>
</table>

<table>
<tr><td rowspan="6">项目组情况(含主持人)</td><td>总人数</td><td colspan="2">高级</td><td>中级</td><td>初级</td><td>博士后</td><td>博士生</td><td>硕士生</td><td>本科生</td></tr>
<tr><td>9</td><td colspan="2">3</td><td>2</td><td></td><td></td><td>1</td><td>3</td><td></td></tr>
<tr><td>姓名</td><td>性别</td><td>出生年月</td><td colspan="2">专业技术职务/学位</td><td>从事专业</td><td>工作单位</td><td>课题分工</td><td>签字</td></tr>
<tr><td>××</td><td>女</td><td>19××.6</td><td colspan="2">讲师/博士</td><td>××学</td><td>××农业大学</td><td>试验设计、自毒物质分离鉴定</td><td></td></tr>
<tr><td>×××</td><td>男</td><td>19××.8</td><td colspan="2">教授/博士</td><td>××学</td><td>××农业大学</td><td>项目指导</td><td></td></tr>
<tr><td colspan="9">其余略</td></tr>
</table>

二、项目研究的科学意义

1. 国内外研究概况、水平和发展趋势

××是世界上最重要果树种类之一。据统计，目前全国××栽培面积达到43.84万hm^2，产量超过669万t，尤其是鲜食××，我国已经成为世界第一生产国。但随着栽培年限的增加，现有许多××产地出现了大面积的连作区，老××园再利用时幼苗生长不良，病害蔓延；育苗圃育苗2～3年后，茎段不能正常生根，根系短粗、褐化，严重制约了××产业的发展。尤其近十几年来我国××品种更换加快，苗圃地、老××园连作问题越来越突出，连作障碍已成为一个广泛存在、危害严重的生产性问题。

连作障碍现象在植物中普遍存在，现有的众多研究结果表明，根部病害、化感作用及土壤营养元素亏缺是导致连作障碍的三大因素，但由于这些因素之间存在着错综复杂的关系，使得至今仍未从根本上阐明连作障碍的产生机理。近年来随着对连作障碍构成因素研究的逐步深入，人们发现在这三大因素构成的根际微生态系统中，自毒作用（化感作用）占有极其重要的地位，并成为备受重视的研究热点，现已陆续在苹果、柑橘、桃及草莓等果树的根系分泌物和腐解物中鉴定出许多自毒物质，其中老桃树根分泌的扁桃苷在土壤中水解后生成的氢氰酸和苯甲醛，对桃根造成的毒害可持续6年之久。可见，自毒物质作用广泛、毒害持久，深入研究其作用机理对阐明连作障碍成因至关重要。

关于××自毒作用的研究，早在1988年，Brinker和Creasy认为××根系中存在某些自毒物质抑制自身的生长而导致连作障碍的发生，但他并没有明确分离出具体含有哪些自毒物质。笔者在国内率先开展了××连作障碍方面的研究工作，研究中发现××根系分泌物和腐解物具有显著的自毒作用，通过LC/MS技术在它们中确定了对羟基苯甲酸、苯甲酸、苯丙酸和水杨酸4种酚酸类物质，生物检测证明这四种物质显著抑制××组培苗的生长，是重要的自毒物质，将××自毒作用方面的研究推进了一大步，但本研究的前期工作是以目前公认的化感物质—酚酸类物质为主线进行分析的，实际上××根系分泌的产物众多，酚酸类物质只占很少一部分，目前还无法确定这四种酚酸类物质是否为导致××连作障碍的主效自毒物质。另外，有报道认为几乎所有的作物都能从根系分泌出酚酸类物质，它们对每种作物来说不一定都是产生自毒作用的主要因子,例如:酚酸类物质一直认为是水稻的重要化感物质,但近年来愈来愈多的研究显示,水稻根系能够分泌其他一些非酚酸类物质,它们是水稻的主要化感物质。可见,随着研究的深入,人们对酚酸类物质是否为主要化感物质提出了质疑。目前对××自毒物质的分离、鉴定工作还局限在酚酸类物质上,还存在许多未知的自毒物质迫切需要继续深入研究。

关于自毒物质与果树连作障碍关系的研究中,目前多集中在自毒物质对植物作用机制方面的研究,对自毒物质与根际微生物之间关系的研究还较少,而自毒物质与微生物之间存在着错综复杂的关系,深入阐明它们之间的作用关系,将是连作障碍机理研究的重要内容,××等(2004)研究发现黄瓜 *Cucumis sativu L.* 根系分泌物中的自毒物质肉桂酸在水培条件下可以显著增加由 *F. oxysporum f. sp. Cucumerinum* 引起的黄瓜枯萎病的病情指数以及黄瓜维管束的变色指数。××(2005)研究表明自根茄子根系分泌物中的肉桂酸和香草醛随会对黄萎菌起促进的作用,而嫁接后根系分泌的棕榈酸则会对黄萎菌产生化感抑制作用。可见植物连作后土壤有害微生物比例增多与自毒物质作用密切相关,自毒物质可能会诱导某些病原微生物的增殖而导致连作障碍的发生。

综上所述,要想阐明××连作障碍的产生机理,就必须对自毒作用进行深入研究,了解自毒物质来源,分离和鉴定主效自毒物质,研究它们在土壤中的转化及其与土壤微生物间的互作关系。本项目在前期工作的基础上,以我国北方常用的砧木××××为试材,以××根系分泌物及腐解物的自毒作用为主线,采用液质联用技术对导致××连作障碍的主效自毒物质进行分离、鉴定,研究它们对××植株生理生化特性及土壤微生物种群结构的影响,以明确自毒物质作用机制,为阐明××连作障碍机理提供理论依据。

2. 科学意义及经济及社会效益分析

目前中国已经成为世界鲜食××第一生产国,其中××省作为我国鲜食××第一生产大省,栽培面积已达 107 万亩,产量达 110 万吨,××已成为带动辽宁省农业经济发展的重要支柱之一。但近些年来,连作障碍已成为制约××产业健康、持续发展的重要限制因素。因此,深入研究××连作障碍的产生机制,探明导致连作障碍的源初诱因,将有利于寻找有效的途径(如筛选自毒物质的降解菌),缓解和根除××连作障碍的危害,稳定现有××园及苗圃地的正常运营,保证果农的经济收入,带动××省农业经济的稳步提升。

三、研究内容

1. 具体研究内容和重点解决的关键技术问题

(1)研究内容

①确定××主效自毒物质;②探讨自毒物质的临界作用浓度;③揭示自毒物质的生理生化作用机制;④明确自毒物质对土壤微生物种群结构的影响,从根际微生态角度揭示××连作障碍的产生原因。

(2)重点解决的关键技术问题

①确定导致××连作障碍的主效自毒物质:前期工作已经确定根系分泌物及腐解物中含有 4 种酚酸类自毒物质,但无法确定这 4 种物质是否为导致××自毒作用的主效物质,本试验将××根系分泌物和腐解物分成不同组分进行生物检测,对强自毒作用组分中的物质进行分离鉴定,确定引起××自毒作用的主效物质;

②明确自毒物质的作用机制:分析自毒物质对××根系生理生化特性及根际微生物种

群结构的影响，明确它们的自毒作用机制。

2. 学术特色

本项目是在前期已经鉴定出酚酸类自毒物质的基础上，对酚酸类以外的其他类自毒物质进行深入挖掘和鉴定，并将所鉴定出自毒物质的生物活性与酚酸类物质的自毒能力进行对比，初步确定导致××连作障碍的主效自毒物质，并针对自毒物质首先作用于根系和根际土壤的特点，从根系的生理功能及土壤微生物的种群变化两个角度分析自毒物质的作用机制。

3. 技术创新点

(1)首次对导致××自毒作用的主效物质进行了分离、纯化和鉴定工作。

(2)研究了××主效自毒物质对土壤微生物的种群结构的影响，从根际微生态角度分析××连作障碍的产生原因。

4. 预期达到的各项技术指标

(1)分离鉴定出导致××连作障碍的主效自毒物质。

(2)阐明自毒物质对××根系生长及土壤微生物种群结构的影响，揭示自毒作用与××连作障碍之间的关系。

四、研究方案

1. 方案的可行性论证

(1)研究思路和试验设计合理可行

①目前对植物自毒作用的研究工作已取得相当大进展，本项目可以借鉴已有的研究手段和方法，为顺利开展××自毒物质方面的相关研究提供帮助。

②项目组已经证明根系分泌物和腐解物的自毒作用是××连作障碍产生的重要原因，并初步在它们中分离鉴定出4种酚酸类自毒物质，但对于导致连作障碍的主效自毒物质还需继续深入研究，为此本课题以自毒物质为核心开展和设计研究计划是合理的，切实可行的。

(2)研究技术和方法成熟

①生物检测方法及技术体系完备。××遗传上杂合程度高，后代分离严重，不能采用实生苗作为生物检测材料；而扦插苗个体又较大，生物检测反应较迟缓，故理想的检测材料为组培苗，项目组已经建立了完善的无菌操作技术体系，确保整个生物检测过程的顺利完成。

②自毒物质的分离鉴定方法成熟。项目组已经采用LC/MS技术在××根系中鉴定出5种自毒物质，目前自毒物质分离、纯化及鉴定技术已成熟。

2. 研究方法和技术路线

(1)研究方法

①根系分泌物及腐解物的收集

将××根系小心从土壤中取出，洗净，放入装有自来水的小桶中，根部避光培养，利用增氧机通气，每隔2 h收集一次，合并收集液，旋转蒸发仪浓缩至所需浓度，放在4℃冰箱中保存。

根系腐解物的收集方法为取100 g风干的植株根系，按根∶土∶蒸馏水＝1∶1∶5的质量比例加入到塑料桶中，桶盖用塑料布盖严，盖上扎孔利于通气，放入37℃恒温培养箱中腐解20 d，取腐解液过滤，滤液在40℃减压浓缩至10 mL，放在4℃冰箱中保存。

②主效自毒物质的分离鉴定

将根系分泌物和腐解物按极性差异分成不同组分进行生物检测，对生物活性较高的组分进一步分离纯化，最后对纯化后的物质进行 LC/MS 检测。

③根系生理指标的测定

根系活力的测定采用 TTC 法；根系呼吸速率采用英国 HANSATECH 公司生产的液相 Oxy-Lab 型氧电极进行测定；植株 SOD 活性采用 NBT 光化还原法；MDA 含量用硫代巴比妥酸法。

④根际土壤微生物种群结构的测定

采用稀释平板等方法进行分离鉴定。

(2)技术路线(略)

3. 总体进度安排

①2012 年 1 月至 12 月：

对生物检测材料组培苗进行大量扩繁；完成根系分泌物及腐解物的收集工作，根据生物测定结果，分离出强自毒作用组分。

②2013 年 1 月至 12 月：

对生物活性较高的组分进一步分离纯化；对纯化后的物质进行 LC/MS 及 GC/MS 等技术检测，完成主效自毒物质的鉴定工作。

③2014 年 1 月至 12 月：

对所鉴定出的自毒物质进行生理生化作用机制研究；完成自毒物质对土壤微生物种群结构影响方面的研究工作；重复和补充部分实验工作；项目总结，撰写论文。

4. 可能遇到的问题和解决方法

在项目执行过程中，可能会遇到恶劣天气、病害等原因阻碍盆栽试材的正常生长，我们将采取有效的措施提前加以预防，如建立避雨设施及加强病虫害管理等，保证试验材料的正常生长。

五、预期研究成果及预期应用前景

1. 预期研究成果及成果提供形式

(1)分离鉴定出导致××连作障碍的主效自毒物质；

(2)阐明自毒物质对根系生长及土壤微生物种群结构的影响，揭示自毒作用与××连作障碍之间的关系；

(3)发表发表论文 2～3 篇，至少一篇被 SCI 收录；

(4)培养硕士研究生 1～2 名。

2. 预期应用前景

根系分泌物和腐解物的自毒作用作为××连作障碍产生的重要原因之一，从中分离鉴定出抑制××自身生长的主效自毒物质，并探讨它们的作用机制，将会加速阐明××连作障障碍的产生机理，另外针对所鉴定出的主效自毒物质，一方面可以寻找其有效的降解途径(如筛选自毒物质的降解菌)，缓解××连作障碍的发生；另一方面可以深入研究该物质的合成代谢途径，从源头上调控自毒物质的代谢，抑制其合成，避免连作障碍的发生。

六、研究工作基础和条件

1. 负责人的科研概况

××，女，博士，19××年×月出生，讲师。20××年博士毕业于××农业大学××学院××学科，攻读博士期间主要进行××连作障碍方面的研究工作，在该研究中运用分子生物学(PCR-DGGE)技术,提取不同连作年限土壤中微生物总DNA,进行细菌及真菌的PCR扩增,然后进行DGGE分析,研究××连作对土壤微生物种群多样性的影响。

20××年10月在××农业大学××学院任教,现在主要从事××连作障碍及杂交育种方面的研究工作。目前主持××自然科学基金一项,参加××自然科学基金、××省教育厅科学基金等科研课题5项,在国内外刊物上发表论文30篇。

2. 与本项目有关的前期研究工作基础、阶段性成果(附证明材料)

①确定了自毒作用是××连作障碍产生的重要原因之一。

②证实了××连作后土壤微生物种群结构发生改变,推测这种变化与根系分泌和腐解的自毒物质作用有关。

近3年来发表与本项目有关的主要论著目次:略

3. 实验室仪器、设备条件

××农业大学××学院××学科是××省重点学科,设有中央与地方共建高校特色优势学科重点实验室,具有本项目所需的所有仪器设备。××农业大学分析测试中心具备高效液相色谱-质谱联用仪、高效气相色谱-质谱联用仪、氨基酸分析系统,激光共聚焦显微分析系统等先进仪器设备。可以提供本项目实施所需的仪器设备。

七、申请课题经费预算

金额单位:万元

经费合计	申请资助经费	单位资助经费	自筹经费
15.00	6.00	6.00	3.00

预算支出经费项目	金额	计　算　根　据
测试分析费	4.00	自毒物质的分离鉴定:0.02万元/样品×200个样品
试验药品费	4.50	生化试剂、试剂盒等:1.5万元/年×3年
出版物/文献/信息传播事物费	1.35	发表2~3篇学术论文的版面费、审理费等
能源动力费	0.90	0.3万元/年×3年
会议费/差旅费	1.20	会议及培训0.2万元/年×3年,取样0.2×3年
劳务费	1.50	博士生0.2万元/年×3年,硕士生0.1万元/年×3年×3人
田间试材管理费	0.80	田间试材维护,避雨棚膜的购买等
管理费	0.75	项目依托单位组织和支持项目研究的支出费用,按总经费5%提取
合计	15.00	

需要说明的问题:

八、推荐意见

重点实验室学术委员会意见:对申报项目的意义、项目负责人及项目组成人员的学术水平、研究基础等进行审查并签署意见。

学术委员会主任签字:

年　月　日

协作单位意见:(1. 具体协作内容;2. 协作单位能够提供的条件)

单位公章

年　月　日

申报单位意见：（申请评审书填写内容是否属实；项目负责人和主要参加者的政治、业务素质是否适合承担本项目研究；能否提供项目完成所需时间、条件；是否同意承担本项目管理和信誉保证。） 单位公章 年　月　日
专家评审意见 专家组负责人签章 年　月　日
省教育厅意见： 公章 年　月　日

二、讲评

（一）基本格式

农业科研项目申请书没有统一的格式，各类科研项目的申请书格式并不完全一致，但基本内容是一致的，主要由以下几部分组成。

1. 封面

封面内容主要包括以下信息：项目级别和类别、项目名称、学科代码与名称、研究类别、项目负责人（电话、电子邮箱）、依托单位（通信地址、联系电话）、起止时间及填报时间等。

项目级别及类别：项目级别主要是指该项目为国家级、省部级还是市厅级；项目类别指一般项目、专项项目等。有的项目没有项目类别的字样，而是要求填写资助类别，如国家自然科学基金项目中资助类别包括青年科学基金项目、面上项目、重点项目、国家杰出青年科学基金、专项项目、联合资助基金项目以及国际（地区）合作与交流项目等。

项目名称：项目名称应简明扼要，明确、直接反映主要研究内容。

学科代码与名称：根据申报者所申报的研究领域，按中华人民共和国国家标准《学科分类与代码》（GB/T 13745—2009）填写。

研究类别：主要是指该项目为基础研究、应用基础研究、应用研究及开发研究等。

项目负责人：项目申报者，一般应具有中级以上职称或博士学位获得者。

依托单位：项目申报者所在单位，如××农科院、××农业大学、××职业技术学院。要填写与单位公章一致的全称，不得用简称。

起止时间：项目从立项到完成的时间。

填报时间：填写申报书的日期，不能填写项目启动的日期。

需要指出的是，有的科研项目封面仅有项目类别及填报日期内容，其他内容体现在次页的项目基本信息表中，如国家自然科学基金。

2. 项目基本信息表

由本例文可以看出，项目基本信息表主要包括项目申报者基本信息及项目参加人的个人信息。但有些科研项目还需要填写依托单位（协作单位）的一些信息，如单位名称、联系人、电话及电子邮箱等；并且需写明项目的关键词及摘要（中英文）。

3. 正文

正文是项目申报书的主体部分，主要阐述如下问题：

为什么能做，即有怎样的阶段性研究基础、实验仪器、设备条件。

(1)为什么要做——项目研究的科学意义/立项依据。为什么要做，即项目研究的科学意义是什么。撰写该部分时，申请者首先要着眼自己的研究领域，大量阅读相关的国内外文献，总结出自己所要申报领域的研究概况及水平，指出所属领域的知识空白和技术上的缺陷。在综合国内外的研究进展，存在问题的基础上，提出自己研究的切入点，阐明所要解决的问题，并且论述自己研究结果所具有的科学意义及经济、社会效益。此部分需要引用国内外文献，因此在该部分结尾处要列出主要参考文献名称。

(2)要做什么——项目研究内容、目标及拟解决的科学问题等。要做什么，即研究内容、目标、创新点、学术特色及拟解决的关键问题是什么。

项目研究内容是申报书的核心部分，是研究目标的具体体现与分解，是将自己所要解决的问题逐条细化，分成若干个小问题，逐条列出。

研究目标是项目申请的精髓，是项目研究最终所要达到的目的。研究目标要具体、明确。

拟解决的关键性问题是研究内容中所涉及科学问题的关键点，难点。

创新点是本项目的特色和创新之处，是指本项目提出了哪些新的认识，或对那个科学问题进行了有效的补充。

(3)怎么做——项目研究方案。怎么做，即具体的研究方案，采用何种研究方法、技术路线、预期研究结果及前景等。研究方法只要是指采用什么样的调查方法或实验方法完成项目内容，实现项目研究目标。技术路线是整个项目的试验流程，是研究内容的整体轮廓，最好用流程图表示出来，使之一目了然。年度计划安排是指项目在立项期间内的完成计划，多数以年为单位进行撰写。预期研究结果是通过上述研究能够取得什么样的研究成果，如培育新品种，提出某种机理、发表学术文章等。预期前景是所取得的研究成果有何经济、社会意义及其应用价值如何。

(4)研究工作基础和条件。研究工作基础首先包括本项目以往的研究积累，包括本项目直接相关的研究经验、研究方法及技术等；其次是研究者的水平和专长、取得的成果等；最后还应交代已具备试验仪器设备条件。

4. 经费预算

主要指项目完成过程中所需要的测试分析费、材料费、文献出版/信息传播费及能源动力费等。要根据项目的具体内容，实事求是，有理有据地撰写。预算开支尽量写具体些。

5. 主管部门推荐意见/审查意见

一般有接收项目申报书的科研项目主管单位撰写。

(二)写作要求

1. 选题科学，依据充分

申请者在申报科研项目时，必须对自己所申报领域的国内外研究动态有着真实、全面及准确的了解，能够找到现研究阶段或现生产中存在的问题，并提出切实可行的解决办法。课题研究范围不易过大，要主攻方向明确、集中，且科研意义深远，有较好的应用前景。与国内外同行项目，要有自己的特色，避免重复。

2. 内容可行,突出重点

根据研究目标,撰写申报书研究内容时,要注意内容的切实可行,不要为了一味体现研究水平,而过多撰写难以实现的内容,以免拖延进度或完不成预期指标。另外,研究内容要围绕所要解决的问题进行撰写,不要泛泛的将能做的内容全面列出,要突出重点、难点,并针对提出的难点,合理设计实验方法、技术路线,做到逻辑清晰、详略得当、重点突出。

3. 文字流畅,表达清晰

项目申报书的条目繁多,内容较为复杂,撰写时要认真思考,避免不同条目填写内容重复或相似,语言表达力求准确、恰当、清晰、流畅,避免含糊不清,词语空洞,能够量化的要尽量用具体数值表示。

第三节 农业科研计划任务书

科研计划任务书是在科研项目确定后,由科研项目承担单位对科研项目的目的、意义进行介绍,对完成该科研项目的具体措施、方法和研究进度作出计划安排的技术文书,是一种报告体科技文书。科技计划任务书是科研项目计划执行和检查、评价及结题的依据,是科技人员工作的准绳。农业科研计划任务书是针对农业方面的科研项目而撰写的计划任务书。

一、例文

案例 3-2 **××省科研项目计划任务书**

编号:

类别:

××省科研项目计划任务书

项目名称:优质××新品种选育、推广

项目负责人: ××

承担单位: ××农业科学院

项目起止时间:2009.1.1—2013.12.31

××省科学技术厅

××年××月××日

一、立项依据

××是近年来果业中发展迅速、效益较高产业之一。我国的××产量已跃居世界第一位,但是育种工作远远落后。目前生产上栽培的××品种几乎全部为国外品种,这些品种在抗逆性、品质、适应性等方面都还存在这样或那样的缺陷。目前缺乏的是抗病优质的早、中、晚熟品种及优质大果品种。另一方面我国目前××生产上主栽品种较单一。这些问题的存在,远远满足不了市场经济和人民生活水平提高的需要,也制约了××生产的健康发展和栽培效益的进一步提高。因此,开展××育种、培育适应我国气候条件并有自主知识产权的新品种已迫切的摆在我们面前,这对保证我国××产业的健康发展和经济效益的进一步提高具有重要的现实意义。

二、研究内容

1. 采用常规杂交育种方法进行不同成熟期的优质××新品种选育。

2. 采用××技术进行大果优质无籽××新品种及优质三倍体××新品种选育。

3. 加强开展抗寒砧木的筛选工作。

三、现有工作基础和条件

项目研究单位多年来一直从事××新品种选育工作，保存着丰富而珍贵的××资源，选育出多个品种先后通过省品种审定。在国内较早开展××育种技术研究，并将其应用于无核育种中。近年来一直坚持新品种选育工作，保存大量的常规杂交试材，筛选出一批表现优良的优系。

我院有开展该项研究的田间设施和实验条件，有试验基地 80 亩，高标准日光温室 4 栋，可以保证项目的顺利实施并取得预期的结果。

四、研究方案

主要包括研究方法和技术路线，参照项目申报书的写作方法。具体略。

五、计划进度安排

2009 年 1 月至 12 月

①新配置杂交组合 5～10 个，获得杂交种子 5 000 粒左右。审定(备案)新品种 1～2 个。

②开展××技术研究，预计获得后代 300 株以上。

2010 年 1 月至 12 月

①继续对前期筛选出的常规杂交优系(品系)观察鉴定，审定(备案)新品种 1～2 个。完成 3～5 个组合的杂交工作。

②总结出一套成熟的××育种技术体系，获得各类后代 500 株以上。

③筛选出抗寒砧木 1～2 个。

2011 年 1 月至 12 月

①继续进行常规杂交优系(品系)的观察鉴定；对前期积累的后代进一步观察鉴定，提出无籽优系 1-3 个；审定(备案)新品种 1～2 个。

②课题验收鉴定。选育出的××新品种在生产上推广应用。

六、预期目标

①选育出适于寒区栽培的大果、优质、抗病的早熟、中熟和耐贮晚熟有籽品种(系)各 1～2 个。

②选育出大果、优质、抗病的无籽品种(系)1～2 个。

③建立成熟的××育种技术体系。

④在××学报等期刊上发表高水平的研究论文 6～8 篇。

七、效益分析

在本项目资助下，选育出的 3～5 个有自主知识产权的新品种将丰富我国的××品种多样性，对××品种结构的调整和优化起到有力的促进作用，保证××生产的健康发展和栽培效益的进一步提高。改变我国××育种落后于生产的局面，新品种推广应用后对农民增收起到推动作用，预期每年经济效益将达 3 000 万元以上。

八、经费预算

参照项目申报书的写作方法，具体略。

九、承担单位、协助单位人员

略。

十、主管部门意见

略。

二、讲评

(一)写作格式

农业科研计划任务书没有统一的格式,但不同科研项目其计划任务书的内容基本相似,主要包括以下几部分(有些计划任务书内容比较简单,仅包括以下的部分内容):

1. 封面

一般包括编号、类别、项目名称、负责人、承担单位(协作单位)、起止时间、填报日期等。有的科研项目需要保密,在封面上还有密级这一项。其中编号一般由科研主管部门进行编号,以利于管理。类别主要指项目是属于基础研究、应用研究还是开发研究等。

2. 正文

(1)立项依据:这部分主要写明项目研究的目的与意义,同类研究工作国内外研究现状与存在的问题。目的要写的具体、明确,通常用一句话概括;意义要符合实际、不可夸大其词,指出项目的学术价值或经济、社会意义。国内外研究概况要条理清晰、重点突出,在总结国内外文献或资料基础上,指出本项目相关研究的现状、发展趋势及存在问题。

(2)研究内容:是科研计划任务书的核心部分,应将具体内容细化、逐条列出。项目的关键技术也应在这部分体现出来。

(3)现有工作基础和条件:项目的前期研究概况、现有的人员情况、技术水平及实验条件的介绍。

(4)研究方案:主要写明采用何种方法完成研究目标,最好写明技术路线。

(5)计划进度安排:任务书的计划性体现在这部分。要分年度写明项目的目标,有时还要写明项目实施地点。项目的计划进度安排是项目主管部分或委托方检查项目研究进展的依据,也是项目负责人撰写项目进展报告的依据。撰写这部分内容时要将项目内容合理安排,保证项目能够按进度完成。

(6)预期目标:预期目标可以包括在研究方案中,有时为了突出项目的预期目标而将其单独列出。主要说明项目最终取得的成果,该部分内容是项目验收鉴定时的重要依据。

(7)效益分析:应指出项目完成后所能取得的经济、社会效益。

(8)经费预算:根据项目研究内容,写明项目所需的设备费、材料费、测试费、差旅费、合作费、出版费及劳务费等,同时应写明经费来源,如国家拨款或单位自筹。

(9)承担单位、协助单位人员:一个科研项目可以一个单位完成,有时需要多个单位协作完成。要将承担单位和协作单位的分工情况写清楚,同时写明人员构成情况。

(10)主管部门意见:主管部分在对科研项目的科学性、可行性及经费等情况进行评议审查后,确定是否批准该计划任务书。

有的科研计划任务书还应写明项目完成需要购置的仪器设备及解决途径,仪器应写明具体的名称、规格、型号和数量。

(二)写作要求

1. 立项依据充分、内容创新

撰写科研计划任务书时,要在广泛查阅国内外文献的基础上,总结出项目相关研究的概况、存在问题,指出本研究立项的必要性和迫切性,并阐明本研究与国内外同行相比有何不同,存在哪些创新,即采用了何种新思路、新观点、新技术等。

2. 计划合理、进度可行

计划任务书要根据具体研究内容及试验条件，合理安排试验进度，避免盲目夸大，拖延进度，甚至完不成预期目标。

3. 内容具体、语言简洁

科研计划任务书的条目较多，要对研究目标、研究内容、研究方案、计划进度、经费预算等内容表述的具体、明确、严谨、完整。文字要简明扼要、避免使用模棱两可的词语。

第四节　农业工程设计任务书

设计任务是预先对整个设计项目提出具体的任务、指标、内容、原则和要求等的任务性文书。按照设计的内容，设计任务书可分为工程设计任务书和技术设计任务书。工程设计任务书主要针对建筑工程、水电工程等基本建设项目而撰写的任务性文书；技术设计任务书是针对新产品（设备）或对原设备进行技术上的改造而撰写的任务性文书。农业工程设计任务书属于设计任务书的范畴。

农业工程设计任务书是预先对整个农业工程项目提出具体任务、指标、内容、原则及要求的文件。撰写工程设计任务是建设工作首要的一环，工程设计任务书在报经上级批准后，由建筑单位指定或委托设计部门按照设计任务书的要求作初步设计，并进行经费预算等项目的工作后，才能编制工程设计说明书。

大型工程设计任务书由总工程师负责编制，而该工程中的各个分工程的设计任务书，由责任工程师编制，最后装订成册。

一、例文

案例 3-3

×××农业示范工程项目设计任务书

设计号：××

院长：×××

总建筑师：×××

总工程师：×××

设计总负责人：××

×××设计院

××年××月

一、设计的目的和根据

随着我国经济经济发展水平的不断提高，特别是沿海发达地区，经济发展迅速，城市人口剧增，对沿海水域造成严重破坏。这些水域污染主要来自农业化肥的施入及城镇生活垃圾的排放。周边农民农地大量残留的 N 素，经雨水冲刷进入水体中，造成水域的富营养化，使藻类大量滋生，危害了居民饮用水的安全。因此，迫切需要生态保护工程建设，保护水质安全。

国家也非常重视污水治理工作，《国务院××××工作要点》中指出，要提高污水治理工作，降低农业源污染问题，加强农业环境的保护工作。同时××省也出台相关的建设生态农业的政策。××工程项目可以控制水体污染、维持农业生态系统的稳定、控制水体的富营养化。

二、建设规模

建设农业生产用地400亩，田间道路1 000 m^2。配有废物利用系统、生态防治工程、滴灌控制系统、有机肥料及生物农业施入系统。

三、设计要求

建设生态隔离带5 000 m，有效防止有毒物质对隔离带内农作物污染。建立废物回收池900 m^3，将农业废弃物进行无害化处理。建立有效生态防治措施，包括避雨棚、防虫网、杀虫板等，有效避免有毒农业的施入。建立有效的滴灌系统，使水分利用率提高到30%～50%。进行测土配方，施入有机肥料，在保证生物环境友好的条件下，提高作物产量。

四、矿产资源、水文地质和工程地质条件：略。

五、原材料、燃料、动力、供水、运输等协作配合条件：略。

六、资源综合利用和“三废”治理要求：略。

七、完成期限：整个项目期限为24个月，从20××年1月1日至20××年1月1日。

八、投资总额：项目总投资400万元，包括生态隔离带建设费用、堆沤池修建费用、滴灌设施建设费用、田间道路修建费用及避雨棚、生物农药、有机肥料等费用。具体略。

九、劳动定员控制数：略。

十、要求达到的经济效益和技术水平

该农业项目完成后，能够使农业废弃物全部回收利用，减少水域污染，使得COD消减率达到100%，改善当地的生态环境。同时，生态防治措施及有机肥料的施入，能够提高农作物产品质量，提高农产品价格2～3倍，促进农民增收，带动地方经济。

二、讲评

(一)基本格式

1. 封面

包括设计项目的名称、设计号码、设计院名称、院长、总工程师、总建筑师、设计总负责人的姓名和设计日期。

2. 目录

大中型的工程设计任务书内容较多，应编制目录。

3. 正文

设计任务书的主体部分，依据其建设目的和使用要求不同，任务书正文中的内容和重点也会有所不同，大中型工程项目其工程设计任务书主要包括以下几个方面：

(1)设计的目的和根据。概况说明设计的必要性，提出该项目在国民经济中的地位和作用，提出该项目工程的主要依据文件。

(2)建设规模。农业工程项目的建设规模包括建设面积、水库容积及果品贮藏库的贮藏量等。

(3)生产方式和工艺原则。如农产品加工工艺流程、水电站压力管道结构设计流程等。

(4)矿产资源、水文地质和工程地质条件。矿产资源是指矿产开发、水利水电开发等工程项目范围内已探明的有用矿物、水能资源的储量、质量以及开采条件等。水文地质应说明拟建工程范围内的地下水情况，包括地下水的数量、质量、运动及排泄等情况。工程地质情况应着重说明拟建工程区域的地质情况，包括地层、岩性、地质构造、地震级别等。

(5)原材料、燃料、动力、供水、运输等协作配合条件。

(6)资源综合利用和“三废”治理要求。“三废”主要指废气、废水和废料。

(7)建设地区或地点以及占有土地的估算。

(8)完成期限。必须准确撰写，以利于投资概算，并作为工程验收的依据。

(9)投资总额。要预算出整个项目完成所需要的经费数额，并指出施工过程中分期付款的比例数，要以表格的形式体现出来。

(10)劳动定员控制数。列出各类人员的配备情况，包括干部、技术人员和工人等的配备情况，并提出定员控制数。

(11)要求达到的经济效益和技术水平。实事求是、简洁准确地说明工程要达到的技术水平及能够取得的经济效益，最好用具体数值表示。

小型工程项目的设计任务书，各单位可按照上述内容简化撰写。

4. 附件

未纳入工程设计任务书中的重要材料，如有关工程设计的图和表格。有的工程设计任务书还包括报送单位、审批单位及审批单位意见。

(二)写作要求

1. 按照规定撰写、条目清晰

撰写工程任务书之间必须熟悉工程建设相关的法律、法规，这些法规包括建筑质量法规、建设用地法规、城乡建设法规等，并严格按照规定撰写，如在设计主体工程时，应根据规定考虑与主体工程相配套的三废处理设施。同时工程任务书在书写过程中要逻辑清晰，按条列出，便于各部门落实任务、组织施工。

2. 设计要求需具体，数据准确、翔实

工程设计任务书中要准确说明设计的具体要求，标明要达到的各种技术指标；任务书中所涉及的各种数据，必须准确、可靠，符合客观实际。

3. 语言严谨、用词准确

工程设计任务书是对工程提出具体要求的文件，撰写语言要准确、不要使用容易产生歧义的语言。

第五节　农业科技合同书

农业科技合同属于科技合同的范畴，是甲乙及以上主体在农业科学研究、农业科技成果推广、农业技术转让及农业技术服务等科技活动中，依据民事法律关系的规定达成的权利与义务关系的协议。科技合同的标的是农业科学技术成果，是无形的知识财富。科技合同种类繁多，根据《中华人民共和国经济合同法》第二十六条规定，科技合同包括科研合同、科技产品试剂合同、科技成果推广合同、技术开发合同、技术转让合同、技术咨询合同、技术服务合同等。

农业科研合同是科研项目承担单位(受托方)根据科研计划主管部门或科研项目委托单位(委托方)的要求,在规定的期限内向委托方交出农业科技成果,而由委托方按规定提供科研经费的合同类型。

农产品试剂合同是指科研、生产单位(受托方)与其他企事业单位(委托方)之间,为承担有些农业新产品的试剂任务而签订的合同。

农业科技推广合同是科研单位将自己成熟的农业科研成果进行有偿推广,与其他企事业单位签订的合同。

农业技术开发合同是指当事人之间就农业方面的新技术、新产品、新工艺或者新材料及其系统的研究开发所订立的合同。我国技术开发合同分为委托开发合同和合作开发合同两种。

农业技术转让合同是指是指当事人约定,一方将专利权、专利申请权、专利实施许可、非专利技术转让与他方,他方支付转让金的合同。

农业技术咨询合同是指当事人一方为另一方就特定农业技术项目提供可行性论证、技术预测、专题技术调查、分析评价报告所订立的合同。

农业技术服务合同是指当事人一方以技术知识为另一方解决特定技术问题所订立的合同。

不同种类的合同在具体内容的取舍及合同款目的顺序上有所差异,但主题内容基本相同。下面以农业科研项目合同和农业技术开发合同为例,具体论述科技合同的写作格式与要求。

一、例文

案例 3-4

科研项目合同书即科研合同

项目合同书

项目名称:××××××

项目编号:××××××

计划下达单位(甲方):××××××

项目承担单位(乙方):××农业大学

初审推荐单位(丙方):××农业大学

合同起止时间:20××年××月 至 20××年××月

×××××× 印制

一、项目实施的总体目标

通过本项目的实施,在××育种上选育出大果、优质、抗病的早熟、中熟和耐贮晚熟有籽品种(系)各1~2个,选育出大果、优质、抗病的无籽品种(系)1~2个,筛选出抗寒砧木1~2个;在××学报等期刊发表高水平的研究论文5~8篇。

二、主要研究内容及考核指标

研究内容:

1. 采用常规杂交育种方法进行不同成熟期的抗病优质××新品种选育。

2. 采用××技术进行大果优质无籽××新品种。

考核指标：

1. 选育出早、中、晚熟有籽××品种各1～2个。

2. 选育出大果、优质的无籽品种(优系)1～2个。

三、计划进度和阶段目标

20××年1月至12月

①新配置杂交组合5~10个，获得杂交种子2 000粒左右。

②开展×××技术研究，预计获得后代100株以上，并继续对前期积累的试材进行初步观察鉴定。

20××年1月至12月

①继续对前期筛选出的常规杂交优系(品系)观察鉴定，选育(备案)新品种(系)1～2个。完成3～5个组合的杂交工作。

2013年1月至12月：

①继续进行常规杂交优系(品系)的观察鉴定；对前期积累的后代进一步观察鉴定，提出无籽优系1～3个。

②选育(备案)新品种(系)各1～2个。

③课题验收鉴定。

四、承担单位的项目实施条件(限600字以内)

(包括场地、仪器设备、人员经费等)

略。

五、项目承担单位、合作单位，项目负责人及项目组主要成员

<table>
<tr><td rowspan="3">承担单位</td><td>单位全称</td><td colspan="3">××职业技术学院</td><td>地址及邮编</td><td colspan="3">××××××</td></tr>
<tr><td>法人姓名</td><td>×××</td><td>性别</td><td>×</td><td>电话及手机</td><td colspan="3">××××××</td></tr>
<tr><td>管理部门联系人</td><td colspan="2">×××</td><td>职务</td><td>××</td><td>电话</td><td colspan="2">×××</td></tr>
<tr><td rowspan="2">项目负责人</td><td>姓名</td><td>×××</td><td>性别</td><td>×</td><td>出生年月</td><td>××年××月</td><td>职称</td><td>教授</td></tr>
<tr><td>所在单位</td><td>××职业技术学院</td><td>专业</td><td>××学</td><td>电话</td><td>××××××</td><td></td><td></td></tr>
</table>

项目组主要成员

姓名	性别	出生年月	文化程度	职称	所在单位	分工
××	×	19××年××月	博士	副研究员	××农业大学	试材田间管理
××	×	19××年××月	博士	讲师	××农业大学	杂交授粉与接种

其余略

六、经费支出预算

单位：万元

相关经费来源			省本级科技经费		
科目	经费	备注	支出科目	经费	备注
合计			合计		
1. 国家科技拨款			1. 人员费		

续表

相关经费来源			省本级科技经费		
2. 省级科技拨款			2. 设备费		
3. 部门拨款			①购置费		
4. 地方拨款			②试制费		
5. 单位自筹			3. 相关业务费		
6. 其他来源经费			①材料费		
			②燃料及动力费		
			③测试及化验费		
			④会议差旅费		
			4. 管理费		
			5. 其他费用		

七、合同条款

签订合同各方须遵守《××××××项目管理暂行办法》(以下简称“办法”)：

1. 乙方必须按要求报送项目阶段执行情况报告和有关统计报表等材料，由丙方审核汇总后报甲方。逾期不报者，甲方有权暂停拨款。

2. 项目实施过程中，乙方如须调整项目合同中相关内容，应根据“办法”有关规定，向丙方提出变更内容及理由的申请报告，经丙方审核后报甲方审定批复后实施。

3. 乙方因某种原因使项目无法执行，须中止项目合同，应提出中止项目合同的书面申请，经丙方审核并签署意见后，报甲方审批。经审批同意中止合同的项目，甲方视情况部分或全部收回省拨经费。如乙方未提出中止项目合同的申请，丙方有权提出中止项目合同的处理建议，报甲方批准后执行。

4. 甲方按“办法”有关要求核拨乙方承担项目的省拨经费，乙方应按项目合同落实自筹经费和承诺的项目实施保障条件，并以项目为核算对象进行单独核算，按科技经费的使用要求，专款专用。

5. 丙方可根据科技经费使用的有关规定，监督项目经费使用情况。凡不符合规定的开支，丙方可提出调整意见。必要时，甲方有权直接提出调整或撤销意见。

6. 甲方如中途无故撤销或不履行合同，不得追回所拨经费；乙方如无正当理由不履行项目合同，或非不可抗拒因素使项目合同无法执行时，甲方有权收回所拨经费。

7. 项目实施形成的科技成果及知识产权，除涉及国家安全和重大社会公共利益外，原则上属乙方所有。乙方向省外转让成果须报甲方备案。

8. 各方如发生争议，应协商解决。如协商不成，任何一方可向仲裁委员会提起仲裁。仲裁是终局的，对各方均有约束力。

八、合同各方签约(包括签署意见，签字，盖公章)

甲方	单位名称	××××××	（单位公章） 年　月　日
	代表人（签章）	×××	
	计划归口处 联系人	×××	
	联系电话及传真	××××××	
乙方	单位名称	××××××	（单位公章） 年　月　日
	代表人（签章）	×××	
	计划归口处 联系人	×××	
	联系电话及传真	××××××	
丙方	单位名称	××农业大学	（单位公章） 年　月　日
	法人代表（签章）	×××	
	管理部门联系人	×××	
	联系电话及传真	××××××	

案例 3-5

抗白粉病微生物菌剂技术合作开发合同

甲方：

乙方：

为了加快科研成果的研究和产业化进展，甲乙双方本着平等互利和优势互补的原则，决定就“抗白粉病微生物菌剂”课题进行联合研究，根据《中华人民共和国技术合同法》的相关规定和要求达成如下协议。

一、合作内容和目标

针对“××××××”中试和生产要求，共同完成设备设计、集成和安装调试；以及课题形成的菌剂产品，共同向国家××管理部门申请肥料登记，正式进入市场，服务于农业。

二、任务分工

甲方负责：

用于抗白粉病微生物菌种的确定；

微生物发酵工艺、生产工艺和制剂剂型的研发；

为使相应的微生物菌剂达到临时登记要求而应进行的各类室内试验、田间试验和相关上报材料准备；

协助乙方制定企业标准和进行大田应用实验。

乙方负责：

抗白粉病菌剂的企业标准制定；

抗白粉病菌剂质量检测；

产品登记申报涉及申报的资料总结和申报工作等。

负责中试生产线的购置、安装与调试；

负责抗白粉病菌剂生产线建设与大田应用示范。

三、合作期限：

本协议自双方签订之日起生效，到 2011 年 12 月 31 日终止。

研发投入：

甲乙双方应据各自的任务分工，投入相应的人力、物力、时间、场地、设备、资金和已有技术，以保证按时完成本项新产品的研发。该项目经费主要用于项目实施过程中甲方进行的实验室研究部分，中试及应用部分产生的费用由乙方配套投入。

四、知识产权归属

1. 项目实施前双方提供的各自原有的知识产权归各自拥有。

2. 有关使用和转让的权利归属及由此产生的利益按以下约定处理：

(1)技术秘密的使用权：双方共有，按照甲方：乙方＝5：5的比例分享收益；

(2)技术秘密的转让权：双方共有，按照甲方：乙方＝5：5的比例分享收益；

(3)相关利益的分配办法：双方共有，按照甲方：乙方＝5：5的比例分享收益。

(4)因履行本协议所产生、并由合作各方分别独立完成的阶段性技术成果及其相关知识产权权利各自拥有，对方有优先享用权。

风险承担

在本协议履行中，因出现在现有技术水平和条件下难以克服的技术困难，导致研究开发失败或部分失败，并造成合作一方或双方损失的，合作各方约定按共同承担方式承担风险损失；但一方发现技术风险存在并有可能致使研究开发失败或部分失败的情形时，应当在5日内通知其他合作方并采取适当措施减少损失。逾期未通知并未采取适当措施而致使损失扩大的，应当就扩大的损失承担赔偿责任。

保密条款

双方对合作前各自所拥有的及合作后新形成的产品和技术资料均负有保密责任，未经对方书面许可不得泄露予任何第三方。泄密的一方应向其他合作方赔偿由此造成的各种经济损失。

违约责任

本协议履行期间，倘甲乙双方中任何一方违反本协议之约定或未履行本协议所规定的条款，守约方有权单方面终止本协议，并要求违约方赔偿相应的损失。

争议解决方式：

倘因履行本协议发生争议，双方应本着互谅互让的原则协商解决。协商不果，任何一方均有权将争议诉诸有管辖权之人民法院。

不可抗力：

倘因不可抗力或不可归咎于甲乙任何一方之因素导致本协议无法履行，则甲乙双方同意互不追究责任，双方之权利和义务应恢复至本协议订立前的状态。

附则

本协议正本甲乙双方各持一份，具同等法律效力。

以上条款若有与中华人民共和国的相关法律和法规相矛盾之处，以后者为准。

甲方：	乙方：
地址：	地址：
法定代表人：	法定代表人：
代理人：	代理人：
20××年××月××日	20××年××月××日

二、讲评

(一)基本格式

科技合同的格式主要有表格式和条款式两种。表格式合同(案例 3-4)是合同条款已预先写好,制成表格的一种合同形式,主要用于一方同意另一方的条件而签订的合同,或上级部门下达的纵向科研任务时签订的合同。条款式合同(案例 3-5)是将双方商议后达成的协议列出数条签订形成合同,多数合同均采用这种格式。

1. 农业科研项目合同书

科研项目合同书主要由以下几部分组成:

(1)封面

①项目名称及编号　如“××新品种的栽培技术”,“××新品种的选育”。项目编号由委托方给出。

②签订项目的单位名称　主要指项目的委托方及受托方。

③合同的起止日期。

(2)正文。这是合同的主题部分,主要包括:

①项目立项原因及其效益(也可省略)。

②项目内容及目标　如案例 3-4 对项目内容要做具体、详细的描述,列出具体的研究目标及考核指标;如案例 3-4 中的“项目研究内容及考核指标”。

③计划进度和阶段性安排　列出这个项目的完成计划,并指出每个阶段的具体工作内容。

④项目承担单位的实施条件。

⑤承担单位、合作单位及项目组人员构成及分工情况说明。

⑥经费支出预算情况说明　主要指经费的来源、支出方式等。

⑦具体的合同条款　这部分是科技合同的关键,主要规定了双方的权利与义务;修改、终止或变更合同内容的程序;技术成果的归属与分享;经费的使用规范;争议的解决方法;附带条件及需要说明的问题等。

(3)结尾。主要是合同各方签署意见,签字和盖章。此部分内容还包括地址、开户银行、电话等信息。

2. 农业技术开发合同

农业技术开发合同、技术转让合同、技术咨询合同、技术服务合同的格式基本相似,只是条款内容的侧重点有所不同,案例 3-5 是农业技术开发合同,主要包括以下几部分:

(1)标题。案例 3-5“抗白粉病微生物菌剂技术开发合同”,标题包括“合同内容主题”+“合同类型”+“合同”。简化的标题可只写成“技术开发合同”或“合同”。

(2)签订单位的名称。订立合同双方(甲方、乙方)或三方(甲、乙、丙方)单位全称。甲方一般指委托方,乙方一般为受托方。也有的技术开发合同在这部分将双方(或三方)的法定代表人和负责人写出。

(3)正文。合同书的核心部分,主要由前言,标的的内容、形式和要求,双方的权利与义务,研究开发经费、报酬及支付方式,履行合同的期限、地点,成果的归属与分享,技术情报和资料的保密,风险责任的承担,违约责任,成果验收,争议的解决办法,名词和术语及附带条件等。

①前言　签订合同的目的和依据。如案例 3-5 中“为了加快科研成果的研究和产业化进展，甲乙双方本着平等互利和优势互补的原则，决定就‘抗白粉病微生物菌剂’课题进行联合研究，根据《中华人民共和国技术合同法》的相关规定和要求达成如下协议”。

②标的的内容、形式和要求　标的的内容是指当事人通过履行合同所要完成的科学技术成果，即双方权利和义务共同指向的对象。在技术开发合同中，标的为当事人在订立合同时尚未掌握的技术方案；当事人必须明确指出合同中标的的技术成果形式，说明成果的开发程度，是中试的阶段性成果还是直接可以投入生产。同时还有说明技术成果的科学技术水平及其衡量和评定其水平的主要技术指标。如案例 3-5 中的“合作内容与目标”。

③研究开发计划　双方为了完成合同所规定的内容，应制订周密、合理的工作计划，规定各自承担的任务或责任。如案例 3-5 中的“任务分工”。

④研究开发经费、报酬及支付方式　研究开发经费是指完成研究开发工作所需要的成本。科技合作开发合同中应明确写出各方的投资方式、数额及研发过程中经费的支付方式，如案例 3-5 中的“研发投入”部分。委托开发合同中，应明确约定委托方支付的研究开发经费的数额、支付期限和办法。除此之外，还应明确约定研究开发的报酬数额，支付的形式和时限等。

⑤履行合同的期限、地点　当事人应在合同中明确写出合同的生效日期及终止日期，并明确合同履行的具体地点，如合同中地点未明确指明的，则默认在研究开发方所在地进行。如案例 3-5 合同中没有给出具体的地点，则推定在合作双方的各自所在地进行。

⑥成果的归属与分享　成果的归属与分享是技术合同中非常重要的条款，必须在合同中要明确表明。除了有形的科技产品外，对于智力成果的知识产权要有明确规定。当事人应在合同书中明确约定专利技术和非专利技术的所有权、使用权、转让权归谁所有，如何使用，怎样分配等。如案例 3-5 中的“知识产权归属”。

⑦技术情报和资料的保密　当事人应在协商的基础上，明确对技术情报、资料的保密范围、期限及违反保密条例应负的责任等。保密条款不得与国家法律、法规及有关政策相抵触。如案例 3-5 中的“保密条例”。

⑧风险责任的承担　从事农业技术开发时，往往会遇到难以克服的困难，存在一定的技术风险。当事人在订立合同时应确定风险的承担原则，风险责任的确认标准及研发过程中某方不采取适当措施而造成的损失责任。如案例 3-5 中的“风险承担”。

⑨违约责任　合同当事人不能履行或不能完全履行合同时，应承担相应的违约责任。当事人在合同中已约定违约金的，违约金视为违反合同的损失赔偿费。如果当事人没有在合同中约定违约金和损失赔偿额计算方法的，则根据违反合同的一方给另一方造成的实际损失计算赔偿额。案例 3-5 中的违约责任规定属于后者。

⑩成果验收　成果的验收是合作各方根据成果特点，采取相应的技术鉴定和评估方式审查、确认研发成果是否符合合同所规定的要求。

⑪争议的解决办法　当事人在合同执行期间发生争议时，可以通过协商或调解解决，也可以在合同中约定仲裁条款，申请仲裁和司法解决。

⑫名词和术语　技术合同是专业性很强的合同，应当对关键词、术语及略称等进行解释，以避免合同执行过程中发生歧义而引发纠纷。

⑬附则　附带的条件及其他需要说明的问题。

此外，与合同有关的技术资料背景、可行性论证及项目计划书、任务书等可以根据当事人的协议作为合同的组成部分。

(4)结尾。结尾的内容主要有：合同双方全称，加盖公章；双方法定代表人；双方法定地址；签订日期等。

(二)写作要求

1. 内容要合理、合法

签订合同的当事人应在平等、自愿的基础上对合同条款内容进行认真协商，本着平等互利、等价有偿的原则进行签署，合同中规定的权利义务要合理、明确、可行。任何一方不得将自己的意愿强加于对方，不能搞“霸王合同”。同时，合同内容要合法，必须遵守《中华人民共和国合同法》的有关规定，合同内容不能与国家的政策法规相抵触，否则这样的科技合同是毫无意义的，是不受法律保护的。

2. 合同内容要结构完整

科技合同的种类众多，但每种科技合同都有其固定的结构。如科研项目合同书应包括项目名称、编号，签订单位，项目相关信息(立项原因、项目内容、目标、实施计划、实施条件、单位及人员情况说明)，合同条款、合同签署几部分内容。技术开发、转让等科技合同内容应完整地包含合同标题、合同当事人、合同前言、合同协议条款、合同签署、合同落款几个部分的内容，合同只有做到结构完整，条理清晰，才能最终得以成立。

3. 合同条款要周详、全面

科技合同作为经济合同的一种，合同的条款必须完善、周密。应包含合同法要求所有合同都应包括的基本内容即标的、数量和质量、价款与酬金、履行的期限、地点和方式、违约责任、解决争议的方式。如果合同条款不完整、不全面，那么合同中就会存在很多漏洞，使得合同在履行过程中出现很多争议，甚至合同失去了意义。这就要求当事人在制定合同时，对合同中的各项问题要认真商议、仔细推敲，写明各自的权利、责任和义务，考虑到各种可能出现的细节问题，确保合同的条款内容的准确、完整。

4. 语言表达明确、措辞准确

科技合同每项条款的表述内容要准确、无歧义，不能使用含糊不清的词语，如：“左右”“尽量”“上半年”“一般来讲”等词语。且同一份合同，前后用词要一致，如前面用“三倍体品种”，后面用“无核品种”，就会导致前后不一致。另外合同中的文字要规范、工整，不得出现错字、别字或遗漏字等现象。

第六节　发明申报书

发明申报书是发明者对具有创造性的科学技术新成果，按照国家申请发明权的规定，为获得发明奖励而撰写的书面申请材料。发明申报书是国家鉴定一项发明权的重要文字依据。所谓发明创造性，即同时应具备以下 3 个条件：一是前人所没有的；二是先进的；三是经过实践证明可以应用的。

发明申报书按照发明内容的科学技术领域可分为以下 4 种类型，即设备发明申报书(机器、器械、仪表、电路、工具等)，方法发明申报书(设计方法、安装方法、采矿方法、栽培方法等)，物质发明申报书(化学方法和非化学方法获得的物质)和新用途发明申报书(对已知的设备、方法、物质发明找到了非传统的新用途)。按发明权项划分可分为单项制发明申报书和多项制发明申报书，单项制发明申报书指一份发明申报书只申报一项权项，多项制发明申报书指一份发明申报书申报两项或两项以上的权项。

申报国家发明奖时，国家科委制作了发明申报书的统一格式，申报者必须按照格式要求认真填写，其格式如下。

一、例文

案例 3-6

发明申报书

建议密级：

批准密级：

国际专利分类号：　　　　　　　　　　序号

发明名称	×××种质创制		
发明者	××农业大学吴×，××农科院李×、杨××		
申报部门	××省科学技术厅		
起止时间	××××年××月××日至××××年××月××日	基层申报日期 部门申报日期	××××年××月××日 ××××年××月××日

发明的详细内容及列为发明的理由

(一)当前国内外尚未解决(或国外保密)的技术问题。

(二)发明的详细内容及发明权项。

(三)发明的作用意义。

(四)发明可以应用的事实根据。

(五)保密要点。

附件目录

(一)查阅国内外专利文献和非专利文件情况

(二)技术鉴定书

(三)应用证明

(四)发明情况表

申报部分审查意见

国家科委发明评选委员会审批意见

二、讲评

(一)基本格式

1. 序号

发明项目的编号,由科技部发明评选委员会办公室填写。

2. 密级

“建议密级”由国务院有关部门或省、自治区、直辖市科委填写;“批准密级”由国家科委填写。

3. 国际专利分类号

指按《国际专利分类表》确定的本发明所属分类号,由发明人填写。

4. 发明名称

应简明扼要地概括出发明的范畴(领域)、类别,又不致泄露发明的本质特征。发明名称所含字数(含符号)不得超过 30 个汉字,且一般不应采用代号。

5. 发明者

是指对发明内容有直接贡献的个人或单位。两人以上单位共同完成的发明项目,发明人及发明单位的排列顺序,应按各自对发明权项贡献的大小,由当事各方协商确定。

6. 申报部门

指组织本部门、本地区国家发明奖申报、审查工作的国务院各有关部门和省、自治区、直辖市、计划单列城市科委。

7. 起止时间

指发明从开始研制到通过鉴定或首次正式用于生产的时间。

8. 基层申报日期

发明单位向申报部门提出申报的日期。

9. 部门申报日期

申报部门向国家科委提出申报的日期。

10. 发明的详细内容及列为发明的理由

(1)当前国内外尚未解决(或国外保密)的技术问题。这部分内容应写明发明所属的技术领域及主要用途;查阅文献指出当前在解决同一课题方面有哪些最先进的技术,对于设备发明应附结构图,方法发明应附成分范围,工艺流程,物质发明应附组分、结构式及获得该物质的手段,新用途发明应写明原有用途。这些先进技术存在的缺点或待解决的问题;最后指出本发明采用了什么新的技术手段,解决了前人未解决的哪几个问题。

(2)发明的详细内容及发明权项。发明的详细内容主要叙述发明的全部技术内容,包括技术诀窍,并指出哪些内容对国外保密,哪些内容要求得到保护,保密部分用横线画出。

发明权项(或称发明点、发明范围)是发明的核心部分,也是发明要求保护的范围,其是审查发明、保护发明、处理发明争议的依据。其内容和写法与专利申请文件中的权利要求书相似。撰写发明权项时应简洁、概括、完整、明确地表达发明的技术实质,权项的全部内容应以发明内容作为依据。不要含有宣传性的语句,如“高效率的”、“新型的”、“取得显著的效果”、“填补国内空白”、“达到世界先进水平”等;全部用文字表达,不要画图。如确需借助图示才能表达清楚时,可以写明见发明内容中图示。

(3)发明的作用意义。主要从以下3个方面描述：①本发明的先进性，如提高产品质量、提高劳动生产率、节约原材料、降低成本等；②年节约价值，即每年取得的直接的节约价值；③改善劳动条件、减少环境污染以及在国防建设、医疗卫生等方面的重要意义。凡应当定量描述的，均要有具体数据。

(4)发明可以应用的事实根据。这部分应写明本发明进行过中试的情况、应用生产情况或证明本发明可以应用的其他根据。生产和应用单位应写全称，并注明详细地址、生产规模。

(5)保密要点。主要是将发明内容中划横线部分(需要保密的部分)概括为几点。

11. 附件目录

附件主要包括查阅国内外专利文献及非专利文献情况、鉴定证书、应用证明、发明人情况表。各附件应按有关要求和格式撰写，装订在申报书后面。

12. 审报部门审查意见

由国务院有关部门或省、自治区、直辖市科委填写。

13. 国家科委发明评选委员会审批意见

由国家科委根据国家科委发明评选委员会审批结果填写。

(二)写作要求

1. 按照规定格式，认真填写

国家科技部制定了发明申报书的统一格式，必须按照格式认真填写。对于发明内容的不同类型，应侧重不同的方面进行撰写。设备发明着重写明结构图(装配图、剖面图)、关键部件、性能指标及构成发明权项的其他内容。方法发明一般要写出基本原理(已知的原理只需写明采用了什么原理，新的原理要列出结论性的公式)、动作顺序(工艺流程、安装步骤)、实现的条件、完成动作所用的设备。物质发明，其分为由化学方法获得的物质和用非化学方法获得的物质两类。用化学方法获得的物质，应写明组成成分、合成方法、物化性能及1～2个完成本发明的实例(含最佳条件)。用非化学方法获得的物质，应写明组成成分、合成工艺、完成工艺所需的特殊设备(参照设备发明写)、物化性能、列举1～2个完成本发明的实例(含最佳条件)。新用途发明应阐明以往解决同一技术问题有哪些方法、已知设备、方法、物质等的原来用途、新用途的使用对象及使用条件。

2. 按照规定程序填写

发明申报书并非申报单位独立完成，它是由若干部门按照一定的组织程序和部门权限范围填写的，所以填报申报书时，要按照一定程序逐次完成。如申报书中"发明的详细内容及列为发明的理由"由发明人撰写，"建议密级"由国家科委填写，"申报部分审查意见"由国务院有关部门或省、自治区、直辖市科委填写。

3. 书写语言简洁、准确

发明申报书中各种技术指标的描述要准确、无误。措辞严谨，客观地阐明发明内容，不要采用评论性的语言。

第七节　农业科技成果鉴定文书

科技成果是针对某一研究课题，通过观察、试验、调查、研制及生产等活动取得的具有一定学术价值和经济价值的知识产品。科技成果主要有基础理论成果、应用技术成果和软科学成果 3 种类型。基础理论成果主要包括基础理论研究成果和应用理论研究成果，是指发现并阐明自然现象、特征、规律及其内在联系，在学术上具有新见解，对科学技术发展具有指导意义的研究成果，其成果的主要形式为科学论文、科学著作、原理性模型或发明专利等。应用技术成果是指在科学研究、技术开发和应用中取得的新技术、新工艺、新产品、新材料、新设备，以及农业、生物新品种、矿产新品种等。软科学成果是指为推动决策科学化和管理现代化，在科技政策、科技管理等方面的研究中取得理论、观点和方法。

科技成果鉴定是指有关科技行政管理机关聘请同行专家，按照规定的形式和程序，对科技成果进行审查和评价，并作出相应的结论。科技成果的鉴定形式主要包括检测鉴定、函审鉴定及会议鉴定。农业科技成果鉴定属于科技成果鉴定的范畴。

科技成果鉴定文书是指科技成果鉴定过程中形成的各种文件统称，主要包括科技成果鉴定申请书和科技成果鉴定证书。

一、例文

案例 3-7　科技成果鉴定申请书

科技成果鉴定申请表

成果名称：××新品种引进筛选及配套栽培技术

完成单位：××××××研究所

申请鉴定单位：××××××研究所

（盖章）

申请鉴定日期：2009.10.22

申请组织鉴定单位：××××××技术局

组织鉴定单位受理日期：______经办人：____（签字）

科技成果鉴定申请表

成果名称：××新品种引进筛选及配套栽培技术

完成单位：××××××研究所

申请鉴定单位：××××××研究所

（盖章）

申请鉴定日期：

申请组织鉴定单位：××××××科学技术厅

组织鉴定单位受理日期：______经办人：____（签字）

国家科学技术委员会

一九九四年制

国家科学技术委员会

一九九四年制

<table>
<tr><td colspan="2">科技成果
中文名称</td><td colspan="6">×××新品种引进筛选及配套栽培技术</td></tr>
<tr><td colspan="2">研究起始时间</td><td colspan="3">2006.01.01</td><td colspan="2">研究终止时间</td><td>2008.12.31</td></tr>
<tr><td rowspan="6">申请鉴定单位</td><td>单位名称</td><td colspan="6">××××××研究所</td></tr>
<tr><td>隶属省部</td><td>代码</td><td></td><td>名称</td><td colspan="3"></td></tr>
<tr><td>所在地区</td><td>代码</td><td></td><td>名称</td><td></td><td rowspan="2">单位属性</td><td rowspan="2">1. 独立科研机构 2. 大专院校
3. 企业 4. 医疗机构 5. 其他
6. 机关</td></tr>
<tr><td>联系人</td><td colspan="4"></td></tr>
<tr><td>邮政编码</td><td colspan="2">××××××</td><td colspan="3">联系电话</td><td>×××××××</td></tr>
<tr><td>通信地址</td><td colspan="6">沈阳市沈河区东陵 84 号</td></tr>
<tr><td colspan="2">任务来源</td><td colspan="6">01-国家计划 02-部门计划 03-地方计划 04-国家基金 05-部门基金 06-地方基金 07-国际合作 08-横向委托 09-民间基金 10-自选课题 19-其他</td></tr>
<tr><td colspan="2">成果密级</td><td colspan="6">1-非密 2-秘密 3-机密 4-绝密 5-未定密</td></tr>
</table>

内容简介

(1)任务来源

(2)应用领域和技术原理

(3)达到的主要性能指标

(4)与国外同类技术比较

(5)成果的创造性、先进性

(6)作用意义(直接经济效益和社会意义)

(7)推广应用的范围、条件和前景以及存在的问题和改进意见

技术资料目录

1.“×××新品种选育及配套栽培技术”工作报告

2.“×××新品种选育及配套栽培技术”技术报告

3.“×××新品种选育及配套栽培技术”经济效益分析报告

4.“×××”品种选育查新报告

5. 应用证明

6. 品种登记备案证书

7. 专家组鉴定报告书

8. 专利证书(4 项)

9. 其他附件

(1)技术规程(4 项)

(2)发表文章(35 篇)

序号	姓名	性别	出生年月	技术职称	文化程度(学位)	工作单位	对成果创造性贡献
1	××	男	××	研究员	博士	×××研究所	项目规划实施
2	××	男	××	副研究员	硕士	×××研究所	新品种引进

其余略

注：主要研制人员超过 15 人可加附页

申请鉴定单位意见
领导签字　　　　（盖章）
主管业务部门意见
领导签字　　　　（盖章）
任务下达单位意见
领导签字　　　　（盖章）
组织鉴定单位意见
经办人　　　　（签字）；主管领导　　　　（签字）
鉴定形式

案例 3-8　科技成果鉴定证书

科学技术成果鉴定证书

鉴字［　　］第　　号

成　果　名　称：××新品种引进筛选及配套栽培技术

完　成　单　位：××研究所　（盖章）

鉴　定　形　式：通信鉴定

组织鉴定单位：×××科学技术厅（盖章）

鉴　定　日　期：

鉴定批准日期：

××省科学技术厅

二〇〇〇年制

成果	登记号	
登记	批准日期	

科学技术成果鉴定证书

鉴字［　　］第　　号

成　果　名　称：××新品种引进筛选及配套栽培技术

完　成　单　位：××研究所　（盖章）

鉴　定　形　式：通信鉴定

组织鉴定单位：×××科学技术厅（盖章）

鉴　定　日　期：

鉴定批准日期：

××省科学技术厅

二〇〇〇年制

简要技术说明及主要技术性能指标

20 世纪 80 年代以前，我省栽培的××品种主要以××为主，品质较差，缺少优良品种制约了××生产的快速健康发展。从 80 年代初。我校陆续从国外引进新品种 30 多个，包括早、中、晚熟的有籽、无籽品种，并对其进行系统观察，从中筛选出适合我省栽培的优良品种。引进筛选出的主要品种有××等。

(1)简要技术说明

任务来源：×××项目，项目编号：××××××。

应用领域和技术原理：根据不同品种的生长结果习性，研究适栽的区域范围。

本科技成果与国外同类技术比较：建园投产较快，国外栽后第三年结果，四年丰产，五年后才能达到最高产量，我国因手工操作，管理精心，栽后二年结果，三年丰产，四年高产。并且单位面积产量稍高，国外每公顷产量如美国为22.5 t，我国为26.2 t。生产成本低，销售价降低，近几年国外生产的××品种在超市的价格为每千克20～25元，国产为每千克10～15元，比进口价格要低10元左右。但由于我国生产成本低，满足了市场需求且为国家节省大量外汇。

成果的创造性和先进性：本单位引进的三个晚熟品种，填补了晚熟品种储藏的空白，为延迟采收栽培提供品种保证；引进的早熟品种已成为保护地栽培的主要品种，栽培面积扩大速度快和经济效益显著。提出的新的栽培模式、果实套袋等配套优质栽培技术，符合我国国情，具有先进性与可操作性。作用意义：经过二十多年的新品种引进、筛选、试栽和推广，我国栽培晚熟品种面积已达10万 hm^2，早熟品种面积达1万 hm^2。通过新品种和配套栽培技术的推广应用，获得的经济效益超过10亿元。

(2)主要技术性能指标

建园速度：一年定植，二年结果，三年丰产，四年高产。

整形修剪：幼树采用双枝更新方式，短、中、长梢综合修剪。

激素调控：花前和花后各10 d用50 mg/kg赤霉素处理果实，提高坐果率、产量或品质。

果穗套袋：全园在果实膨大期，实行套袋可以防病、虫、鸟、雹、尘等，达到优质安全。

合理施肥：全年共施肥5次，分别是催芽肥，催花肥，催粒肥，催熟肥和秋后复壮肥，都以有机肥为主配施无机肥

推广应用前景与措施

推广应用前景：近几年来，我省的××面积已发展到110万亩，随着绿色农业和无公害食品的发展要求，我校引进的××等品种基本符合大果、优质、高产、抗病的标准，同时为不同的栽培方式提供优良品种，推广应用前景广阔。××品种在比较寒冷的地区如××市栽培达330 hm^2，创造了寒地栽培××生产的新纪录。××乡亩产达2 000 kg，优质产品率达70%以上。本单位引进筛选的新品种，已推广到中国的大部分地区栽植，都表现了良好的适应性，对我国××产业发展起到了重要推动作用。

推广应用措施

1. 建立新品种开发协作网，组织省内各市地的行政部门，技术人员参加的各级协作网，采取分级管理，层层负责的办法，继续实施新品种开发方案，同时与全国重点省市的有关行政事业组织(协会、专业合作社等)建立业务协作关系。

2. 建立新品种高产优质示范园。

3. 抓好苗木繁殖，推广使用嫁接苗，严防传染性病虫害发生和发展。

4. 加强技术培训和管理及经验交流

主要技术文件目录及来源

1.“×××新品种选育及配套栽培技术”工作报告

2.“×××新品种选育及配套栽培技术”技术报告

3.“×××新品种选育及配套栽培技术”经济效益分析报告

4.“×××”品种选育查新报告

5. 应用证明

6. 品种登记备案证书

7. 专家组鉴定报告书

8. 专利证书(4 项)

9. 其他附件

(1)技术规程(4 项)

(2)发表文章(35 篇)

鉴定委员会专家测试报告

略

测试组长：　　　　签字　成员：

年　　月　　日

鉴定意见

具体鉴定意见：略。

存在问题及改进意见：略

鉴定委员会主任：　　　　副主任：　　、

年　　月　　日

主持鉴定单位意见

略

主管领导签字：　（盖章）

年　　月　　日

组织鉴定单位意见

略

主管领导签字：　　　　（盖章）

年　　月　　日

科技成果完成单位情况

序号	完成单位名称	邮政编码	所在省市代码	详细通信地址	隶属省部	单位属性
1	××研究所			××省××市××路 60 号	××省	1

其余略

注：1. 完成单位序号超过 8 个可加附页，其顺序必须与鉴定证书封面上的顺序完全一致。

2. 完成单位名称必须填写全称，不得简化，与单位公章完全一致，并填入完成单位名称的第一栏中。其下属机构名称则填入第二栏中。

3. 所在省市代码由组织鉴定单位按省、自治区、直辖市和国务院部门及其他机构名称代码填写。

4. 详细通信地址要写明省(自治区、直辖市)、市(地区)、县(区)、街道和门牌号码。

5. 隶属省部是指本单位和行政关系隶属于哪一个省、自治区、直辖市或国务院部门主管。并将其名称填入表中。如果本单位有地方/部门双重隶属关系，请按主要的隶属关系填写。

6. 单位属性是指本单位在 1. 独立科研机构　2. 大专院校　3. 企业　4. 医疗机构　5. 机关　五类性质中属于哪一类，并在栏中选填 1、2、3、4、5 即可。

主要研制人员名单

序号	姓名	性 别	出生年月	技术职称	文化程度（学 位）	工作单位	对成果创造性贡献
1	×××	男	19××.××	教授	博士	××研究所	主持人
2	×××	女	19××.××	副研究员	大学	××研究所	试验推广

其余略

注：主要研制人员超过15人可加附页

鉴定委员会名单

序号	鉴定会职务	姓 名	工作单位	所学专业	现从事专业	职称职务	签名
1	主任委员	×××	×××研究所	××	××	研究员	
2	副主任委员	×××	××农业大学	××	××	研究员	
3	副主任委员	×××	××农业大学	××	××	教授	
4	委员	×××	××职业技术学院	××	××	教授	

其余略

科技成果登记表

成果名称	限35个汉字
研究起始时间	研究终止时间
成果第一完成单位：单位名称	
成果第一完成单位：隶属省部	代码 名称
成果第一完成单位：所在地区	代 码 名称 单位属性 1. 独立科研机构 2. 大专院校 3. 工矿企业 4. 集体个体 5. 其他
成果第一完成单位：联系人	
成果第一完成单位：邮政编码	联系电话
成果第一完成单位：通信地址	
鉴定时期	鉴定批准日期
组织鉴定单位名称	限20个汉字
成果有无密级	0-无 1-有 密级 1-秘密 2-机密 3-绝密
成果水平	1-国际领先 2-国际先进 3-国内领先 4-国内先进
任务来源	1-国家计划 2-省部计划 3-计划外
应用行业大类	01-农、林、牧、渔、水利 02-工业 03-地质普查和勘探业 04-建筑业 05-交通运输、邮电通讯业 06-商业、饮食、物资供销和仓储业 07-房地产、公用事业居民和咨询服务业 08-卫生、体育、社会、福利业 09-教育、文化、艺术、广播和电视业 10-科学研究和综合技术服务业 11-金融、保险业 12-其他行业
应用情况	1-已应用 未应用原因 A-无接产单位 B-缺乏资金 C-技术不配套 D-工业性实验前成果 E-其他
转让范围	1-允许出口 2-限国内转让 3-不转让

续表

科研投资（万元）		应用投资（万元）	
国家投资		国家投资	
地方、部门投资		地方、部门投资	
其他单位投资		其他单位投资	
合计		合计	

本年度经济效益（万元或万美元）					
新增产值		新增利税		其中创收外汇	

二、讲评

(一)基本格式

1. 科技成果鉴定申请书

科技成果鉴定申请书格式比较固定，主要包含内容如下：

(1)封面。主要包括成果名称、完成单位、申请鉴定单位、申请鉴定日期、申请组织鉴定单位、组织鉴定单位受理日期及经办人。

(2)科技成果名称、研究起始时间、申请鉴定单位相关信息(包括单位名称、隶属部门、所在地区、联系人、地址、邮编及联系电话等)，任务来源、成果密级。

申请者可按照申请书表格内容及相关选项进行填写和选择，并且科技成果鉴定申请书一般会在正文后面附有填写说明，申请者可根据填写说明，按规定填写。

(3)内容简介。主要具体介绍科技成果的具体信息

①任务来源　计划项目应写清计划名称及其编号，计划外的应说明是横向或自选项目。

②应用领域和技术原理　应用领域应交代科技成果应用的范围；技术原理应交代某项技术的工作原理。

③达到的主要性能指标　写明计划任务书或合同书要求的主要性能指标和实际达到的性能指标。

④与国外同类技术比较　科技成果与国外同类技术比较，存在哪些特点。

⑤成果的创造性、先进性。

⑥作用意义　应写明该科技成果的直接经济效益和社会意义。

⑦推广应用的范围、条件和前景以及存在的问题和改进意见。

对科技成果的应用范围及社会、经济效益进行客观说明，存在的问题及改进意见要如实描述。

(4)技术资料目录。指按照规定应由鉴定单位提供的主要文件和技术资料。一般包括①计划任务书或者合同书；②技术研究报告；③测试分析报告及主要实验、测试记录报告；④设计与工艺图表；⑤质量标准；⑥国内外同类技术的背景材料和对比分析报告、检索材料和查新结论报告；⑦用户使用情况报告；⑧经济效益、社会效益分析报告及证明材料；⑨环保证明；⑩行业主管部门要求具备的其他文件。申报者可根据所申报成果特点及鉴定单位要求进行填写。如例1中，在新品种选育及配套栽培技术的科技成果中，申报者提供了相关的工作报告、技术报告、经济效益分析报告、查新报告、应用证明、品种备案证书等。

(5)主要研发人员。由成果完成单位根据研究人员对成果的创造性贡献大小顺序填写。

(6)各单位意见及鉴定形式。各单位意见主要包括申请鉴定单位意见、主管业务单位意见、任务下达单位意见及组织鉴定单位意见。

2. 科技成果鉴定证书

科技成果鉴定证书的格式也比较固定，国家科技委印制文件格式如下：

(1)封面。主要包括成果登记（登记号及批准日期）、鉴定批准文号、成果名称、完成单位、鉴定形式、组织鉴定单位、鉴定日期、鉴定批准日期。成果名称为申请鉴定时经组织鉴定单位审查同意使用的成果名称，应与计划任务书项目名称一致；成果完成单位指承担该项目主要研制任务的单位。由两个以上单位共同完成时，按技术合同研制单位顺序排列（与《科技成果鉴定申请表》中成果完成单位排列一致）；组织鉴定单位为组织此项成果鉴定的单位；鉴定形式指该项成果鉴定所采用的鉴定形式，即检测鉴定、函审鉴定或会议鉴定；鉴定日期指该项成果通过专家鉴定的日期；鉴定批准日期：组织鉴定单位签署意见的日期。科技成果鉴定证书后面均附有填写说明，申请鉴定单位可按照填写说明撰写。

(2)主要内容

①简要技术说明及主要技术性能指标　此部分内容同科技成果鉴定申请书中的“内容简介”部分，主要包括如下内容：

任务来源、应用领域和技术原理、性能指标、与国内外同类技术比较、成果的创造性、先进性、作用意义（直接经济效益和社会意义）。

②推广应用前景与措施　同科技成果鉴定申请书中的“内容简介”部分。

③主要技术文件目录及来源　与《科技成果鉴定申请书》中需要提供的资料相同。

④鉴定委员会专家测试报告　指采用会议鉴定形式时，根据需要由组织鉴定单位聘请的专家测试组到现场进行测试结果的报告。

⑤鉴定意见　这是鉴定证书的核心部分，鉴定意见语言要简洁、明确，不要表述过长。会议鉴定是鉴定委员会形成的鉴定意见；函审鉴定是函审专家组正副组长根据函审专家函审意见汇总形成的意见；检测鉴定是检测机构出具的“检测结论”（含必要时聘请3～5名专家提出的综合评价意见）。

⑥主持鉴定单位意见　由受组织鉴定单位委托，具体主持该项成果鉴定工作的单位填写，单位领导签字，并加盖公章。

⑦组织鉴定单位意见　由负责该项成果鉴定工作的省、自治区、直辖市科委，国务院有关部门科技成果管理机构和经授权的组织鉴定单位填写，由主管领导签字。

⑧科技成果完成单位情况　包括单位名称（全称、与单位公章一致），邮政编码，所在省市代码，详细通信地址，隶属省部，单位属性（独立科研机构、大专院校、工矿企业、集体或个体企业、其他五类性质中）信息。

⑨主要研制人员名单　由成果完成单位填写。填写内容与《科技成果鉴定申请表》中的主要研制人员名单相同。

⑩鉴定委员会名单　采用会议鉴定时，由参加鉴定会的专家亲自填写；采用函审鉴定时，由组织鉴定单位根据函审专家填的《科技成果函审表》中有关内容填写；采用检测鉴定时，由组织鉴定单位根据专家在《检测鉴定检测报告》中的“专家评审意见”填写。

⑪科技成果登记表　本表仅适用于以鉴定方式评价的科技成果。申请鉴定者可以参照

《科学技术成果鉴定证书》中的填写说明进行填写。

(3)附录　附录不是鉴定书的必要内容,主要是指那些不便在正文中填入,但对鉴定有作用的材料,可以根据实际情况确定是否设置该项目。

(二)写作要求

1. 明确鉴定规程

在成果鉴定前,申请鉴定者要明确《科学技术成果鉴定办法》和《科技成果鉴定规程》的有关内容,明确科技成果申请鉴定的条件,检查准备的资料是否齐全。

首先要明确科技成果鉴定的范畴,科技成果鉴定的范围是指列入国家和省、自治区、直辖市以及国务院有关部门科技计划内的应用技术成果,以及少数科技计划外的重大应用技术成果。其中少数计划外的重大应用技术成果申请科技成果鉴定,必须具备下列条件:

(1)技术成熟并有明显的创造性。

(2)性能指标在国内同领域中处于领先水平。

(3)经实践证明能应用。

(4)对本行业或本地区的经济和社会发展以及科技进步具有重大的促进作用。凡科技计划外重大应用技术成果申请鉴定的,须经省、自治区、直辖市科委或者国务院有关部门的科技成果管理机构批准,否则不能组织鉴定。

根据《科学技术成果鉴定办法》规定,下列科技成果不组织鉴定。

(1)基础理论研究成果,是指自然科学中纯理论性研究的结果,主要表现形式为学术论文。对于可以直接指导应用技术研究和开发的理论成果,它的作用不仅表现为论文的学术价值,还表现在被该理论指导的应用技术成果上,这种应用性理论成果可以视同应用技术成果,并依照《鉴定办法》中的具体规定申请鉴定。

(2)软科学研究成果,是指对推动决策科学化和管理现代化,促进科技、经济与社会的协调发展起重大作用的研究结果,主要表现形式为研究报告。

(3)已申请专利的应用技术成果,以该项目向中国专利局提交专利申请的日期为限,申请日后不组织鉴定,局部技术已申请专利但整体未申请专利且符合《鉴定办法》第六条规定的应用技术成果可以申请鉴定。

(4)已转让实施的应用技术成果,是指由研究开发方按照《技术合同法》的规定将研究开发的结果转让给其他企业,并投入工业生产的应用技术成果,应该由生产实施单位作出评价。

(5)企业、事业单位自行开发的一般应用技术成果,除《鉴定办法》第六条规定的重大应用技术成果外,应通过市场机制得到社会认可。

(6)国家法律、法规规定,必须经过法定的专门机构审查确认的科技成果,是指有专门的法律规定,或主管行业部门规章明确规定,必须按照法律、规章的规定由专门的机构进行审定的科技成果,如农业新品种必须经农业部确认的专门审查机构审查批准后才能正式推广应用。这些都是评价和审查科技成果的方式,因此,无须再组织鉴定。

其次要明确准备的材料是否齐全,科技成果鉴定相关的技术资料和有关文件主要包括:

(1)计划任务书或者合同书。

(2)技术研究报告(包括技术方案论证、技术特征、总体性能指标与国内外同类先进技术的比较、技术成熟程度、对社会经济发展和科技进步的意义、推广应用的条件和前景、存在的问题等基本内容)。

(3)测试分析报告及主要实验、测试记录报告(包括原始记录)。

(4)设计与工艺图表。

(5)质量标准(企业标准、行业标准、国家标准、国际标准)。

(6)国内外同类技术的背景材料和对比分析报告,以及国家科委、国务院有关部门和省(自治区、直辖市)科委认定的,有资格开展检索任务的科技信息机构出具的检索材料和查新结论报告。

(7)用户使用情况报告。

(8)经济效益(一次性直接效益)、社会效益分析报告及证明材料。

(9)涉及污染环境和劳动安全等问题的科技成果,需有关主管机构出具的报告或证明。

(10)准确的完成单位(不包括一般试制加工单位及一般协作单位)和主要完成人员名单(按解决该项成果技术问题所作贡献大小排序)。

(11)行业主管部门要求具备的其他文件。

上述技术资料和有关文件的内容必须真实可靠,引用文献资料和他人技术必须说明来源,材料文件必须打印、装订整齐、符合档案部门的要求。

2. 语言客观、简洁、准确

要实事求是地描述科技成果,如实地评价科技成果的实用意义,不能妄自尊大,文字要简明扼要,按照要求将科技成果简单、明确的描述,不能使用模棱两可、含糊不清的词语,要用陈述性的语言,尽量避免评论性的语言。

3. 鉴定意见科学、合理

鉴定意见关系到科技成果的生命,要对科技成果进行科学地评价。其次要明确科技成果鉴定的主要内容,鉴定的主要内容包括:

(1)是否完成合同或计划任务书要求的指标。

(2)技术资料是否齐全完整,并符合规定。

(3)应用技术成果的创造性、先进性和成熟程度。

(4)应用技术成果的应用价值及推广的条件和前景。

(5)存在问题及改进意见。

在肯定的意见中,要将科技成果的学术水平及经济和社会效益充分地体现出来,切记笼统的措辞。在存在问题及改进性意见中,要如实提出主要存在的问题,并给出具体的改进意见,鉴定结论不写明“存在问题”和“改进意见”的,应退回重新鉴定,予以补证。

第八节　农业科技产品说明书

科技说明书是介绍、说明科技产品的性能、规格、用途、使用方法或设计原理的实用性文体。包括产品说明书和设计说明书两类。

产品说明书又称商品说明书或使用说明书,是用准确、简明、通俗的语言,将一种产品的性能、构造、功能、成分、使用、维修及保养等向用户作介绍的应用文。其可以用文字、图表和照片等形式进行说明,产品说明书一般随产品交给用户。农业科技产品说明书是产品说明书的一种。

产品说明书的种类较多，按照内容和用途的不同，可分为民用产品说明书、专业产品说明书、技术说明书等。按照传播方式的不同，可分为包装式和内装式。包装式是将说明书直接印在产品或产品包装上，说明书内容比较简短；内装式是将说明书装在包装箱（盒）内，包括专用纸张说明书、图表式说明书、小册子产品说明书（分为封面、目录、正文及落款几部分）。不管哪种产品说明书，其均具有知识性、责任性和通俗性的特点。

一、例文

案例 3-9

抗重茬菌剂说明书

剂型：可湿性粉剂　低毒

一、产品性能：

可有效防治多种真菌土传病害。对茄子、黄瓜等蔬菜的枯萎病、黄萎病；小麦的纹枯病、根腐病；苹果、草莓等果树的线虫、根腐病等有较好的防治效果。本产品安全、低毒、低残留、无抗性，尤其适合有机、绿色、出口农产品使用。

二、作用机理：

改良根际环境，促进根系生长，增强根系吸收能力，有效促进植物对土壤的有效营养成分的吸收，提高肥料利用率。

三、成分含量：

有效菌剂成分含量 8 亿/g。

四、使用技术和使用方法：

防治土传病害：按 1%～5%的比例与其他基质或土壤混合后育苗或穴施。

五、使用时间：

露天使用时，最好在午后施用。

六、注意事项：

使用本品时应戴口罩和手套，避免吸入药液。施药期间不可吃东西和饮水，施药后应及时洗手和洗脸。

七、储存和运输：

本品应储存在干燥、阴凉、通风、防雨处。置于儿童触及不到之处。

八、保质期：2 年

九、净含量：50 g

十、生产日期：见包装

××××××有限公司研制

联系电话：×××××××

二、讲评

（一）基本格式

农产品是指来源于农业的初级产品，即在农业活动中获得的植物、动物、微生物及其产品。农业科技产品是具有一定科技含量的农业产品、是科技活动的生产物，如饲料、叶面肥、微生物菌剂等。

农业科技产品说明书是对农业科技产品的特点、成分、使用方法及其注意事项等信息进行说明的文体。

科技产品说明书的格式比较灵活，篇幅也长短不一。主要包括以下几部分：

1. 标题

农业科技产品说明书的标题由“农业科技产品名称”+“文体名称”组成，如例文中的“抗重茬菌剂使用说明书”。

2. 正文

正文是农业科技产品说明书的主体部分，用来描述产品的具体内容。正文的写作格式主要有3种：条款式、短文式和综合式。条款式说明书是把说明的内容按照一定的顺序分成若干个条款，逐一说明，内容具体，条例清楚，通常用于简单产品的说明。短文式说明书主要是以概括、连贯式的方式对产品进行说明，内容比较完整、意思连贯，但容易重点不突出，不太便于用户阅读。综合式是使用条款、短文及图表等形式，周密详细地介绍产品信息，使消费者能够从整体、局部两个层面上熟悉产品内容。

本文中的产品说明书为典型的条款式结构说明书，这种说明书是将内容按不同条目逐项列出，条例清晰、重点突出，便于用户理解。下面以条例式说明书为例，详细介绍正文的写作格式，条例式说明书主要包括以下几部分：

(1)概述。介绍产品的主要作用，使用范围及产品特点等。如例文中的“产品性能”主要介绍了抗重茬菌剂的作用、使用范围及产品特点。

(2)技术特征说明。产品的规格型号、主要技术参数、工作条件及产品的体积尺寸等。对农机产品需要给出相应的技术参数，并且一般先列出技术数据、后写电源、体积重量方面的数据，具体数值范围标出的要明确，符号使用标准。

(3)作用机理或工作原理。主要介绍农业科技产品如何发挥作用的或科技产品是依据什么原理进行设计的。如例文中的“作用机理”。

(4)使用方法及注意事项。这是说明书的核心部分，告诉用户如何使用，介绍具体的使用方法。对于农产品要详细介绍使用浓度、时间等信息，对于农机产品要给出具体的操作程序。并且将需要注意的问题详细列出。

(5)贮藏、运输/维护修理。农业科技产品要明确指明贮藏及运输条件；对于农机产品还要详细介绍产品的保养方法及常见的故障、简单的修理方法。

(6)附录。要给出农产品的包装、有效期、生产许可证、执行标准等。农机产品应给出原理图、装备图等，有时还需标出产品的技术文件清单。

3. 落款

主要写明生产单位的信息，包括研究所或企业的名称、地址及电话等信息。

(二)写作要求

1. 说明准确、数据精确

农业科技产品说明书专业性较强，撰写者必须本着科学、高度负责的态度，抓住产品的本质属性，如实地说明产品的性能、特点、使用方法及注意事项等信息，绝不可夸大其词，应遵守商业道德，维护消费者的合法权益。对于一些技术参数要科学准确的描述，绝不可出现含糊之词。

2. 语言通俗、易懂

产品说明书主要是告诉消费者所买的产品的特点,用途及使用方法等,目的是帮助和指导消费者正确地认识、使用和保养产品,兼具宣传商品的作用。所以说明书的语言要浅显、简洁、朴实,以叙述和说明的方式进行表达,尽量少用专业术语、符号和公式。对于外销产品,要有相应的语言版本,要了解和尊重每个国家的风俗习惯。

3. 突出重点,有所侧重

农业科技产品说明书应根据每个产品的特点,功能及价值有所侧重地进行介绍。如动物饲料或植物肥料要注重介绍其施用方法及注意事项;某农业科技产品易碎,要着重介绍如何避免意外情况的发生。

第九节　农业科技进步奖成果申报书

科学技术进步奖是对新科技推广、转让、应用和理论研究方面有突出贡献的奖励,是国家为了促进科学技术进步,发挥科学技术第一生产力的作用,推动科学技术为经济建设服务,对在科学探索和技术创新中做出贡献的单位和个人颁发的一种带政策、法律性的奖励。奖励等级分为一等奖、二等奖、三等奖。

科技技术进步奖申报书是为申报科技进步奖而编写的一系列表格化文书。我国科技进步奖的奖励范围主要是自然科学应用技术领域,一般分为国家级、省(部)及市级科技进步奖。

一、例文

案例 3-10

××省科学技术奖励申报书(适用于自然科学奖、技术发明奖、科技进步奖)

一、项目基本情况				
奖种:科技进步奖	学科(专业)评审组代码:		编号:	
项目名称	中文	××新品种选育及应用研究		
	英文	Selection and Utilization Research of ×× New Varieties		
主要完成人				
主要完成单位		××农业大学		
推荐单位(盖章)		××农业大学	项目名称可否公布	可
推荐专家(名单)		×××	密级及保密期限	无密级
主 题 词		新品种;选育;应用研究		

续表

一、项目基本情况

学科(专业)分类	名称:××学 代码:××××	所属国民经济行业	A1. 农业
任务来源	C. 省、市、自治区		
计划(基金)名称和编号	××××;××××		
项目起止时间	起始:1990-01-01	完成:2006-12-31	

二、项目简介

(项目所属科学技术领域、主要内容、特点及应用推广情况)

1. 项目所属科学技术领域　该项目属于农业科学技术研究领域。

2. 成果主要内容与特点

(1)通过常规杂交育种,经过10余年的调查评价,选育出综合性状优良的××新品种5个,明确了品种的适宜地区和栽培技术要点。选育出的3个晚熟品种,为品种的贮藏保鲜提供了保障,填补晚熟品种贮藏的空白,调整了市场供应期。选育的2个早熟品种,现已成为保护地栽培的主要品种。

(2)总结出了新品种的配套栽培技术,并在生产中推广应用。

(3)选育出的新品种推广应用面积达到150万亩以上,种植区域十分广泛,形式多样。露地栽培亩产3 000 kg,亩产值0.7万元以上,保护地栽培亩产2 000～2 500 kg,亩产值2.0万～3.0万元。

3. 应用推广情况　在推广应用中提出了不同品种的配套栽培技术,目前选育出的品种种植面积十分广泛,据不完全统计,10余年来上述新品种和配套优质栽培技术在省内地区推广应用面积已经超过20万亩,在省外推广面积超过150万亩,农民增收65 790万元,获得了显著的经济效益和社会效益,对改善我国××品种结构、提高品种质量、调整市场供应、促进农民增收起到了重要推动作用,应用前景广阔。

三、项目详细内容

1. 立项背景

××是我国重要作物之一,目前全国栽培面积已达到2 600万 hm^2,产量1亿余吨。面积和产量均居××作物的前茅。但多年来,我国××生产上一直存在着主栽品种较单一、品种结构不够合理等问题。特别是从20世纪80年代以来,各地栽培的××多以中熟品种为主,比例高达70%～80%,由于上市期短而集中,经常出现区域性和季节性过剩或低价销售现象,生产上缺乏优质早熟的品种和优质耐贮的晚熟品种。另一方面,我国××生产还单产低,产品质量差、栽培管理水平不高,特别是配套优质栽培技术研究较为薄弱等问题。如何改善品种结构、提高单位面积产量,改善产品质量,已成为农业生产的当务之急。

为了改变我国(省)××品种结构不合理现象,丰富生产上主栽品种,促进××生产快速健康发展,课题组及时调整了研究方向,致力于早熟、晚熟及高产品种的杂交育种工作,先后承担省级课题多项，经过20余年的不懈努力，取得了明显的成绩和成果。

主要技术经济指标包括：(1)采用常规杂交育种方法，经过多年的调查评价筛选出综合性状优良的××新品种5个，明确品种的适宜地区和栽培技术要点。(2)总结出了新品种的配套栽培技术，并在生产中推广应用。(3)筛选出的新品种推广应用面积达到150万亩以上，取得了显著的经济效益和社会效益。

2. 详细科学技术内容

(1)总体思路

为选育出高产、早熟及晚熟的新品种，本课题组率先从国内外引进早熟、晚熟的新品种，并对引进的新品种进行了详细的生物学特性调查，品质测定。选择品质优良的早熟、晚熟品种作为亲本，与高产品种进行杂交，对杂交后代进行多年详细的调查分析，最后筛选出适合我省及全国主要产区的丰产、优质、耐贮藏的晚熟品种和优质、丰产的早熟品种，解决我省及全国生产主栽品种较单一、品种结构不够合理的问题；二是总结出选育品种的栽培技术要点，研究并提出系列配套优质栽培技术，解决生产配套技术缺乏、产品质量和生产效益偏低问题。

(2)技术方案与创新成果

①引进、筛选早熟、晚熟育种亲本，提高杂交育种的选择效率。

从国内外引进品种优良、早熟、晚熟的新品种，对其植物学、生物学特性及品质进行观察评价，确定杂交育种亲本。将早熟、晚熟品种与高产品种杂交，得到成熟期、丰产性广泛分离的杂交后代。筛选出晚熟优质耐贮新品种3个，优质早熟品种2个，总结出了5个品种的特性与栽培技术要点。

②配套优质栽培技术研究：分别从栽培模式、果实管理、水肥管理、病虫害综合防治及栽培形式等方面进行研究，提出配套优质栽培技术。

③新品种与配套栽培技术推广：建立了新品种的推广模式，品种推广面积广泛、配套技术效果显著。筛选出的晚熟品种已成为全国的第二大栽培品种，选育的早熟品种已成为我国保护地生产的主栽品种；产品质量和效益显著提高。

(3)实施效果

选育的丰产、早熟和晚熟品种已通过省级备案。据不完全统计，10余年来上述新品种和配套优质栽培技术在省内多个地区推广应用面积已经超过20万亩，在省外推广面积超过150万亩，农民增收65 790万元，获得了显著的经济效益和社会效益。同时促进了××新品种配套栽培技术的示范和大面积推广，对稳定我省及全国的××生产、保证产品的有效供应发挥了重要作用。

3. 发现、发明及创新点

(1)发现了合理的亲本配置方式，以早熟或晚熟品种为母本，丰产品种为父本，可选育出成熟期及丰产性广泛分离的后代，有利于选择出优质、丰产、早熟或晚熟的新品种。

(2)针对选育品种的特性和特点，提出并优化了栽培模式、肥水管理及病虫害综合防治等配套优质栽培技术，具有先进性与可操作性。

(3)筛选出晚熟品种，已成为我国的第二大主栽品种，早熟品种已成为我国保护地生产的主栽品种。

存在问题及改进措施：略。

4. 保密要点

无。

5. 与当前国内外同类研究、同类技术的综合比较

与国内同类研究、同类技术综合比较：

(1)品种特性优良：本课题组选育的3个晚熟品种和2个早熟品种，填补了市场产品供应期的空白，并且品种性状优良，早熟品种丰产、抗逆性强，晚熟品种耐贮藏性强。

(2)新品种推广速度快：课题组选育的5个品种，在10多年间，全国发展面积已超过百万亩以上，深受果农的认可。

(3)配套技术完善：针对不同品种特性，本课题组推出了品种整套的技术方案，保证了产品的优质、丰产，并且技术方案适用于在全国大部分产区，农民满意度高，经济效益显著。

6. 应用情况

本课题组选育的5个品种，目前已成为生产上的主推品种，覆盖了全国大部分产区，在各个地区表现出良好的适应性，经济效益超过了其他常规品种。这些品种的成功选育及推广，丰富了我国品种类型，改善了品种结构，促进了农民增收，取得了显著的经济效益和社会效益。

成果转化、推广或产业化方面还需帮助解决的问题：略。

7. 经济、社会效益　　单位：万元人民币

项目总投资额	4 500			回收期	2～3
年份 栏目	新增产值 (推广面积：万亩)	新增利润 (增产：万千克)	新增税收 (增收)	创收外汇	节支总额
2005		52 340.0			
2006		57 648.0			
2007		59 879.0			
累计	0	169 867.0	0	0	0

经济效益额的计算依据：略

社会效益：

新品种及配套栽培技术的应用，使××的产量、质量得到明显提升，经济效益增加明显。同时提高了农民的科技意识、改善了生态环境、促进了全国××生产的健康稳定持续发展

四、本项目曾获科技奖励情况

获奖时间	奖励名称	奖励等级	授奖部门

本表所填科技奖励是指：

1. 各市政府和厅(局)设立的科技奖励；

2. 经登记常设的社会力量设立的科技奖励，但不包括商业性的奖励

五、申请、获得专利情况表

国别	申请号	专利号	项目名称

六、主要完成人情况表

第1完成人	姓名		性别		民族	
出生地			出生日期			

续表

党派			何国华侨			
工作单位					联系电话	
家庭住址					住宅电话	
通信地址及邮政编码						
电子信箱						
毕业学校			文化程度		学位	
职务、职称			专业、专长		毕业时间	
外语语种			熟练程度			
曾获奖励及荣誉称号情况						
参加本项目的起止时间						
创造性贡献	本人签名：__________ 年　月　日					

七、主要完成单位情况表

单位名称				
第1完成单位	单位性质			
联系人			联系电话	
传真			电子信箱	
通信地址及邮政编码				
主要贡献	单位盖章 20××-××-××			

八、推荐、评审意见

九、附件

二、讲评

(一)基本格式

科技进步奖申报书一般印有统一的格式,按表格中的栏目填写。主要包括以下内容:

1. 项目基本情况

一般以简表的形式填写。主要包括项目名称(中英文)、主要完成人、主要完成单位、推荐单位、所获奖励、推荐专家名单、密级及保密期限、任务来源、计划(基金)编号、项目起止时间等。

2. 项目简介

主要是项目所属科学技术领域、主要内容特点及应用推广情况。

3. 项目详细内容

(1)立项背景。简明扼要地概述立项时国内外相关科学技术状况,主要技术经济指标,尚待解决的问题及立项目的。如例文中介绍××品种目前栽培现状,指出了存在的问题,即品种单一,本项目旨在选育成早熟及晚熟品种,改变中熟品种占领市场的现状。

(2)详细的科学技术内容。是全面评价推荐项目是否符合授奖条件的主要依据,该栏目应从推荐项目提出的总体思路、技术方案与创新成果及实施效果等方面进行阐述。如页面不符,或需要插入图表,可在附件中填写。

技术思路:应交代项目采用什么新思路、新技术、新方法,解决了什么技术问题,创造了哪些科学成果。

技术方案与创新成果:应交代项目采用了哪些理论、技术和方法,攻克了哪些关键技术,取得了哪些创新性成果。如例文中申报者从品种选育、配套栽培技术及技术推广三个方面对项目采用的具体技术方案与创新成果进行了论述。

实施效果:应简要阐明科技成果的转化程度、应用范围及推广情况。不同的项目在阐述时侧重点要有所不同。如:技术开发类项目应突出技术创新、成果转化,对产业结构优化升级以及对提升本地区经济的作用;社会公益类项目应突出研究方法和手段上的创新及在本行业中的推广应用情况;重大工程类项目应突出在技术和系统管理方面的创新、技术难度和工程复杂程度、总体技术水平和推动行业技术进步的作用。如例文中给出了选育5个品种的推广面积、经济效益并指出了对产业结构优化的作用。

(3)发现、发明及创新点。这部分内容是申报书的核心部分,是项目技术内容在创新性方面的归纳与提炼,也是评审项目、处理争议的关键依据。应简明、扼要地阐述出本项目研究与以往同类研究相比具有哪些重要的创新点。

(4)保密要点。是指项目科学内容中需要保密的技术内容。

(5)与国内外同类研究、同类技术的综合比较。指项目的科学技术水平、技术指标与国内外最先进的同类研究、同类技术相比有哪些优势,并指出存在的问题及改进措施。

(6)应用情况。应指出项目推广应用情况,并对前景进行阐述。

(7)经济社会效益。经济效益数据应以生产、应用单位财务部门核准的数额为基本依据,并应出各项效益额的计算方法和计算依据,一般只填写近三年本项目已取得的新增直接效益。社会效益应简要说明项目在推动科技进步、保护自然环境或生态环境,改善人民物质、文化、生活及健康水平等方面所起的作用。

4. 本项目曾获得的科技奖励情况

5. 获得的授权专利情况表

6. 主要完成人情况表

应按贡献大小顺序填写。国家级科技进步奖特等奖人数不超过 50 人、一等奖人数不超过 15 人、二等奖人数不超过 10 人。省级科技进步奖推荐一等奖项目人数不超过 11 人、推荐二等奖项目人数不超过 9 人、推荐三等奖项目人数不超过 7 人。

7. 主要完成单位情况表

8. 推荐、评审意见

9. 附件(专家意见、知识产权证明、查新报告、应用证明等)

(二)写作要求

1. 内容完整,突出重点

国家级、省(部)级、市级的科技进步奖虽具体格式有所差异,但基本内容相同,写作时应按照各自申报书的格式要求进行撰写(申报书后面附有填写说明),表格格式不要改动,内容不能写得过于泛泛、平淡,要突出重点。如项目创新点,其是项目水平核心所在,一定要认真思考,反复推敲,确切地将项目的优势显现出来,使评委真切地感受到项目成果的独特之处。另外科技进步奖是对科技推广、转让、应用和理论研究方面有突出贡献的奖励,在撰写申报书时,还要重点将项目的自主知识产权和经济社会效益交代清楚、明确。

2. 语言要简明、准确

科技进步奖申报书一般会在项目内容上限定字数,申报者要在字数要求范围内,将内容完整、准确地概括出来,并对成果的技术水平进行恰如其分的评价,不能过高也不要过谦,更不能含糊其辞,特别是对创新点进行归纳时,不能笼统地说是国际、国内首创。

3. 证明材料要完整、真实

关于科技成果的证明材料一般在附件中出现,主要包括《技术评价证明及国家法律法规要求行业审批文件》(如动植物新品种、农药、化肥、兽药、食品等项目,需提交相应的批准证明材料),《获奖证书》或《专家推荐意见》《科技成果登记证书》《知识产权证书》(发明专利权、植物新品种权)《科技查新报告》《应用证明》(生产证明、效益证明、技术转让合同、使用证明等),“主要论文、专著”及“相关材料”(技术创新项目工人、农民的身份证明)。申报者要按照申报书要求认真地准备材料、真实准确地提供各种证明原件。

知识测试

一、填空题

1. 科技成果鉴定文书是指科技成果鉴定过程中形成的各种文件统称,主要包括________和________。

2. 申请发明时,发明应具备__________、____________、______________条件。

3. 根据《中华人民共和国经济合同法》第二十六条规定,科技合同包括________、________、__________、____________、__________等。

4. 科技成果的鉴定形式主要包括________、________及__________。

5. 科技合同的格式主要有________式和______式两种。

6. 发明申报书按照发明内容的科学技术领域可分__________申报书、________申报书、__________申报书和__________申报书。

二、判断题(正确的打"√",错误的打"×")

1. 项目详细内容中的"发现、发明及创新点"是科技进步奖申报书的核心部分,应认真撰写。

2. 我国科技进步奖的奖励范围主要是自然科学应用技术领域,只有国家科技进步奖一种奖励级别。

3. 在发明申报书中,发明权项(或称发明点、发明范围)是发明的核心部分,撰写发明权项应以发明容作为依据,可以使用宣传性的词语。

4. 在制定农业技术开发合同时,当事人必须明确指出合同中标的的技术成果形式。

三、简答题

1. 简述产品说明书的写作方法及注意事项。

2. 少数计划外的重大应用技术成果申请科技成果鉴定,应具备哪些条件?

3. 简述科技合同的写作要求。

技能测试

1. 请同学到国家自然科学基金网址上下载国家自然科学基金申请书,按照申请书格式,选择自己感兴趣的科研内容,每人撰写一份科研项目申请书。

2. 选择某个农业科技产品,根据其产品说明书内容,解析农业科技产品说明书的写作方法。

Chapter 4

第四章 农业科技管理公文与实务文书写作

知识目标

1. 了解党政机关公文的概念、特点和种类
2. 熟悉决定、报告、请示、批复、通知、通报、纪要、函等党政机关公文的功能
3. 掌握决定、报告、请示、批复、通知、通报、纪要、函等党政机关公文的格式、结构及写作要求

技能目标

1. 能根据党政机关公文格式要素制作规范的公文及正确选择文种、处理行文关系
2. 能用规范的格式撰写通知、通报、请示、报告、函等行政公文

第一节　党政机关公文概述

一、党政机关公文的概念、特点、种类及作用

1. 概念

党政机关公文是党政机关实施领导、履行职能、处理公务的具有特定效力和规范体式的文书，是传达贯彻党和国家方针政策，公布法规和规章，指导、布置和商洽工作，请示和答复问题，报告、通报和交流情况等的重要工具。

2. 党政机关公文的特点

(1)公文的制发者须是法定作者；

(2)公文的制发具有严格的程序性；

(3)公文具有法定的权威性和约束力；

(4)公文具有规范的体式。

3. 党政机关公文的种类

(1)《党政机关公文处理工作条例》据公文的功能划分为15种：决议、决定、命令(令)、公报、公告、通告、意见、通知、通报、报告、请示、批复、议案、函和纪要；

(2)按照行文方向来划分可分为：上行文、平行文、下行文；

(3)按照缓急程度来划分可分为：特急、急件、一般文件；

(4)按照保密级别来划分可分为：绝密、机密、秘密。

4. 党政公文的作用

(1)领导和指导作用；

(2)行为规范作用；

(3)宣传和教育作用；

(4)联系知照作用；

(5)依据和凭证作用。

二、行文方式

1. 公文的行文方向

公文按其行文方向，可分为上行文、平行文、下行文。

2. 公文的行文关系

(1)行文关系。是各级党政机关、各个部门、单位之间的组织关系和业务关系在公文运行中的体现。机关部门、单位之间的相互关系，一般可分为同一系统上下级之间的相互隶属关系，同一系统的平级机关之间以及同一机关各部门之间的平行关系，不同系统的机关、部门之间不相隶属关系。行文关系是根据行文单位各处的隶属关系和职权范围确定的。

(2)建立正确的行文关系，遵守必要的行文规则。在具体行文中，根据组织关系和工作需要，可以采取逐级、多级、越级、直达等不同的行文方式。

三、党政机关公文格式

公文格式各要素划分为版头、主体、版记3部分。公文首页红色分隔线以上的部分称为版头；公文首页红色分隔线（不含）以下、公文末页首条分隔线（不含）以上的部分称为主体；公文末页首条分隔线以下、末条分隔线以上的部分称为版记。

1. 版头部分

（1）份号。指将同一文稿印制若干份时每份公文的顺序编号。“绝密”级公文应当标明份数序号。其目的是为了加强保密。用6号阿拉伯数字顶格标识在版心左上角第1行，如“№000015”。

（2）秘密等级。密级分为秘密、机密、绝密；一般用3号黑体字，顶格编排在版心左上角第二行；保密期限是对文件保密时效的限制，其中的数字用阿拉伯数字标注。

（3）紧急程度。紧急公文应当根据紧急程度分别标明“特急”“急件”。其中电报应当分别标明“特提”“特急”“加急”“平急”。用3号黑体字顶格标识在版心左上角秘密等级下行，两字之间空1字。

（4）发文机关标志。由发文机关全称或者规范化简称加“文件”二字组成，也可以使用发文机关全称或者规范化简称。联合行文时，发文机关标志可以并用联合发文机关名称，也可以单独用主办机关名称。发文机关标志居中排布，上边缘至版心上边缘为35 mm，推荐使用小标宋体字，颜色为红色，以醒目、美观、庄重为原则。

（5）发文字号。由发文机关代字、发文年度、发文顺序号3部分组成。编排在发文机关标志下空二行位置，居中排布。年份、发文顺序号用阿拉伯数字标注；年份应标全称，用六角括号“〔〕”括入；发文顺序号不加“第”字，不编虚位（即1不编为01），在阿拉伯数字后加“号”字。上行文的发文字号居左空一字编排，与最后一个签发人姓名处在同一行。联合行文使用主办机关发文字号。

（6）签发人（会签人）。上行文应当标注签发人姓名。由“签发人”三字加全角冒号和签发人姓名组成，居右空一字，编排在发文机关标志下空二行位置。“签发人”三字用3号仿宋体字，签发人姓名用3号楷体字。如有多个签发人，签发人姓名按照发文机关的排列顺序从左到右、自上而下依次均匀编排，一般每行排两个姓名，回行时与上一行第一个签发人姓名对齐。

（7）版头中的分隔线。发文字号之下4 mm处居中印一条与版心等宽的红色分隔线。

2. 主体部分

（1）公文标题。由发文机关名称、事由、文种3部分组成。一般用2号小标宋体字，编排于红色分隔线下空二行位置，分一行或多行居中排布；回行时，要做到词意完整，排列对称，长短适宜，间距恰当，标题排列应当使用梯形或菱形。除法规、规章名称加书名号外，一般不用标点符号。

（2）主送机关。指公文的主要受理机关，应当使用机关全称、规范化简称或者同类型机关统称。编排于标题下空一行位置，居左顶格，回行时仍顶格，最后一个机关名称后标全角冒号。如主送机关名称过多导致公文首页不能显示正文时，应当将主送机关名称移至版记。

（3）公文正文。公文的主体，用来表述公文的内容。公文首页必须显示正文。一般用3号仿宋体字，编排于主送机关名称下一行，每个自然段左空二字，回行顶格。文中结构层次序数依次可以用“一、”“(一)”“1.”“(1)”标注；一般第一层用黑体字、第二层用楷体字、第三层和第四层用仿宋体字标注。

(4)附件说明。公文附件的顺序号和名称。如有附件，在正文下空一行左空二字编排“附件”二字，后标全角冒号和附件名称。如有多个附件，使用阿拉伯数字标注附件顺序号(如“附件：1. ××××××”)；附件名称后不加标点符号。附件名称较长需回行时，应当与上一行附件名称的首字对齐。公文的附件是正文内容的组成部分，与公文正文一样具有同等效力。

(5)发文机关署名。署发文机关全称或者规范化简称。单一机关行文时，一般在成文日期之上、以成文日期为准居中编排发文机关署名；联合行文时，应当先编排主办机关署名，其余发文机关署名依次向下编排。

(6)成文日期。署会议通过或者发文机关负责人签发的日期。联合行文时，署最后签发机关负责人签发的日期。一般右空四字编排。单一机关行文时，成文日期位于发文机关署名下一行，首字比发文机关署名首字右移二字，如成文日期长于发文机关署名，应当使成文日期右空二字编排，并相应增加发文机关署名右空字数。用阿拉伯数字将年、月、日标全，年份应标全称，月、日不编虚位(如 2011 年 3 月 1 日)。

(7)印章。公文中有发文机关署名的，应当加盖发文机关印章，并与署名机关相符。有特定发文机关标志的普发性公文和电报可以不加盖印章。加盖印章要做到正确、端正、清晰。

(8)附注。一般是对公文的发放范围、使用时需注意的事项加以说明，如“此件发至县团级”、“此件可见报”等。附注不是对公文的内容做出解释或注释。如有附注，居左空二字加圆括号编排在成文日期下一行。

(9)附件。公文正文的说明、补充或者参考资料。附件应当另面编排，并在版记之前，与公文正文一起装订。“附件”二字及附件顺序号用 3 号黑体字顶格编排在版心左上角第一行。附件标题居中编排在版心第三行。附件顺序号和附件标题应当与附件说明的表述一致。附件格式要求同正文。如附件与正文不能一起装订，应当在附件左上角第一行顶格编排公文的发文字号并在其后标注“附件”二字及附件顺序号。

3. 版记部分

(1)版记中的分隔线。版记中的分隔线与版心等宽，首条分隔线和末条分隔线用粗线(推荐高度为 0.35 mm)，中间的分隔线用细线(推荐高度为 0.25 mm)。首条分隔线位于版记中第一个要素之上，末条分隔线与公文最后一面的版心下边缘重合。

(2)抄送机关。指除主送机关外需要执行或知晓公文的其他机关。一般用 4 号仿宋体字，在印发机关和印发日期之上一行、左右各空一字编排。“抄送”二字后加全角冒号和抄送机关名称，回行时与冒号后的首字对齐，最后一个抄送机关名称后标句号。

如需把主送机关移至版记，除将“抄送”二字改为“主送”外，编排方法同抄送机关。既有主送机关又有抄送机关时，应当将主送机关置于抄送机关之上一行，之间不加分隔线。

(3)印发机关和印发日期。指公文的送印机关和送印日期。印发机关和印发日期一般用 4 号仿宋体字，编排在末条分隔线之上，印发机关左空一字，印发日期右空一字，用阿拉伯数字将年、月、日标全，年份应标全称，月、日不编虚位(即 1 不编为 01)，后加“印发”二字。

版记中如有其他要素，应当将其与印发机关和印发日期用一条细分隔线隔开。

(4)版记一般用 4 号半角宋体阿拉伯数字，编排在公文版心下边缘之下，数字左右各放一条一字线；一字线上距版心下边缘 7 mm。单页码居右空一字，双页码居左空一字。公文的版记页前有空白页的，空白页和版记页均不编排页码。公文的附件与正文一起装订时，页码应当连续编排。

四、特定公文格式

1. 信函格式

发文机关标志使用发文机关全称或者规范化简称，居中排布，上边缘至上页边为 30 mm，推荐使用红色小标宋体字。联合行文时，使用主办机关标志。

发文机关标志下 4 mm 处印一条红色双线(上粗下细)，距下页边 20 mm 处印一条红色双线(上细下粗)，线长均为 170 mm，居中排布。

如需标注份号、密级和保密期限、紧急程度，应当顶格居版心左边缘编排在第一条红色双线下，按照份号、密级和保密期限、紧急程度的顺序自上而下分行排列，第一个要素与该线的距离为 3 号汉字高度的 7/8。

发文字号顶格居版心右边缘编排在第一条红色双线下，与该线的距离为 3 号汉字高度的 7/8。

标题居中编排，与其上最后一个要素相距二行。

第二条红色双线上一行如有文字，与该线的距离为 3 号汉字高度的 7/8。

首页不显示页码。

版记不加印发机关和印发日期、分隔线，位于公文最后一面版心内最下方。

2. 命令格式

发文机关标志由发文机关全称加“命令”或“令”字组成，居中排布，上边缘至版心上边缘为 20 mm，推荐使用红色小标宋体字。

发文机关标志下空二行居中编排令号，令号下空二行编排正文。

3. 会议纪要格式

纪要标志由“×××××纪要”组成，居中排布，上边缘至版心上边缘为 35 mm，推荐使用红色小标宋体字。

标注出席人员名单，一般用 3 号黑体字，在正文或附件说明下空一行左空二字编排“出席”二字，后标全角冒号，冒号后用 3 号仿宋体字标注出席人单位、姓名，回行时与冒号后的首字对齐。

标注请假和列席人员名单，除依次另起一行并将“出席”二字改为“请假”或“列席”外，编排方法同出席人员名单。

纪要格式可以根据实际制定。

五、公文的用纸与印装

1. 公文用纸幅面尺寸及版面要求

公文用纸采用 GB/T 148 中规定的 A4 型纸，其成品幅面尺寸为：210 mm×297 mm。公文用纸天头(上白边)为 37 mm±1 mm，公文用纸订口(左白边)为 28 mm±1 mm，版心尺寸为 156 mm×225 mm。

如无特殊说明，公文格式各要素一般用3号仿宋体字。特定情况可以作适当调整。

一般每面排22行，每行排28个字，并撑满版心。特定情况可以作适当调整。

如无特殊说明，公文中文字的颜色均为黑色。

2. 公文的印装

版面干净无底灰，字迹清楚无断划，尺寸标准，版心不斜，误差不超过1 mm。双面印刷；页码套正，两面误差不超过2 mm。黑色油墨应当达到色谱所标BL 100%，红色油墨应当达到色谱所标Y 80%、M 80%。印品着墨实、均匀；字面不花、不白、无断划。公文应左侧装订，不掉页。张贴的公文用纸大小根据实际需要确定。要保证公文的封面与书芯不脱落，后背平整、不空。

公文应当左侧装订，不掉页，两页页码之间误差不超过4 mm，裁切后的成品尺寸允许误差±2 mm，四角呈90°，无毛茬或缺损。

骑马订或平订的公文应当订位为两钉外，订眼距版面上下边缘各70 mm处，允许误差±4 mm；无坏钉、漏钉、重钉，钉脚平伏牢固；骑马订钉锯均订在折缝线上，平订钉锯与书脊间的距离为3～5 mm。

包本装订公文的封皮（封面、书脊、封底）与书芯应吻合、包紧、包平、不脱落。

六、公文用语要求

公文语言具有明晰、准确、简朴、庄重的特点，为了体现公文语言这特有的特点，在具体用语行文时，必须符合下列要求。

1. 使用书面语，一般不使用口语

文学作品，为了追求特定的表达效果，常用口语（包括方言、歇后语等），而公文一般不能使用口语，只能使用合乎规范的书面词语，以免口语破坏公文的语体风格。

2. 适当使用文言词语和文言句式

公文应当适当使用诸如“业经”“悉”“兹”“兹有”“特”“拟”“者”“于”“为”“依”“逾”“其”“亦”“以”“尚”“之”“该”“予”“此”“凡……者”等文字。例如，“鉴于目前出版物在涉及数字（如时间、长度、重量、面积、容积和其他量值）时，使用汉字和阿拉伯数字没有统一的体例，情况比较混乱，根据有关方面的建议，我们会同部分新闻出版单位，经过多次讨论、修订，制定了《出版物上数字用法的规定》，现予公布，要求新闻出版有关单位试行”。在这段文字中，“鉴于”“予”等便是文言词语。公文中适当使用文言文词语和文言句式，有利于增强公文的庄重性。

3. 恰当使用公文特定专用语

在长期的公务实践中，由于行文和处理程序的需要，公文已逐渐形成了一套常用的专用语，即公文特定用语。

公文特定用语，含义确定，使用频率很高。或在结构上引起开端，导向过渡，收束全文；或在语意上表示郑重、强调；或在意向上提出请示，表示盼望。它在准确、严谨地表述公文内容及格式的同时，还能有效地增强简明、庄重的语体风格。

4. 用好介词结构

为能准确地说明事物的时间、地点、方向、条件、对象、范围、原因、目的、方式、依据等，公文经常使用含介词结构的句式。例如，公文标题中一般都会出现介词“关于”与其宾语组成的介词结构，用以提示和限定公文涉及的内容范围；公文正文使用介词结构的频率也很高。

5. 适当使用模糊词语，以使公文内容得到恰当的表达

公文用语讲求准确精当，恰到无误，但在某些特定的语境中，却需要使用模糊词语。只要运用得当，反而能使公文的语言表达周密严谨，简练得体，达到恰当表意的结果。

模糊语言是指外延不确定、作者有意不作详细交代或内涵不确定的弹性语言。模糊语言是适应特定语境的产物，是为了准确、恰当表意的需要。例如，“按有关文件规定”，这句话中的“有关文件”本是存在的，但或限于文章篇幅，或有意不写，因而，“有关文件”便有了模糊性。“以上意见，要认真贯彻执行”，要贯彻执行，是明确的，但在如何贯彻上，“认真”二字又是模糊的。而且，如何贯彻执行，往往还得结合本单位的具体情况，而各单位的具体情况往往有所差别，不可能限定具体的贯彻办法。从这一点来说，用“要认真贯彻执行”一语的表述，反而是严密的。

模糊词语在公文中常被用来表示时间、方位、数量、程度、范围等。下面举例介绍这些模糊词语。

(1)表时间。近来、最近、当今、当前、过去、往日、原先、前不久、不日、不时、将来、届时、今年以来、今冬明春、长期、最初阶段、晚期、临时、有时、及时、一贯、一度、一段时间、偶尔、许久、限期、如期、一朝一夕等。

(2)表方位。附近、周围、远方、前方、后方、南方、北方、上边、下边、前面、后面、外地、本地、这里、那里、所在、就地、处处等。

(3)表数量。多数、少数、一些、许多、不少、不乏、一系列、一伙、多次、屡次、一再、再三、三令五申、三番五次、个别、绝大多数等。

(4)表程度。稍、较、很、最、极、重大、巨大、特大、莫大、一定、显著、稍微、普遍、差不多、基本上、大抵、大体上、充分、足够、较为、极端、丝毫、十分等。

(5)表范围。广大、广泛、所有、有的、有些、有关、左右、以上、以下、以内、以外等。

在公文写作中，模糊语言要用得恰当得体，该用才用，如果随意滥用，将有损公文的明晰性和严肃性。

第二节　决定

决定是一种带有规范、制约作用的决策性、指挥性的文种。它是党政军机关、社会团体、企事业单位对重大事项或重大行政公务做出安排而制定的一种指挥性公文，属于下行文种。上至党和国家的重大决策和战略部署，下至基层单位的奖惩事宜均可使用。决定除会议作出外，也可以由领导机关制发。决定具有制约性和指导性。在国家行政机关公文中，决定的制约性和强制性仅次于命令，决定一经成文下达，有关单位和人员都必须遵守、执行，不得违反。决定是对重要事项或重大行动的安排，传达上级的决策，为下级提供工作的准则和依据，具有很强的指导性和指挥性。

根据内容和发文机关的意图，决定分为两类：即周知性决定和指挥性决定。周知性决定是发文机关就某个问题作出安排，使受文单位知晓即可。因此内容比较单一，文字简短；指挥性决定，具有纲领性、规定性、规范性和指示性。一般内容较多，篇幅较长，带有说理性

质，有较强的约束力。

一、例文

案例 4-1

共青团中央　农业部

关于表彰第八届“全国农村青年致富带头人”的决定

党的十七届五中全会以来，一大批农村青年发扬不甘落后、敢闯敢试的精神，立足农业、植根农村，带头学用先进农业科技、带头发展现代农业、带头繁荣农村经济，引领带动广大农民增收致富，为社会主义新农村建设做出了贡献。为表彰先进，激励引导广大农村青年在农村和农业领域开拓创新、建功立业，共青团中央和农业部决定，授予湖北罗田县锦秀林牧专业合作社理事长刘锦秀等 10 名同志第八届“全国农村青年致富带头人”标兵荣誉称号，授予北京昌平区营坊昆利果品专业合作社理事长田昆利等 490 名同志第八届“全国农村青年致富带头人”荣誉称号。

党的十八大报告对坚持走中国特色新型工业化、信息化、城镇化、农业现代化道路，推动城乡发展一体化提出了明确要求。这为广大农村青年立足农村、创业致富提供了良好发展机遇。团中央、农业部希望受表彰的农村青年致富带头人认真学习宣传贯彻党的十八大精神，珍惜荣誉、再接再厉，开拓创新、埋头苦干，在加快发展事业的同时，带领更多的农村青年走上致富道路。希望各级共青团组织、农业部门要进一步加强农村青年致富带头人培养工作，努力为农村青年带头创业致富提供服务和支持；通过多种方式广泛宣传农村青年致富带头人的创业事迹，引导广大农村青年积极投身现代农业发展。

团中央、农业部号召广大农村青年以受表彰的“全国农村青年致富带头人”为榜样，学习他们信念坚定、艰苦奋斗、自强不息的进取精神，深入学习贯彻党的十八大精神，为全面建成小康社会贡献青春、智慧和力量。

附件：1. 第八届“全国农村青年致富带头人”标兵名单
　　　2. 第八届“全国农村青年致富带头人”名单

共青团中央
农业部
2013 年 1 月 6 日

二、讲评

（一）基本格式

决定一般由标题、日期和正文 3 个部分组成。

1. 标题

标题要完整地写出发文机关、决定事由和文种三项内容，在决定事由前一般以“关于”连接。也有省略发文机关的情况，如《关于加快教育教学改革若干措施的决定》。

2. 日期

决定的日期即会议通过或领导签发此项决定的日期。它写在标题之下，外用括号。重大法规性的决定，还需注明通过该决定的机关、日期和生效日期，文末不再注明。也有如案例 4-1 所示，在文末落款并加盖公章，注明日期。

3. 正文

决定的主体部分也就是正文。其篇幅长短，由内容多少决定。一个篇幅较长的决定，其内容通常包括两层意思：一层是说明形势和有关情况，作出决定的目的与意义；另一层是说明决定的具体事项，落实决定的政策、措施和要求等。

篇幅较长的决定，正文在结构上可分为开头、主体、结语 3 部分。

开头。这一部分一般用一个自然段落，用“特决定如下”或“特做如下决定”与主体部分衔接。“开头”主要用以说明目前形势，分析或阐述做此决定的原因、目的及意义。其语言要求简洁、概括性强。

主体。表达决定的具体内容。因为它是下级机关、相关单位及所属个人必须执行的准则，所以要求写得明确、具体、详尽。这一部分的表达方式常采用条文式写法，在这些表现具体内容的“条”、“项”之间可以是明显的并列关系，也可以是明显的递进关系。无论何种关系，都一定要形成完整、严谨、清晰的整体。主体部分也可用简述式写法，对所决定的事项作出直接公布。

结语。在这一部分中提出希望、号召和要求。

（二）写作要求

1. 标题要完整、规范、明确

决定的标题，一般应写明发文机关、事由、文种，而且要规范、准确，特别是事由要准确概括出来。

2. 时间标注要准确

决定的时间标注要注意两个问题：一是成文日期要以会议通过的日期或领导人签发日期为准，不能以起草或打印的时间为成文时间；二是决定的时间一般要标注在标题下方，可用括号括起来。

3. 缘由要准确、合理

决定的缘由是事项的依据、理由。写作时要注意交代清楚，简明扼要，有理有据，令人信服。泛泛而谈，根据不足，说理不清的缘由没有说服力，不可取。

4. 事项要明确、清楚

一般来说，内容比较复杂的决定，事项要一条一条地表述，把主要的、重要的放在前面，次要的放在后面。结构要合理，层次要分明，内容要合乎逻辑。

第三节　报告、请示、批复

一、报告

报告适用于向上级机关汇报工作、反映情况、答复上级机关的询问的一种陈述性公文，属于上行文，包括工作报告、情况报告和答复报告。

工作报告是向上级机关汇报一定时期内工作进展、成绩、经验、存在问题及今后工作设想的报告。工作报告有的是例行报告，要较为全面地反映本单位一定时期内各方面工作的真实情况；有的是专题工作报告，仅就某个具体工作开展情况进行汇报。前者如《中国计算机行业协会第二届理事会工作报告》，后者如《关于开展建设工程施工图设计文件审查情况的报告》；情况报告是当下级单位工作中出现新的苗头动向或重大事件重大问题时应及时向上级领导机关反映情况，以便上级机关了解事实真相，加强工作指导，制定预防或补救措施，控制事态发展，减少损失，并尽快使问题得到解决；答复报告是针对上级机关就某个问题的询问给予答复的报告。它属于被动行文，上级机关有所询问，下级机关才写答复报告。如《江海科技公司关于程一帆同志职称评定的报告》。

(一)例文

案例 4-2

关于《种子法》执法检查情况的报告

×××市人大常委会《种子法》执法检查组

根据市人大常委会2006年工作安排，4月中下旬，市人大常委会与县区人大常委会联动，对我市贯彻实施《中华人民共和国种子法》(以下简称《种子法》)情况开展了执法检查。4月中旬，各县区人大常委会按照市人大常委会的通知要求，相继在本县区开展了执法检查。4月20日至21日，由市人大常委会部分组成人员和省市人大代表组成的执法检查组在伍箴顺副主任带领下，分别对×××、×××区进行了重点抽查。执法检查组先后听取了市农业主管部门和有关县区的情况汇报，实地察看了×××、×××、×××等乡镇的十六处种子经营门市部，详细了解了种子购买、销售和管理情况，向部分农民询问了种子质量情况。现将有关情况报告如下：

一、《种子法》宣传贯彻情况

我市是一个农业大市，常年农作物播种面积在2 000多万亩，主要农作物播种面积在1 200万亩以上，每年需种子3 700多万千克。其中水稻500多万亩，需种500多万千克；小麦300万亩，需种3 000万千克；油菜300万亩，需种60万千克；玉米60万亩，需种125万千克；棉花20万亩，需种25万千克。认真做好种子管理工作，发挥好良种优势，对我市的农业生产起着重要作用。

全国人大常委会于2000年颁布实施《种子法》，该法对种子生产实行严格的审定制度，对种子经营全面放开，该法的实施促进了良种推广进程，加快了种子更新步伐，但同时对种子市场的管理也提出了更高的要求。《种子法》实施以来，我市各级政府和农业主管部门认真做好宣传贯彻工作，农业执法部门不断加大对种子市场的管理力度，严格查处违法案件，全市的种子市场经营秩序基本良好。5年多来，市农委及种子管理部门在坚持多年春秋两季开展一次种子农资市场专项整治活动的基础上，积极利用新闻媒体、送科技下乡、“3·15”消费者权益日、“12·4”法制宣传日等多种形式，向广大农民宣传普及《种子法》等农业法律法规，示范讲解识别不合格种子的方法及运用法律维护自身合法权益的途径。几年来，我市种子管理部门共印发《种子法》等相关宣传资料10余万份(册)，送科技下乡160余人次，回答农民咨询万人次。特别是在《种子法》颁布实施初期，各县区农业主管部门都安排专门的宣传车开展巡回宣传活动，种子管理部门对种子经营户开展定向培训。通过几年来的宣传贯彻，我市的种子经营户基本了解种子销售的相关法律知识，多数农民知道购买种子要通过正规渠道，购买时必须索取发票，对出现质量问题的种子知道如何反映情况，要求赔偿等。

二、种子市场经营管理情况

《种子法》实施后，种子经营区域封锁和行业垄断被打破，我市原有的国有种子公司仅剩市公司及个别县公司，大部分县区公司已破产或改制，民营公司纷纷建立。据市种子管理部门统计，目前全市注册资金在500万元以上的公司有9家，100万元以上的13家，50万元以上的20家。省内外一些知名种业公司也相继进入我市种子市场经营所属产品，如×××、×××、×××等公司。由于这些公司资金和技术实力雄厚，新品种更新周期短，市场占有率较高，在我市的市场占有率已超过50%。经营方式大都采取委托、代销等形式。从这次抽查的情况看，各地热销的品种大部分都是这些公司的。目前全市农民购种的方式主要有3种，一是城市附近的农户到种子公司或公司直属门点购种；二是大多数农民到乡镇集市的种子经营户购种；三是少数农民，特别是交通不便的地方购买的是散售种(即少数乡村干部和小学老师零散销售的种子)。本次检查所在的乡镇都有十几、二十多家的种子经营户，农民购种的选择性较大。市种子公司积极发挥经营主渠道作用，由其牵头成立了市种子协会，目前会员单位已达200多家，在种子经营中发挥了很好的作用。

《种子法》的实施，使原有集种子经营与管理一体的国有种子公司全面走向市场，不再有管理职能。为了认真贯彻实施好《种子法》，全市农业管理部门及时调整机构设置，市及五县三区先后成立了专门的种子管理机构，各自负责辖区内的种子管理工作，种子管理工作正逐步走向法制化轨道，管理工作力度不断加大。几年来市种子管理部门都结合每年两次的农资市场专项整治活动，对全市的种子市场开展严格、仔细、全面的拉网式检查，对重点区域、重点作物、重点品种开展重点检查。经过几年来的实践和探索，市种子管理部门确定了"四个结合"监管市场办法。一是监督与保护相结合。对种子企业在我市的经营活动加以监督，规范产品和经营行为的合法性；对种子企业的品牌、品种加以保护，并尽可能理顺网络渠道，保障企业的合法权益。二是打假与扶优相结合。对种子企业在我市推广的高产优质合法品种，通过市种子管理站的集中展示效果和农民的实际种植反映，决定重点推荐推广，同时对相应的假冒包装严厉打击。三是日常监管与重点监管相结合。通过建立经营档案，前移监管关口等措施，强化日常监督。另一方面，坚持市场巡查和对重点区域、重点品种、重点人员实行重点检查，以确保农业用种安全。四是处罚与教育相结合，正确区分和处理不同性质、不同情节的案件，达到打击与教育、规范的目的。自我市种子管理机构建立以来，先后查处种子案件40多起，没收假劣种子4.55万千克，罚款47万元。其中大要案12起，特大案4起。如2002年调查处理的×××种业"×××"劣质种子案，农民获得赔偿80万元；2003年，查处马某制售假"×××"稻种案，全部追回没收假种2.5万千克，挽回经济损失约250万元。2004年，调查处理×××公司假种案，没收假种子1.25万千克，赔偿农民48万元；2005年查处有省委领导批示的种子案件，没收非法稻种3 330余千克。随着《种子法》的不断宣传贯彻，对重特大违法案件的查处进一步加强，种子生产者、经营者的法律意识有了很大的提高，行为进一步规范。

三、存在的主要问题及建议

(一)《种子法》宣传的广度和深度不够。《种子法》作为一部颁布实施不久的农业专门法，我市各级政府及农业主管部门对该法的宣传贯彻做了大量的工作，也取得了很好的效果，但从这次执法检查的情况看，该法在宣传的广度和深度上仍显不够。一是农民对该法的知晓度不高，调查访问的农民中知道《种子法》的不是很多；二是种子经营户对《种子法》

了解不够，还有少数经营户根本不知道《种子法》。种子经营户如果对《种子法》不了解，就很难把好进种质量关，就不能从根本上防止损害农民利益的违法案件发生。建议市政府及农业主管部门进一步加大《种子法》的宣传力度，特别是对种子经营户的法律知识培训。

(二)缺乏基本的种子检验检测设备。《种子法》实施后，原来承担种子检验检测工作的各级种子公司检验室不再负责此项工作。市及各县区成立的种子管理机构，没有基本的种子检验检测设备，不能对市场种子质量及时抽检，不能掌握辖区内主要农作物种子的质量动态，给市场监管工作带来很大难度。建议市政府督促有关部门尽快建立市种子质量检验检测室，以保证种子管理工作的正常开展。

(三)水稻品种存在多、乱、杂。种子市场放开后，一些种子生产经营企业为了扩大市场占有率，提高竞争力，想方设法地不断推出新品种，以为品种越新越有市场，有的甚至不择手段，采取换汤不换药手法将老品种起新名换新包装的办法推出新品种，提高种子售价，增加农民种植成本。这次检查中，我们所到的种子经营户门点杂交稻就有十几到二十几个品种。据种子管理部门不完全统计，目前我市仅杂交稻种一项就有200多个品种。建议农业主管部门一方面要加大种子市场的管理，另一方面要根据本地实际积极地引导农民购买适应本地区种植的高产优质品种。

(四)散售种子现象仍然较多。过去在广大边远农村地区，由小商小贩挨家挨户散售种子，由于管理力度的加大和群众法律意识的增强，已没有市场，但现在一些乡村干部和学校老师开始散发种子，并且在进一步蔓延，给管理工作带来很大难度，这种方式销售种子一旦出现问题，很难查处，索赔困难，损失也难以追回。建议各级政府及农业主管部门加强对基层干部的法律宣传，加大对违法违规散售种子的查处力度，以典型案例教育群众。

(二)讲评

1. 基本格式

报告一般由标题、主送机关、正文、发文机关及成文日期5部分构成。

(1)标题。一般有两种写法，一是完整式，要求发文机关、事由、文种三部分齐全；二是省略式，由事由和文种构成。但政府工作报告通常只写“政府工作报告”几字，然后在题注中写明“××××年×月×日在××××会议上”。

(2)主送机关。报告一般都有受文机关，但政府工作报告只写“各位代表”几字。

(3)正文。由于种类不同，报告正文的结构也有所区别。

工作报告正文的第一部分概述工作的背景、目的和主要内容；第二部分报告工作的具体情况，包括工作的具体内容和过程，工作取得的成绩、经验和存在的问题；第三部分写今后工作的设想和计划。

情况报告正文的第一部分概括介绍基本情况，一般是叙述事情发生的原委、经过及结果；第二部分对问题成因进行分析，指出应吸取的教训；第三部分指出问题的性质、后果及其影响；第四部分写处理意见及今后的防范措施。

答复报告正文的第一部分写答复缘由，通常为引叙原文，以明确答复对象和答复原因。如“你公司××〔××××〕××号函收悉，现对××××问题答复如下”。第二部分写答复事项，是针对询问问题的答复。

(4)发文机关。应标注发文机关全称或规范化简称。政府工作报告因在题注中注明，落款不再标注发文机关。

(5)成文日期。写完整的年月日,但政府工作报告的日期写在题注中。

2. 写作要求

(1)材料真实。报告中的材料是上级机关制定方针政策的重要依据,应保证真实可靠,不能用“据说”“估计”之类词语领起材料。既不能夸大成绩,也不能掩盖存在的问题和缺点,有喜报喜,有忧报忧。

(2)文字精练。写报告多用叙述的方式,且多以概述为主,不过多地议论,有时可作必要的分析,以使报告更有理论高度。写综合性报告时,既要做到综合全面,又要突出重点,切实做到点面结合;写专题性报告时也不要面面俱到,详说细述,而是用概括介绍的方式讲清事情发生发展的基本情况。

(3)报告中不能夹带请示事项。受文单位对报告不必答复,若夹带请示事项,不仅不便于处理,有时还会耽误工作。

二、请示

请示适用于向上级机关请求指示、批准。它是一种呈请性的上行文。遇有下列情景之一,需应用请示行文:一是上级主管部门明确规定,必须经过请示批准才准予办理的事项;二是对现行方针、政策、法令、法规不甚了解,有待上级主管部门明确答复,才能办理的事项;三是在工作中发生了新情况、新问题,过去没有明文规定,无章可循、无法可依,需上级主管部门做出明确指示后,才可办理的事项;四是因本单位情况特殊,难以执行现行的某种政策或规定,请求在执行现行规定上作某些变通;五是虽然有章可循、有法可依,可以开展某项工作,但因事情重大,为防止失误,需请示上级审批的事项;六是因领导班子意见有分歧,无法统一认识,难以开展工作,有待上级主管部门裁决后,才可办理的事项。

由于内容复杂,请示种类一般包括以下两种:一是请求指示的请示。当下级机关在开展工作的过程中遇到了疑难问题不知如何处理,或是对上级文件、会议规定的政策界限把握不准,就应用请示向上级机关行文,要求上级机关给予明确的指示或解释。二是请求批准、审批的请示。根据有关规定和管理权限,有些公文需经上级机关批准后方可发布实施;或是本单位情况特殊,难以执行上级统一规定,需报经上级同意作变通处理;或是诸如人事任免、机构增减等事项需报经上级机关批准后才能办理;或是下级机关在开展工作过程中,在人、财、物等方面遇到困难本单位无法自己解决,需报经上级同意方可实施。

(一)例文

案例 4-3　　**×××县邮政局关于增设×××邮政营业所的请示**

×××市邮政管理局:

北林街地处我县城区东北部,毗邻信息产业园区,近几年发展较快,附近机关、工厂、学校较多,是我县人口密集地带之一。但由于这里距最近的邮政网点也有2.5公里,给广大用户带来很多不便,周边群众要求增加邮政营业网点的呼声很高。为缓解当地用邮困难状况,我局近年来经常组织青年志愿者流动服务组到该处开展服务,但由于没有固定办公场所,给邮政服务带来诸多困难。且随着2013年信息产业园区的扩大,该处邮政业务量激增,青年志愿者流动服务组的方式已远远不能满足需要。

为使营业网点布局更加合理，更好地做好邮政服务工作，我局拟请核准增设×××邮政营业所。

特此请示，请审批。

附件：1. ×××位置图

2. 拟建营业所平面图

×××县邮政局

2014 年 3 月 12 日

（联系人：××× 电话：×××××××）

（二）讲评

1. 基本格式

请示一般由标题、主送机关、正文、发文机关及成文日期等部分组成。

(1)标题。有两种写法，一是发文机关、事由和文种三要素式；二是省略发文机关，只有事由和文种。要注意文种的规范，不能用"请求""申请"等名称替代"请示"，更不能使用"请示报告"这样错误的名称。

(2)主送机关。请示的主送机关一定是自己的直接上级机关，而且只能有一个主送机关。

(3)正文。请示的正文分 3 个部分。首先是请示的缘由。用简明扼要的语言将请示的原因、背景和依据交代清楚。这部分是写作请示的关键，写得是否清楚、充分，直接关系到上级机关指示、批准、审批的态度。其次是请示的具体事项。若是请求指示的请示，在这里要写清楚遇到了什么样的困难问题，对哪些文件或会议精神有什么样的不理解和不同意见，要求上级机关在哪些方面或具体问题上给予明确的指示；若是请求批准、审批的请示，这里要写清楚准备做什么，打算怎样去做，请求上级给予什么样的具体支持，需要人、财、物的具体数量和标准等。最后一部分是结束语。常用的结束语有："请指示"；"特此请示，请批复"；"以上请示，请予审核批准"；"特此报请核批"；"妥否，请批复"等。要注意根据请示种类的不同使用相应的结束语。结束语一般在请示事项之后另起一行书写。

(4)发文机关和成文日期。写法与一般公文相同。

2. 写作要求

(1)请示应确有必要。凡属于自己职权范围内的事情，应敢于负责地自行处理，不能事无巨细，遇到问题一概向上级请示。只有遇到新情况、新问题，现行政策无法解决，或对重要的有关文件精神理解不透、把握不准，或按照有关规定必须经请示批准后才能行动，或需经上级机关审批才可得到时，才用请示行文。

(2)理由应充分。充足的理由是取得上级支持的前提，写作时一定要抓住关键和本质，突出主要理由，不可面面俱到。同时还应考虑可能性，看单位的实际情况和政策、资金、财物等许可的程度，切忌不切实际，随心所欲，给上级出难题。

(3)要一文一事一主送。请示内容要求单一，必须就一件事或一个问题提出请示，不可数件事放在一起一同请示，给上级答复造成困难。请示的主送单位只能有一个。受双重领导的单位请示时，要根据请示事项的性质确定主送哪一个上级机关，不能多头主送。

三、批复

批复适用于答复下级机关的请示事项。批复是一种针对性很强的下行文。批复包括指示性批复和表态性批复。指示性批复是针对请求指示的请示的答复，是对下级机关请示中有关政策、规定、方法等的解释和说明。如《公安部关于防病毒卡等产品属于计算机安全专用产品的批复》；表态性批复是针对请求批准、审批的请示的答复，是对下级机关所请示问题作出同意与否、批准与否的明确表态。如《郑州市人民政府关于将郑州二十七中并入郑州幼师请示的批复》。

（一）例文

案例 4-4　　**××农业集团公司关于同意拨款修建地下消火栓的批复**

×××食品公司：

你公司《关于提请拨款增设地下消火栓的请示》（×××字〔2012〕26 号）已悉。经研究批复如下：

（1）同意你公司在原材料仓库库区范围内修建六处地下消火栓，有关手续请尽快同消防部门联系办理；

（2）拨款 3 万元作为你公司修建消火栓专项包干用款，要求专款专用，不得挪作他用。不足部分请自筹解决。

特此批复

××农业集团公司

2012 年 12 月 6 日

（二）讲评

1. 基本格式

批复一般由标题、主送机关、正文、发文机关和成文日期几部分构成。

（1）标题。批复标题的组成形式有多种：一是由发文机关、事由、文种三部分组成，如《郑州市人民政府关于收回郑东新区三宗国有土地使用权的批复》；二是由事由和文种构成，如《关于加强政策研究工作几个问题的批复》；三是由发文机关加原请示标题和文种构成，如《××省农业厅对〈关于农产品质量监督工作中几个问题的请示〉的批复》。

（2）主送机关。批复的主送机关一般情况下就是呈送请示的下级机关。但是，如果所请示的问题具有较大的代表性，所批复的意见具有某种程度的规定性和指导性，不仅对该请示单位具有指导意义，而且对于其他有关下级单位也同样具有较普遍的指导性，这时该批复则可有多个主送机关。

（3）正文。批复的正文一般由批复引语、批复内容和结尾用语三部分组成。批复引语即指引述来文，一开始要写明针对什么来文批复，一般引用来文的日期、标题、发文字号，有的仅引用发文字号，也有的引用日期和主要请示事项。通常用惯用的句式，如："你们《关于呈请批准〈山西省人民政府和内蒙古自治区人民政府联合勘定的行政区域界线协议书〉的请示》（晋政发〔1997〕31 号）悉"，或"辽政发〔1980〕190 号文悉"等。批复内容是批复的主体，应针对请示事项表明同意与否的态度。若是指示性批复，这里还要进一步指明来文所述问题的意义和重要性，强调指出其中需要特别注意的问题，给予一定的指示。若是表态性批复，表明同意的态度后，也可根据实际情况对下级机关的该项工作提出一些要求；如果不同意或只同意其中部分内容，这时应简单说明原因，并从体恤下情出发，对如何做好该项工作给以指导，以使下级机关有所遵循。批复的结尾用语一般只写“此复”或“特此批复”，另起一行，结尾不加句号等标点符号。

（4）发文机关和成文日期。写法类同于一般公文。

2. 写作要求

（1）全面理解请示内容。批复是针对请示写的，要求写作者认真研究请示的事项是否与近期工作需要以及党和国家的方针政策、法律法规相符合，请示的事项是否具有可行性。

（2）态度明确，意见清楚。批复是对下级请示的答复，无论同意与否，都应态度明朗，不能含糊其辞，或模棱两可，使下级无所适从，影响工作进展。批复内容若涉及其他部门，起草文件时应主动与有关部门协商，取得一致意见后方可行文答复。

（3）表达准确，行文简洁。批复事关政策和工作大事，应措辞严谨，用语准确，字斟句酌，防止发生歧义。切忌使用“似属可行”“最好不做”之类的词语。应力求篇幅短小，切忌言之无物，长篇大论。批复应坚持一文一事原则，加强针对性，不旁涉无关内容。

（4）批复要及时。下级请示的均是紧急和重要的事项，上级机关应及时答复，以免贻误工作。

第四节　通知、通报

一、通知

通知适用于批转下级机关的公文，转发上级机关和不相隶属机关的公文，传达要求下级机关办理和需要有关单位周知或者执行的事项，任免人员。通知是各级党政机关、人民团体、企事业单位在公务活动中最常用的一种公文，使用频率高，应用范围广。

通知的种类分述如下：

（1）指示型通知。有关行政法规和规章、办法、措施，不宜用命令（令）发布的，可使用这种通知行文。指示型通知带有强制性、指挥性和决策性，下级机关应坚决贯彻执行。如《国务院办公厅关于严格控制举办城市周年庆典活动的通知》《河南省人民政府办公厅关于坚决制止在公路上乱设卡、乱收费、乱罚款的紧急通知》。

（2）发布型通知。一些单位和部门根据工作需要发布有关规章制度、本机关的有关公文材料，如会议纪要、领导同志讲话、工作意见等，但又不具备使用命令（令）的资格或根据所发布内容不便使用命令（令），也不能使用“转发”、“批转”，可使用发布型通知。如《教育部关于印发〈全国普通高等学校体育课程教学指导纲要〉的通知》，《关于印发〈××学院课程教学评价暂行办法〉的通知》。

（3）批转型通知。“批转”的意思即上级部门对下级来文作出批示并转发到有关部门。当上级机关针对下级机关报送的意见、请示、报告、批复等公文进行批示，而后又把批示和原文向下转发时，就需要使用批转型通知。这种通知带有指示的性质，要求有关单位遵照执行或参照执行。如《北京市人民政府批转市民政局等部门关于实施城镇居民最低生活保障制度意见的通知》。

(4)转发型通知。将上级机关、平行机关、不相隶属机关的文件转发给下级单位，使用转发型通知。如《关于转发教育部〈学校艺术教育工作规程〉的通知》。

(5)事项型通知。要求下级机关办理某些事项，除交待任务外，通常还提出工作原则和要求，让受文单位贯彻执行，具有强制性和行政约束力。安排一般性的具体工作通常使用这种通知。如《关于对教学研究课题组织结题验收和进行鉴定的通知》。

(6)知照型通知。用于告知某一事项或某些信息，如庆祝节日，成立、调整、合并、撤销机构，启用新印章，更改电话等。如《关于调整教学工作委员会成员及成立专业学科组的通知》。

(7)任免通知。当上级机关需要向下级机关知照有关人员的任免决定时，使用任免通知。如《关于×××同志任职的通知》。

(8)会议通知。向有关单位或人员知照某一会议的时间、地点及会议要求，用会议通知。如《关于召开2004年网络教育招生工作会议的通知》。

(一)例文

案例4-5　××省农业厅办公室关于召开全省畜牧兽医工作视频会议的通知

各市、县(市、区)农业局：

经研究，定于2月下旬召开全省畜牧兽医工作视频会议。现将有关事项通知如下：

一、会议内容

贯彻落实全国畜牧兽医工作会议、全省农业和农村工作会议精神，总结经验，分析形势，部署2013年及今后一个时期畜牧兽医工作。

二、会议时间、地点

会议时间：2月25日(星期一)16:00。

会议地点：主会场设在省农业厅视频会议室；各市、县(市、区)农业局设分会场。

三、参加人员

(一)主会场。厅领导，省畜牧兽医局领导班子成员及局属各单位主要负责人，厅办公室、厅计财处、厅科教处、厅产业处、厅质监处、省种植业局、省农机局、省农技推广中心、省农业生态能源办负责人。

(二)分会场。各市、县(市、区)农业局局长、分管局长，相关处、室(科、站)负责人，畜牧兽医局领导班子成员及中层以上干部，新型畜牧产业体系建设试点负责人。

四、有关要求

(一)请各市将所辖县(市、区)参会的农业局和畜牧局负责人名单汇总后，于2月24日下午3:00时前通过农民信箱或传真报省畜牧兽医局，联系人：×××，联系电话：0571-86757240、传真：0571-86041245。

(二)2月25日上午全省农业系统党风廉政建设视频会议结束后，保持视频设备开启状态，确保下午视频会议畅通。

(三)未开通视频会议场地的县(市、区)，请市农业局统一安排，就近参加会议。

(四)会议代表请提前10分钟进入会场。

××省农业厅办公室

2013年2月21日

(二)讲评

1. 基本格式

各类型通知一般都包括标题、主送机关、正文、发文机关、成文日期等部分,只是正文部分写作略有不同,这里着重介绍正文部分写作。

(1)指示型通知正文主要包括两部分。

①通知缘由　首先写明通知的主要依据,如依据某项方针政策、根据有关会议精神、针对某项工作现状及存在的问题等,简明扼要地说明通知的针对性和目的性。其次要阐明通知的意义,以引起下级机关和有关人员的重视。这部分写作通常有述有论,但"述"是概述,"论"是精论,均高度简洁,针对性极强。写作时切忌面面俱到,长篇大论。

②应知事项部分　指示型通知的核心内容,其主要功能是交代工作任务,规定政策界限,阐明具体措施,指出工作时应该注意的问题等。为便于阅读和记忆,这部分写作时应分条列项加以表述。交代工作任务要明确具体,规定政策界限要指出关键所在,阐明具体措施要符合实际、切实可行,指出应注意的问题,应胸有全局、突出重点。

(2)发布型通知正文包括两部分。

①点名发布对象　通常用"现发布……"、"现将……印发你们"等句式,有的是写明印发某个文件的目的,有的在点名发布对象的同时,还要表明发文机关对所发布对象的态度。

②提出执行要求　要注意执行要求是一个技术性和政策性都比较强的问题,严格区分"遵照执行"、"参照执行"、"定点试行"、"酌情施行"等的不同。对一些带有试验性、探索性的内容,虽然也提出了执行的政策要求,但通常又允许下级机关边执行、边修改,这时执行的要求一般表述为"请研究试行"或"希研究试行,试行中有何意见请随时告知"等。

(3)批转型通知正文包括两部分。

①写清所批转的文件名称,表明态度,作出"同意"等批语　要求有关下级单位执行。

②简要说明面上的情况,作指示,提出政策性的规定和要求　有的也可不写第二部分。

(4)转发型通知正文的写作方法与批转型通知基本相同,在此不赘述。转发型通知的标题撰拟应特别注意,若转发层级在两个以上时,应做好技术性处理,不要出现"关于转发××××关于转发××××关于转发《……》的通知的通知的通知"的情况。具体方法是:发文机关(有时可省略)+关于(有时可省略)+"转发"+不带书名号的原文标题的主要内容+文种。如"转发国务院、中央军委关于调整军队干部退休生活费的通知"、"关于转发劳动和社会保障部加强职业资格证书管理的通知"等。

(5)事项型通知正文由 3 部分组成。首先写发通知的依据或目的,其次写通知的具体事项,最后写执行要求。写事项时,可将具体内容一项一项列出,把所要安排的工作阐述清楚,并讲清要求、措施、办法等。

(6)知照型通知开门见山,只要用简练的文字写明所要知照的具体内容即可,有的也可以写出行文的目的和依据。

(7)任免通知的写作比较简单,要求直陈其事,要言不烦,通常只有两句话。第一句写任职依据,如"根据工作需要"或"经 ××××会议研究决定"等;第二句写任职内容,要写清任职人员的姓名、具体职务。若任职通知不能明确反映职务级别,则须附带说明该职务享受某一级别的待遇。在免职通知中,若免去现任职务后还将有新的任用,则应在免职通知中注明"另行分配工作"等字样。

(8)会议通知正文应将会议的主要要素写齐全。

①召开会议的目的和意义　如是急需解决现实工作中的某些问题，还是传达上级文件精神、布置新的工作任务等。

②会议的时间、地点　会议时间有时又分报到时间和开会时间即会期，地点有时也有报到地点和举行会议地点之分，均应交代清楚。

③会议的主要内容和议程　这样便于与会人员做好充分准备，从而提高会议的效率。

④参加会议的单位和人员。有时是直接点出具体与会人员的姓名或职务；有时是划定与会人员的范围和界限，如“副处级以上干部”等。

⑤与会人员应做好的准备工作　如发言材料、需携带的有关资料和样品等。

⑥其他有关事项　如会议住宿、膳食、交通安排、会外活动、联系方式等。

2. 写作要求

(1)应特别注意不同类型通知标题的撰写。一般应发文机关、事由、文种三要素齐全，批转、转发型通知标题应力使语言简洁，概括有力，表意清楚。

(2)事项要写得具体明确。事项是通知的基本内容，发文目的应明确，交待事情要详细，采取措施要得力，提出要求要具体，只要这样才便于有关单位和人员执行。

(3)批转、转发型通知的按语应有针对性。批转型通知应对被批转的公文表明态度，对公文内容作出精确的分析和恰如其分的评价，提出执行的要求及应注意的事项；转发型通知的按语较为简单，应注意结合单位具体情况有针对性地提出明确要求。

二、通报

通报适用于表彰先进，批评错误，传达重要精神或者情况。制发通报的目的是用典型事例教育广大职工扬善抑恶、推广经验、总结教训。它是推动工作前进，教育群众提高思想觉悟和认识水平的重要工具。通报一般包括表彰性通报、批评性通报和情况通报三种。

对成绩突出、先进事迹典型的单位和个人予以表彰用表彰性通报。如《郑州市人民政府关于表彰郑州市经济贸易委员会的通报》；对违法乱纪的单位和个人的处理情况进行通报使用批评性通报。如《东港市食品酿造工业公司关于第二食品厂司机×××自开车去北戴河游玩的通报》；情况通报则是指在一定范围内传达重要情况和动向，以指导面上工作为目的的通报。如《河南省人民政府办公厅关于我省防治高致病性禽流感情况的通报》。

(一)例文

案例 4-6

×××县人民政府

关于表彰 2009—2012 年度×××工作先进单位和先进个人的通报

各乡镇人民政府，县府直属各单位：

近年来，按照省、市统一部署和要求，全县上下共同推进“百万”造地保障工程，积极开发土地后备资源，努力实现耕地总量动态平衡，推进农业农村现代化建设。特别在过去一年，各乡镇、各部门紧紧围绕县委、县政府工作部署，积极推进 2009—2012 年立项实施的×××项目，顺利完成目标任务，取得了良好成绩，并涌现一批真抓实干、成绩突出的单位和个人。为表彰先进、树立典型，县委、县政府决定，对三魁镇人民政府等 4 个先进单位和高谊象等49名先进个人(具体名单见附件)予以通报表彰。

希望受表彰的先进单位和个人,加倍努力,争取更大的成绩。各乡镇、各部门要以先进为榜样,充分挖掘本区域土地开发潜力,加强×××项目建设和管理,不断提高×××质量,为我县×××工作做出更大的贡献。

附件:2009—2012年×××工作先进单位和先进个人名单

×××县人民政府

2013年2月16日

(二)讲评

1. 基本格式

通报一般由标题、主送机关、正文、发文机关及成文日期等部分组成。

(1)标题。常见的有两种写法:一是完整式,即发文机关、事由、文种三要素齐全,如《郑州市人民政府关于表彰郑州市经济贸易委员会的通报》;二是省略式,有的省略发文机关,如《关于期末考试试卷抽查情况的通报》,有的只有文种。但重要的通报要用完整式的标题。

(2)主送机关。除极少数具有普发性的通报外,一般机关正式行文的通报都有明确的主送机关。

(3)正文。由于种类不同,通报的正文在写作上也有所不同。

表彰性通报的正文一般由4个部分组成。第一部分,概述先进事迹,说明通报缘由。叙述要求做到完整、清楚,要把包括时间、地点、人物、事迹、怎样做、结果等要素交代清楚;叙述要详略得当,重点突出,精心取舍。第二部分,恰如其分地对先进事迹进行分析、评议,指出其性质和典型意义。写作这部分应特别注意语言简明概括,分析、评议应是画龙点睛式的,切忌漫无目的、冗长拖沓;分析评议要从事实出发,中肯有度,不能随意拔高;要注意将事实所包含的或所显示的意义上升到理论高度,并根据发文机关和通报的主题需要,对某些方面予以突出强调。第三部分,在分析的基础上写表彰决定。要写清楚给予什么样的表彰,以及做出表彰决定的依据。第四部分,写希望和要求,号召大家向先进学习。

批评性通报的正文通常也由四个部分组成。第一部分,通报缘由。将事故或错误事实的经过情况、时间、地点、事故、后果等交代清楚,注意突出重点,抓住关键。第二部分,对事故或错误进行分析评议。重点对事故发生的原因、产生错误的根源进行分析,指出其性质及其危害,以引起人们的重视。第三部分,写处理意见。应注意写清做出处理决定的依据和方式,写清处分的级别或名称。第四部分,写明今后防止此类事故或错误再次发生的措施,提醒人们引以为戒,从中吸取教训,努力做好工作。

情况通报的正文包括三个部分:第一部分叙述有关情况。要对事情的发生、发展情况作客观叙述,有的还要交代工作的目的和背景。第二部分对有关情况进行分析,通过分析阐明其中所包含的意义或事物发展趋势。第三部分针对通报情况,结合今后工作提出具体要求。

(4)发文机关及成文日期。写法与一般公文相同。

2. 写作要求

(1)情况要真实。不论是何种类型的通报,写作时都必须坚持实事求是的态度,认真核实有关材料,绝不允许捏造和虚构。

(2)内容要典型。制发通报不可事无巨细,或不加选择。无论是通报正面典型还是负面典型，都要求具有代表性，只有这样才能反映事物的本质特征和规律，才有说服力，也才能起到宣传教育和指导工作的作用。

(3)注意时效性。制发通报要根据当前工作的需要，密切关注工作现实，及时发现有价值的信息，快速地将先进典型和成功经验向有关单位和部门宣传推广，对负面典型予以揭露引起高度重视和警戒，或及时发布重要情况以加强工作的指导。

第五节　函、纪要

一、函的写作

函适用于不相隶属机关之间商洽工作、询问和答复问题，请求批准和答复审批事项。函是党政机关、社会团体、企事业单位公文往来中最为常用的一个平行文文种。函的种类有：

(1)告知函。告知函的功能是主动将有关信息(如问题、意见、情况)告知对方。如《南京市人民政府关于实行蔬菜质量安全市场准入制度的告知函》。

(2)商洽函。商洽函是行政机关、社会团体、企事业单位之间协商、洽谈有关事项的函。如洽谈人员培训、人事调转、产权交易、商品买卖等均可使用商洽函。

(3)问复函。问复函是询问函和答复函的合称，是询问和答复有关问题时使用的函。不相隶属机关之间因相互没有隶属关系，公务上的往返问复只能使用函。但应注意，有隶属关系的上下级之间，上级可用函询问，但下级不能用函答复，而应以报告的形式予以答复。

(4)请准(审批)函。请准函是请求批准函和审批函的合称，是向不相隶属的主管机关请求批准或用来答复审批事项的函。在现实工作中，有些单位为表示对不相隶属的主管部门的尊重或希望请准事项顺利审批，故意不用请准函而改用请示，这种做法是不对的。主管部门在审批时也只能使用审批函而不得使用批复。

(一)例文

案例 4-7　　**关于请求协助解决农业技术人员进修外语的函**

×××公司〔2013〕18 号

×××大学校长办公室：

为适应引进国外先进技术和设备的需要，我公司拟选派 10 名技术员到贵校出国人员英语强化进修班进修半年。为此，特与贵校商洽，恳请给予大力支持。有关进修费用等事宜按贵校有关规定办理。

谨请复函。

×××公司

2013 年 2 月 18 日

(二)讲评

1. 基本格式

函一般由标题、主送机关、正文、发文机关和成文日期几部分组成。

(1)标题。公文中的函与私人信函不同,都应有标题。标题一般由发文机关名称、事由和文种3部分组成,有的也可省略发文机关,也有的只写文种。

(2)主送机关。即受函机关。

(3)正文。函的种类不同,正文部分的写法也有所不同。

告知函的正文通常包括两项内容,一是告知原由,说明制发本函的原因;二是告知事项,简明扼要叙述告知对方有关事项的具体内容及应注意的问题。

商洽函的正文由3部分组成。第一部分写缘由。主要写发函的原因、根据、理由和情况。若第一次联系,还应简单介绍一下本机关、本单位。第二部分写商洽事项。这是商洽函的主体,是商洽的内容所在,要写清楚待商洽的具体事项,希望对方如何办理等。写作时应充分考虑对方的实际情况和可行性,不要强人所难。第三部分是结尾。提出予以复函或予以办理的具体要求,通常用"上述要求,请予函复";"祈请函复,为盼";"特此函达,谨候回复";"如蒙慨允,不胜感激"等句式作结。

问复函的正文。询问函先写缘由。要写清问题产生的情况、原因或起因、过程,以使对方了解问题产生的原因和背景,便于作出针对性的回答。其次写所要询问的问题。主要写具体问题是什么,请求对方解答或解决什么等。最后是结尾,对于期望答复提出明确的要求。答复函先引述来函,以明确答复对象,常用句式为"你单位关于××××的来函收悉"或"你单位××函〔××××〕×号文收悉"等。接着以"经研究现对……答复如下"的句式领起,答复询问的具体事项。回答应极具针对性,切勿答非所问。最后用"特此函复"或"专此函告"等语作结。

请准(审批)函的正文在结构上类似于请示,审批函在结构上类似于批复,请求批准的一方要写明请求的原因、请求事项和规范的结束用语,审批的一方要针对请求事项作出明确具体的答复。

(4)发文机关和成文日期。写法类同于一般公文。

2. 写作要求

(1)格式应规范。信函式格式有别于一般公文格式,在使用时应注意严格区分。

(2)态度诚恳,语气谦和。除针对请求批准函的复函外,大多数函对收文单位没有行政约束力。相互的地位和行文目的决定了函的用语必须谦和,态度诚恳,切忌发号施令或语气生硬。即使是请准(审批)函也要注意用语得体,请准一方不必唯唯诺诺,审批一方也不能颐指气使。

(3)开宗明义,不用客套话。行政公文的函不同于私人函件,无论主动发函还是被动复函,均应开宗明义,切忌寒暄客套、漫无边际、话题旁出、不得要领。

(4)结语有别,据事而定。函的结束语大多比较固定,但因函的种类不同,其结束语也因而有别,应根据具体种类准确地配套选择。

二、纪要

适用于记载会议主要情况和议定事项。会议纪要向上汇报,让上级了解情况,同时要向下传达,以便下级机关遵照执行,因此它的行文方向较为灵活,可上行、下行和平行。纪要具有纪实性、概括性、约束性、依附性。根据会议的性质纪要可分为办公会议纪要、专题会议纪要等。

(一)例文

案例 4-8

关于农业农村工作的会议纪要

2012 年 8 月 15 日，镇委书记×××，副书记、镇长×××在镇政府四楼会议室参加农业农村工作办公会。会议听取了 1 至 7 月全镇农业农村工作情况汇报，分析了当前面临的形势和问题，安排部署了后阶段重点工作。现纪要如下：

会议认为：今年来，农业农村工作在镇党委、政府的正确领导下，紧紧围绕建设窗口型农业的工作目标，较好地完成了工作任务。一是全年目标任务稳步推进。农民人均纯收入完成全年目标任务的 58.3%；村级集体经济收入完成全年目标任务 100%；新农村建设完成总任务数的 41.6%。二是产业结构调整步伐加快。食用菌种植完成县下达任务的 114.6%；生猪出栏完成县下达任务的 58%；蔬菜种植完成县下达任务的 100%。三是农业项目实施进度良好。28 口堰塘及 6 处沟渠的整修任务圆满完成；北门熊家二桥危桥改造和 4 个小(二)型水库的除险加固顺利申报；全镇 3.3 公里道路硬化全面启动。四是重点工作取得明显成效。城乡居民养老保险参保续保率达 100%；小额人身保险圆满完成县下达的 50%的承保任务；森林防火、防汛抗旱、水库除险、水利普查、病虫害防治等工作完成较好。

会议指出：1 至 7 月农业农村工作虽然取得一定成绩，但完成全年目标任务仍有较大的困难和压力：一是农产品加工值完成情况与县级目标任务相比差距较大；二是全县市级专业合作社申报指标少、我镇百花蜂业合作社优势不明显，申报难度较大；三是当前土地、山林矛盾纠纷频发，协调处理难度加大。

会议要求：虽然××镇农业块头较小，但要紧紧围绕全镇征地搬迁、综治维稳这两个工作重心，以结构调整为主线，以项目建设为抓手，以新农村建设为载体，以科技服务为动力，以落实惠农政策为保障，推动全镇农业农村工作再上新台阶。农办全体人员务必认真对照年度目标责任制，认清形势、分析问题、强化措施，围绕农产品加工值、农民人均纯收入等经济指标，奋力完成全年各项目标任务。在后阶段工作中，要加强农业项目的争取力度，强化工作的督办检查。要加强土地、山林矛盾纠纷的调处，营造良好的发展环境。要加大结构调整力度，主抓“菜篮子”工程建设，突出自己的特色和亮点。要以道路硬化、渠道“三面光”、堰塘整治为重点加强农业基础设施建设。要强化农业科技服务，培育科技人才，助推农业转型升级。要加强农民专业合作社建设，促进农业产业化发展。

参会人员：×××、×××、×××、×××、×××、×××、×××、×××

(二)讲评

1. 基本格式

(1)标题。纪要的标题一般由会议名称和文种构成。也有的是由正、副标题组成，如《抓住机遇，扩大开放——沿长江五市对外开放研讨会议纪要》。

(2)正文。前言用来概括介绍会议的基本概况。如召开会议的依据、目的、时间、地点、主持人、参加会议的单位或人员情况，会议的主要议题，以及对会议成果的总评价等；主体主要介绍会议讨论的主要情况、主要精神和议定的事项，可采用分项式、综述式或摘要式的写法；结尾提出希望、号召，有的也省去。

(3)落款。纪要的成文时间一般写在标题正下方，并加圆括号括入；也可在正文右下角署上成文时间，不需要加盖印章。

2. 写作注意事项

(1)收集材料,真实反映。

(2)抓住重点,突出中心。

(3)条理清晰,言简意明。

第六节 简报

简报是党政机关、人民团体、企事业单位内部传递某方面信息的简短小报。是具有汇报性、交流性和指导性的简短、灵活、快捷的事务文书。简报又称“动态”“简讯”“摘报”“工作通讯”“情况反映”“情况交流”“内部参考”等。简报具有简、新、快、实的特点。简即内容简明扼要,文字简洁;新即反映新情况、新问题、新动态;快即行文快、编排快、送发快;实即材料真实,不虚构。

简报种类有三:一是工作简报,主要反映本单位的各种工作和业务活动情况。便于上级了解下情,平级沟通交流;二是会议简报,用来反映会议进展情况,主要用于重要会议或大型会议。便于向上报告会议情况以及与会人员了解会议全部情况;三是动态简报,反映本单位的新情况、新问题等,有助于有关部门了解掌握新情况。

一、例文

案例 4-9 **控制农业面源污染 推进生态农业建设**

近期,市农业局召开会议,专题研究开展农业面源污染控制的多项措施,推进生态农业建设工作。

一、明确指导思想。以科学发展观为指导,按照“农业强、农民富、农村美”的发展目标,加强生态文明建设,建立健全农业面源污染“减、治、管”工作机制,大力发展“生态友好型、质量安全型、品牌效益型”农业,实现生态农业社会化、产业化、标准化、产品化、品牌化,全面推进农业清洁生产,提升农业生产废弃物资源化利用水平,促进全市农业农村经济全面协调可持续发展。

二、实施三大工程。

一是实施生态农业品牌提升工程,打造生态农业精品名牌。努力打造100个“三品一标”生态农业精品名牌,主要食用农产品“三品一表”认证率50%以上。加强标准化生态种养基地建设,力争到2018年,全市标准化基地建设率50%以上,基地生态种养技术普及率100%。推进生态农业品牌建设。在城乡接合部、重要湿地等区域创建一批生态休闲农业品牌,在华中农高区,建设一个大型生态休闲农业观光展示园。

二是实施“两清、两减”工程。重点是普及测土配方施肥技术。到2018年,全市建成智能终端配方站100个,测土配方施肥技术应用率达到90%以上,化肥当季利用率提高5%。推广秸秆粉粹、腐熟还田利用技术。重点抓好荆州城区5个镇秸秆禁烧和综合利用试点工作。2014年试点区秸秆还田利用率80%以上。到2018年,全市还田利用率达到50%左右,秸秆综合利用率80%以上。推广农作物病虫害综合防控技术。2018年全市累建专业性植保机防合作社 100 个，机防面积 30%以上，生防和物防面积 20%以上，化学农药使用量减少 20%。推广畜禽粪便无害化处理技术。重点推广稻-鸭、林-鸡、猪-沼-种-养、粪-肥料-种-养、清粪技术等生态种养模式和技术。2018 年建设畜禽粪便无害化处理示范场 50 个，建设乡镇和村级沼气服务网点 1 000 个，畜禽养殖小区沼气建设率 10%以上，万头猪场沼气建设率 50%以上，粪便综合利用率 85%以上。大力发展生态渔业。2018 年全市水产生态养殖率达到 50%左右。

三是实施农业湿地生态修复工程。重点是修复渔业生态环境，实施农业湿地生物多样性修复计划。2018 年全市建成水花生叶甲越冬保育基地 10 个，每年开展生物防治示范 1 万亩以上。创建一批农业湿地生物多样性修复示范区。积极争取农业面源污染综合治理示范工程。抓好农业面源污染监测调查工作，新建一批农业面源污染监测点。到 2018 年在农田沟渠建生态拦截沟 10 万米，建人工湿地 20 处，建农业湿地综合利用示范区 8 个。

三、加强组织保障。一是成立领导小组。为保障工作顺利开展，市农业局成立了以局长任组长，有关单位负责人为副组长的领导小组，并成立工作专班，具体抓好督办落实。二是争取项目支持。三是办好示范样板。四是抓好宣传工作。五是强化绩效管理。

二、讲评

(一)基本格式

一份简报分为 3 部分：报头、报体和报尾。

(1)报头部分。一般占首页的 1/3 版面，并用间隔红线与报体部分隔开。报头应写上：简报名称、期数、编发单位、印发日期、密级和份号。

(2)报体部分。报体部分内容包括：按语、标题、正文和署名。

按语一般有 3 种写法：一是说明性按语，介绍稿件的来源、编发原因和发至范围；二是提示性按语，提示稿件内容，帮助读者理解稿件的精神；三是批示性按语，也叫要求性按语，主要写在具有典型意义或指导作用的稿件前面。

标题。标题要求确切、醒目、简短，且富有吸引力。简报标题形式多样，可采用单行式，也可用双行或三行式。

正文。一般包括导语和主体。

导语：一般用一句话或一段话概括最重要的内容，给读者一个总的印象。写法一般有：叙述式、提问式、结论式等。概括文章的主题或主要事实（含时、地、人、事、因、果六要素）。

主体：对前言展开，使其具体化。

署名：写明提供材料的单位或个人姓名（正文右下方加上小括号）。如果作者即编发单位，则可不署名。

(3)报尾部分。报尾内容包括主送单位、抄送单位、印刷份数等。

简报的具体格式如下：

(二)写作要求

(1)要抓住热点问题、新问题报道。

(2)报道要实事求是，不能笔下生花。

(3)文字要简洁。一份简报字数控制在千字左右。

(4)编发要及时快速。时过境迁就失去它的价值、意义。

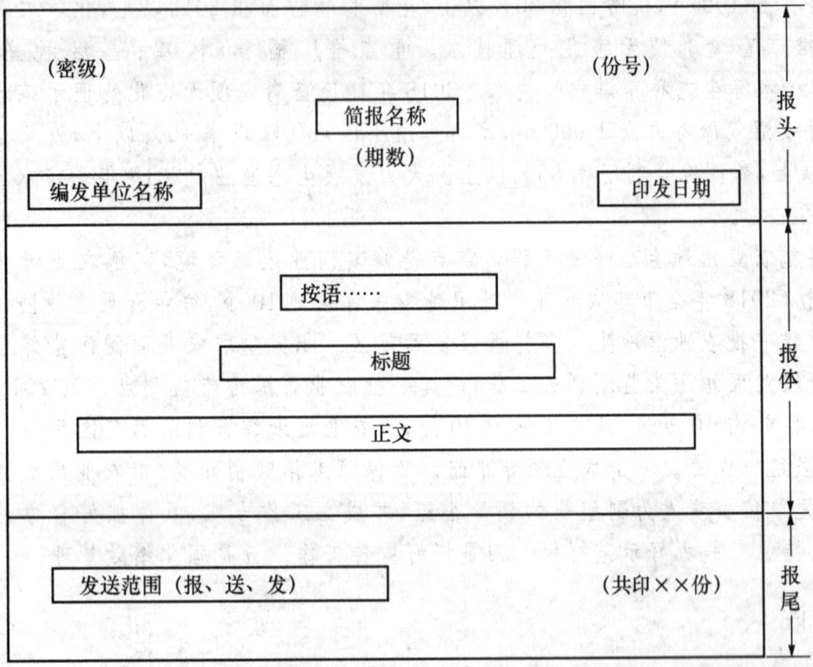

第七节　规章制度

规章制度是个总称。它是指国家机关、企事业单位、社会团体,为了维护正常的工作、学习、生活秩序,保证国家各项政策的顺利执行和各项工作的正常开展,依据法律、法令、政策而制定的具有法规性、指导性和约束力的应用文书。

根据其功能,规章制度可分为条例、规定、办法、细则等。

(1)条例。条例是具有法律性质的文件,是对有关法律、法令作辅助性、阐释性的说明和规定;是对国家或某一地区政治、经济、科技等领域的某些重大事项的管理和处置作出比较全面、系统的规定;是对某机关、组织的机构设置、组织办法、人员配备、任务职权、工作原则、工作秩序和法律责任作出规定或对某类专门人员的任务、职责、义务权利、奖惩作出系统的规定。它的制发者是国家最高权力机关、最高行政机关。如《中华人民共和国道路运输条例》。

(2)规定。规定是为实施贯彻有关法律、法令和条例,根据其规定和授权,对有关工作或事项作出局部的具体的规定。是法律、政策、方针的具体化形式,是处理问题的法则。主要用于明确提出对国家或某一地区的政治经济和社会发展的某一方面或某些重大事故的管理或限制。规定重在强制约束性。它的制发者是国务院各部委、各级人民政府及所属机构。如《女职工劳动保护规定》。

(3)办法。办法是对有关法令、条例、规章提出具体可行的实施措施;是对国家或某一地区政治、经济和社会发展的有关工作、有关事项的具体办理、实施提出切实可行的措施。办法重在可操作性。它的制发者是国务院各部委、各级人民政府及所属机构。如《国家行政机关公文处理办法》《××大学兼职教师聘用、管理、考核暂行办法》。

(4)细则。细则是为实施"条例"、"规定"、"办法"作详细、具体或补充的规定，对贯彻方针、政策起具体说明和指导的作用。它的制发者是国务院各部委、各级人民政府及所属机关。如《中华人民共和国税收征收管理法实施细则》。

(5)章程。章程是政府或社会团体用以说明该组织的宗旨、性质、组织原则、机构设置、职责范围等的纲领性文件，具有准则性与约束性的作用。它的制发者是政党或社会团体。如《中国共产党章程》《××公司章程》。

(6)规则。规则是机关单位为维护劳动纪律和公共利益而制定的要求大家遵守的关于工作原则、方法和手续等的条规。它的制发者是机关团体、企事业单位及其部门。如《足球比赛规则》《××市图书馆借书规则》。

(7)规程。规程是生产单位或科研机构，为了保证质量，使工作、试验、生产按程序进行而制订的一些具体规定。它的制发者是机关团体、企事业单位及其部门。如《土地增值税清算管理规程》。

(8)守则。守则是机关团体、企事业单位要求其成员遵守的行为准则，它倡导有关人员遵守一定的行为、品德规范。它的制发者是机关团体、企事业单位及其部门。如《员工守则》《小学生守则》。

(9)须知。须知是有关单位、部门为了维护正常秩序，搞好某项具体活动，完成某项工作而制订的具有指导性、规定性的守则。它的制发者是有关单位、部门。如《参观须知》《投稿须知》。

(10)公约。公约是人民群众或社会团体经协商决议而制订出的共同遵守的准则。是人们为了维护公共秩序，经集体讨论，把约定要做到的事情或不应做的事情，应该宣传的事情或必须反对的事情明确写成条文，作为共同遵守的事项。它的制发者是人民群众、社会团体。如《××市文明市民公约》《全国青少年网络文明公约》。

一、例文

案例 4-10

中央财政现代农业生产发展资金管理办法

第一章　总　则

第一条　为规范和加强中央财政现代农业生产发展资金管理，提高资金使用效益，根据《中华人民共和国预算法》、国家发展现代农业的相关政策和财政资金管理的有关规定，制定本办法。

第二条　中央财政现代农业生产发展资金，是指财政部设立的用于支持各省、自治区、直辖市、计划单列市和新疆生产建设兵团、农业部有关直属垦区(以下简称各地)，以关系国计民生或者具有区域优势、地方特色等条件的农业主导产业(以下简称优势主导产业)为重点，以促进粮食等主要农产品有效供给和农民持续增收为目标，推进农业现代化建设的专项资金。

第三条(略)

第四条(略)

第二章　资金分配

第五条　现代农业生产发展资金分配遵循以下原则：

(一)公正规范，科学合理。公平、合理、规范地分配资金，体现公平与效率；

(二)突出重点，统筹兼顾。集中资金重点支持关键环节，向优势产区倾斜，同时兼顾地区间的平衡；

(三)绩效评价，结果导向。建立项目实施和资金管理的绩效评价制度，实行以结果为导向的资金分配管理机制。

第六条　现代农业生产发展资金综合考虑粮食产量(产区)、地方财力、绩效评价结果、以前年度资金分配结果和其他相关因素进行分配。

现代农业生产发展资金对北京、天津、上海3个直辖市，计划单列市，新疆生产建设兵团和农业部有关直属垦区给予定额补助。

第三章　方案编报与资金下达(略)

第四章　资金使用管理

第十一条　各地财政(务)部门应当会同有关部门紧紧围绕关系国计民生或者具有区域优势、地方特色的农业主导产业，确定现代农业生产发展资金扶持的立项优势主导产业。要将立项优势主导产业扶持项目落实到具体品种。不得笼统地将粮食、畜禽、水产、林业等综合性行业作为一个立项优势主导产业。

各地应严格控制立项优势主导产业的数量，对立项优势主导产业的扶持要保持一定的连续性，并按照集中连片的原则，推进产业带建设，形成规模效益，确保优势主导产业做大、做强、做优。

第十二条至第十九条(略)

第五章　绩效评价和监督检查

第二十条　财政部建立现代农业生产发展资金绩效评价制度。财政部负责对省级财政(务)部门上一年度相关工作情况进行绩效评价，并将绩效评价结果作为资金分配的重要因素。省级财政(务)部门负责对行政区域内项目县(市、区)进行绩效评价，并根据实际情况合理运用评价结果，引导项目县(市、区)管好用好资金，充分发挥资金使用效益。

第二十一条至第二十四条(略)

第六章　附　则

第二十五条　省级财政(务)部门应当根据本办法，结合本地实际，制定现代农业生产发展资金的管理细则，并报财政部备案。

第二十六条　本办法自2013年2月1日起开始施行。财政部2011年5月13日颁布的《中央财政现代农业生产发展资金管理办法》(财农〔2011〕68号)和2008年6月19日颁布的《县级财政支农资金整合工作考评暂行办法》(财农〔2008〕144号)同时废止。

二、讲评

(一)基本格式

规章制度一般由标题、正文和时间组成。

(1)标题。有4种写法：单位名称、内容范围和文种；单位名称、文种；单位名称、内容范围、成熟程度和文种，如《中华人民共和国计算机信息网络国际联网管理暂行规定》；单位名称、内容范围、文种和成熟程度，如《中华人民共和国社会保险法(草案)》。

(2)正文。规章制度的正文有两种写法：一是分章列条法：全文分若干章，章下又分条。第一章称总则，一般说明缘由、依据、对象、意义等；从第二章到倒数第二章是主体部分，即规定的具体事项，也称分则；最后一章是附则，主要对主体部分进行补充、说明。采用这种方法，要注意章与章是分开的，但每章中的条是连续排列下来的。二是逐条贯通法：全文从头至尾，以分条或分项来写，这种写法一般适用于制定内容较简单的规章制度。

(3)时间。有的规章制度是由会议通过或部门批准，通过和批准的时间写在标题的正下方，并且要用圆括号括起来。

(二)写作要求

1. 规章制度所写的内容要合法

不管是哪一种规章制度，其内容都必须符合国家的法律、法令、方针和政策。不能出现与其相抵触的规定。

2. 规章制度所写的内容要可行

涉及的规定不符合客观现实，缺乏针对性，既是定的再多再细，也无济于事，形同虚设。

3. 规章制度层次要符合逻辑

所做的规定前后不能包含，不要矛盾，层次要分明。

4. 规章制度内容要周全

只有这样执行时，才能有法可依，有章可循。

第八节　述职报告

述职报告是各级各类机关工作人员，向上级、主管部门和下级及群众陈述任职情况，包括履行岗位职责，完成工作任务的成绩、存在的问题、今后如何做，进行自我回顾、评价、鉴定的应用文书。述职报告从内容上分为综合性述职报告、专题性述职报告；从时间上分为任期述职报告、年度述职报告、临时性述职报告。

一、例文

案例 4-11

述职报告

各位领导：

按照市委的统一安排，现在我就党建工作履行职责情况向各位领导做如下汇报：

××乡总人口×××人，下设×个党支部，有党员××名。一年来，在上级党委的正确领导和关心支持下，乡党委坚持以“十七大”精神为指导，以“抓班子、强队伍、求发展、促和谐”为党建工作思路抓好基层组织建设。作为党委书记，我以“抓好党建是本职，抓不好党建是失职”为准则认真履行党建“第一责任人”职责，努力抓党建、强班子、带队伍，各项工作取得一定成效。

一、以提高执政能力为重点，集中精力抓好领导班子和干部队伍建设。

2010 年我场党委紧紧围绕发展农村经济、增加农牧民收入、维护农村稳定、建设社会主义新农村的大局，将基层组织建设与壮大经济相结合，与增加农牧民收入相结合，与新农村建设相结合，努力实现与当前农村目标任务、党委工作目标任务和广大人民群众的愿望和要求相统一。

1. 发挥政治核心作用，内强素质，外树形象，加强自身建设。

我作为一班之长深刻体会到，班子建设是党建工作中最关键、最核心的内容，建设一支强有力的班子是能否实现各项工作上台阶的重要保证。在具体工作中，一是加强班子思想政治建设。建立党委中心组学习制度、学习考评制度，经常开展集中学习、经验交流活动，不断加强领导干部五种能力建设；二是加强民主集中制建设。在班子内部大兴“民主、团结”之风，对重大事项坚持民主集中制，努力协调好和班子成员之间的工作关系，打造了一支团结的、有战斗力的、能够切实为人民服务的领导班子；三是加强制度建设。对现行的干部管理制度进行了修订，完善了车辆管理制度，加强了财务管理。同时加强制度教育，领导干部身体力行率先垂范带头执行制度；四是创造条件、优化环境，营造拴心留人的良好氛围。今年场党委在上级党委的大力支持下着力改善了机关办公和干部住宿环境，营造了安心留人的良好工作环境。

2. 加强村队组织建设，增强党支部的战斗堡垒作用。

一是选好村队党支部书记，建好支部班子。为充分体现党支部书记的核心作用，今年对5个村队实行了书记、队长“一肩挑”。建立了岗位工资加绩效工资提高村队干部工作报酬、提高养老统筹交费基数等激励关爱机制，激发村队干部干工作的积极性；二是加强党员干部教育培训。举办村队两委班子培训班，进一步提高思想认识、知识层次和领导水平；三是抓好“党员示范户”建设，深入开展“三级联创”活动，发挥党员干部的先锋模范和示范带头作用；四是着重抓好村队后备干部队伍建设。从政治强、懂经营、会管理、肯奉献的优秀青年中选拔了后备干部23人，经过培养已有6名后备干部走上了村队领导岗位。五是以远程教育基地为平台，加强实用技术培训，增强农民致富的本领。

3. 加强村队办公阵地建设，提高党支部凝聚力和向心力。

今年筹措资金将机关及老年活动中心进行了装修，并将机关取暖由土暖改造为水暖，党委统一为每个活动阵地配备了两套火炉，统一供应燃煤3吨，保证阵地热起来。选配责任心强的党员担任义务管理员进行阵地日常管理，使活动阵地真正成为各队制定发展大计，倾听群众呼声，解决邻里纠纷、密切干群关系，扶贫解忧帮困的主要平台。

二、以保持党的先进性为宗旨，加强和改进党员教育管理（略）。

三、抓好党建，增添动力，促进经济和社会全面发展（略）。

四、党建工作存在的问题和不足，及今后的工作思路。

虽然工作取得一定的成绩，但仍然存在不足。一是基层组织阵地建设相对滞后；二是村队干部队伍素质还需要进一步提高；三是牧业村队党员教育和管理比较薄弱等。

今后在市委、市政府的正确领导下，以践行“三个代表”重要思想为指导，以加强执政能力和党员先进性为突破口，以实现全场“三个文明”协调发展为根本目的抓好2011年的党建工作。一是找准差距、理清思路、精心谋划抓部署，做到心中有数；二是转变作风、沉下身子、主攻重点抓提高，抓好“党员示范户”建设，继续发挥党员干部的先锋模范和示范带头作用。三是积极探索、大胆实践、立足创新抓特色，把特色体现在工作优势、工作重点和典型培育上；四是强化责任、加强领导、精心组织抓落实，使党建工作的效果体现在踏踏实实的工作之中。

我的述职汇报完毕，不当之处，请批评指正。谢谢大家！

述职人：×××

2011 年 1 月 15 日

二、讲评

（一）基本格式

述职报告包括标题、称谓和正文 3 部分。

1. 标题

一般有两种写法：一种由述职人和文种构成，如《我的述职报告》；另一种直接用文种做标题，如《述职报告》。

2. 称谓

称谓是报告者对听众的称呼，称谓要根据会议性质及听众对象而定。如“各位领导”“各位代表”“各位评委”“组织人事部”等。

3. 正文

包括开头、主体和结尾三部分。

开头，概述现任职务、任职时间、岗位职责、工作目标及对自己工作的总体估价。

主体，即履行岗位职责的情况。其内容包括：

（1）履行职责的基本情况。采用平实、概括、简洁的语言介绍，如所任岗位、时间、地点等。

（2）任职期间的工作指导思想、工作成效及经验。

（3）存在的主要问题及今后努力方向。

结尾，一般有这 3 种写法：“以上报告不当之处，请领导和同志们批评指正”；“以上是我的述职报告，谢谢各位”；“以上述职报告妥否，请予审议。谢谢大家！”。

（二）写作要求

1. 实事求是地评价自己履职期间的成绩

既不夸大，也不缩小，既能摆成绩，又敢讲存在的问题。用语要准确、恰当、有分寸。

2. 要抓住重点，突出个性，写出特色

突出自己独有的作风，独有的贡献，重点叙述自己在具体工作中所起的作用。

知识测试

一、填空题

1. 按照行文关系和行文方向不同，公文可分为________、________和________三类。

2. 请示应当________，一般只写一个________，需要同时送其他机关的，应当用抄送形式，但不得抄送其________。

3. 公文标题的三要素是________、________、________。

4. 通知是“适用于________下级机关的公文，________上级机关和不相隶属机关的公文,传达要求下级机关办理和需要有关单位周知或者执行的事项,__________”的公文。

5. 通报是用于__________,__________,传达__________或情况的一种公文。通报根据其适用范围一般包括__________、__________和__________三种。

6. 简报是__________、__________、企事业单位内部传递某方面信息的简短的小报。具有__________性、__________性和__________性的事务文书。

二、简答题

1. 画出公文格式的示意图。

2. 下面几种现象在批复写作中较为常见,请你指出其存在的问题。

(1)某批复的开头部分:你们健泰水务有限公司 2009 年 3 月 26 日以“健水〔2009〕6 号”发出的请示《健泰水务有限公司关于供水政策的两个具体问题的请示》我们公司已经收到并对有关情况已经了解。

(2)某批复的开头部分:你公司关于科技开发经费的请示收悉。

(3)某批复的标题:清河市公共事业局关于同意灵活执行供水政策给健泰水务有限公司的批复。

技能测试

1. 指出下面这篇公文存在的问题并修改。

江南职业技术学院

江职院经(2007)6 号

经济贸易系关于确定专业带头人的通知

各教研室:

为充分调动专业建设积极性,切实提高我系专业建设水平,根据学校有关文件精神,经系党政联席会议研究决定:李松同志为国际贸易专业带头人,张海同志为会计电算化专业带头人,王忠同志为物流管理专业带头人。我系将在业务进修提高、参加专业学术会议、配置系内教学资源等方面给予专业带头人一定的政策倾斜。

希望上述专业带头人带领有关专业教师,认真研究专业建设规律,潜心探索专业发展道路,不断深化专业改革,为全面提高我系专业建设水平做出更大的贡献。

2007 年 5 月

2. 以本班或本校当前存在的一些不良倾向为例向校领导写一份情况报告。要求学生自己去观察事物,自己去收集材料。如食堂卫生、宿舍管理、用电管理、环境卫生、学生课余活动情况等。

3. 根据以下情景,拟写一份请示。

清河职业技术学院人文系文秘班计划在全国推广普通话宣传周开展演讲比赛、诗词朗诵比赛、小品演出、“校园啄木鸟”纠错比赛、校园普通话使用情况调查等系列活动，以锻炼同学们的语言表达能力、文章写作能力、活动组织能力、人际交往能力等。

假如你是负责这次活动的组织者，请以班委的名义，就此次活动的开展拟写一份请示寻求系领导的支持。

4. 根据下述内容拟写一份通知，标题、发文字号、收文机关自定。

阳光农牧科技实业总公司决定于 2014 年 1 月 18 日在长城大厦 10 层第二会议室召开总公司科技创新工作会议，总结 2013 年科技创新工作的经验，研究 2014 年科技创新工作的计划。参加会议的人员为总公司科研中心全体人员，各分公司分管科技工作的副经理和科研部主任。要求开会时携带本年度科技创新工作总结及下年度该项工作的基本计划。

5. 评改下面这篇通知并为之添加标题。

公司各部门：

公司总经理办公会议讨论了公司后勤处、宣传部提出的《关于开展春季绿化种树活动的计划》，总经理办公会议对此做了认真的研究，基本上同意所提的主要要求，望动员、组织全体员工逐条贯彻、严格落实。

绿化植树是一件与国与民都十分有益的大好事情，是精神文明建设的一项重要内容，既体现了自己的精神美德，又造福于子孙后代，希望引起各部门负责人的重视，指定一位同志专抓此项工作。为了使全体员工都能充分重视这一活动，行动前要把此件原原本本向大家进行传达，并组织讨论，让大家充分发表意见，以利统一思想、统一行动、统一意志。

附件：《关于开展春季绿化种树活动的计划》

2013 年 2 月 1 日

6. 请根据下面的材料写一份通报。

2012 年 5 月 13 日中午，美味乳品公司职工何大伟在单身职工宿舍使用电炉烧水，水未开时遇公司突然停电，后何大伟未将插头拔出便离开宿舍上班了。下午 4 时来电。电炉烘烤旁边的写字台达两个小时之久，致使写字台着火，蔓延至窗户，烧毁写字台一张，电脑一台，幸亏公司工人及时发现，才避免造成更大的火灾。为此，公司对何大伟记严重警告处分一次，并责令按价赔偿火灾造成的损失，扣发第二季度奖金。

7. 东风农机有限公司缺乏得力的企业管理干部，得知省经委举办了一个短期企业管理干部培训班，拟从本公司抽调四名技术人员参加培训。于是该公司向省经委办公室写了一则询问是否同意代本公司培训管理干部的公函，省经委办公室收到来函后经研究决定同意该公司的请求，即给东风农机有限公司回了函。请按上述材料替东风农机有限公司和省经委办公室各写一份询问函和复函。

8. 指出下面这篇规章制度写作上的问题。

健身房管理规则

为了增加本单位职工体育活动的内容，促进身体健康，提高工作效率，开设健身房，并制定本规则。

一、开放时间：每天早上 6:30—7:30，晚上 7:30—9:30，星期六休息，星期天照常开放。

二、凭工会发给的健身卡入场。每场只限 30 人，因为场地不大，器材有限。

三、注意操作安全，按规程操作，违者后果自负。

四、保持室内卫生清洁，不准吸烟、随地吐痰，乱丢果皮纸屑。

五、爱护器材，用完放回原处。

六、服从管理人员安排，违抗者管理人员有权将其驱出。本规定从本日起执行。

青原乳品公司办公室

2014 年 6 月 15 日

Chapter 5

第五章

农业科技新闻文体写作

知识目标

1. 了解消息、通讯的概念、特点和种类
2. 掌握消息、通讯的格式、结构及写法

技能目标

1. 能根据消息和通讯的写作要求，撰写出合乎规范的消息和通讯
2. 能鉴别出消息、通讯作品的优劣，指出新闻作品中存在的问题

第一节　消息

消息是一种用概括叙述的方式和简明扼要的文字，尽快报道新近发生的具有一定典型意义的客观事实的新闻体裁。消息是最常用的一种新闻文体，也是当今世界上时效性最强的一种传播方式。

消息具有内容真实准确、报道迅速及时和文体简短明快的特点。目前，依写作特点将消息大致分为以下四类：

(1)动态消息。报道国内外新近发生的或进行中的重大事件和活动的消息，是报社、通讯社、广播电台和电视台最常用的、最基本的消息类型。往往是抓住刚刚发生的一个事实、一种情况，简明扼要地写成稿子，迅速及时地告诉读者。它的特点是主题集中，一事一报，篇幅短小，文字简练。

(2)综合消息。以综合反映全局性情况为内容的一种消息报道，它常常把不同地区、不同单位的若干事实围绕一个中心组合起来，进行鸟瞰式的报道。它反映的面较宽，要求作者掌握充分材料，挖掘材料本质；既了解全局概貌，又拥有典型事例，做到有点有面，点面结合，准确深刻反映事实。

(3)经验消息。也称典型报道，它是报道某一单位或某一部门工作中取得的最新经验的消息。在行文中往往侧重于交代情况，叙述做法，反映变化，用具体的事实反映规律性的东西，供人借鉴、学习。它一般能比较集中而典型地体现党和国家的方针政策，反映事物的普遍规律，为解决当前实际工作存在的问题提供直接或间接的经验。这类消息指导性强，常能够以点带面，促进全局工作，故须有较强的针对性和说服力。

(4)述评消息。也称新闻述评，通常对国内外的重大事件和各行各业的成就或教训边叙边评，兼有新闻和评论两种功能。写作上采用夹叙夹议的方法，阐明事物的意义，揭示事物发展的规律，传递信息，指导工作。这类消息的依据是事实，着眼点却是评论，因此，事实的叙述比较概括，评论则要一针见血，鞭辟入里。

一、例文

案例5-1

“本地企业发展快，群众都坐着火车又回来了”

火车站见证兰考经济变迁

本报讯　（记者童浩麟）12月2日下午3点15分，兰考县南彰镇徐洼村村民李麦花在新疆摘棉94天后，乘坐K1352次火车回到了兰考。

94天挣了6 100元，比去年少了2 000元。“今年全国涌到新疆摘棉的人有70多万人，比去年又多了10万。”李麦花说。

“今年兰考到新疆摘棉的明显减少。”兰考县火车站总支书记何金峰说，“从火车站出发摘棉的约为1.8万人，比去年少了8 000人。”

兰考县劳动和社会保障局统计数字显示，在2008年达到18万人次峰值以后，兰考劳务输出总数逐年回落。今年前10个月，兰考就地转移劳力6万人，本地就业和外出务工人数比例达到了74∶26。

“兰考的劳务经济,已从劳务输出进入到回乡创业和带动就业层面。”兰考县劳动和社会保障局局长孔留书说,“劳务经济的变化和本地经济发展密不可分”。

自2008年起,兰考县委、县政府每年春节都举办“返乡创业明星评比活动”,在评出的52名创业明星中,无一不是20世纪90年代从兰考走出去的务工人员。

第五届创业明星古顺风回报家乡的是投资1.5亿元的生态农业科技园。“公司已促使2 500亩土地实现流转。”古顺风说,“1亩地2万元的效益,完全可以让村民不出村就挣钱。”

在古顺风生态农业科技园打工的城关镇姜楼村村民有470人,人均月收入1 600元。“在家门口就能养家,还能顾家,俺咋还会舍近求远外出打工呢?”村民齐庆竹说。

“兰考火车站虽然是陇海铁路线上一座普普通通的县城车站。但却见证了兰考人民生存的几次改变。”焦裕禄纪念园管理处副主任董亚娜说,“1962年焦裕禄来兰考的第一天,在火车站看到外出逃荒的群众直流泪。20世纪90年代,百姓又一次坐上火车离开兰考,兰考进入劳务输出时代”。

“17年共介绍了2万多人外出打工。”作为兰考最早从事劳务输出的游富田说,“因为本地企业发展快,群众都坐着火车又回来了。今年我就不再介绍劳务外出了。”

“随着当地企业用工越来越多,企业用工空岗、用工备案在我局频率越来越快,从2010年的一年4次,发展到现在的一月一报。”孔留书说。按照规划,未来5年,兰考企业将全部消化本地富余劳动力。

2011年,兰考县财政一般预算收入完成5.1亿元,同比增长76%,由2008年的全省排名第103位上升到第42位;固定资产投资完成63.5亿元,增长30.7%,增幅居全省10个直管县第一位。(第二十三届中国新闻奖消息类一等奖,原载于2012年12月3日《河南日报》)

二、讲评

(一)基本格式

消息一般由标题、消息头、导语、主体、背景材料与结尾6部分组成。

1. 标题

消息的标题是对内容最鲜明、最精炼的概括,能揭示消息主旨,对消息起画龙点睛作用。从形式上看,消息的标题有单行、双行和多行三种。

(1)单行标题要简洁明快地反映消息的中心内容,语言要鲜明、醒目、易记。单行标题一般用实标或虚实结合。

例1:外地人在京纳税五年才能买房 ——(实标)

例2:河南“四大天王”作家解读中原文化“密码” ——(虚实结合)

(2)双行标题一般有“引题+正题”或“正题+副题”两类。引题也叫眉标、眉题、肩题,位于正题的上方,是正题的基础和先导,主要用来交待形势、背景,说明主题的由来、意义,起一种引发、烘托、提挈主题的作用。副题也称子题,位于主标题之后,是对正题的补充或诠释,应提要式说明消息的重要事实或事件结果。不管何种类型,其中必须要有一个标题是实标,另一个可实标也可虚标。

例1:“肥水”流入“外人田” ——(引题 虚标)

我省一批医药科研成果被省外企业买走 ——(副题 实标)

例2:四川汶川发生8级强烈地震 ——(正题 实标)

北京时间5月12日14时28分北纬31度东经103.4度 ——(副题 实标)

(3)三行标题是由"引题+正题+副题"三部分组成。引题的字号小于正题而大于副题,字数通常少于副题。正题位于引题与副题之间,字号最大,是标题的中心,要对消息的主要内容作简洁、鲜明的标示,没有正题,新闻标题就不能成立。副题字号最小,位于主标题后,对正题主要起补充、注释作用。三行标题多用于重大活动、重要成果或专访要闻等。

例1:知否?知否?应是贱"肥"贵"瘦" ——(引题 虚标)

爱吃瘦肉者 请您多付钱 ——(正题 实标)

本省十几个县市调整猪肉各品种之间的差价 ——(副题 实标)

例2:日本内阁公布的2010年GDP数据首次证实 ——(引题 虚标)

中国GDP超日成世界第二大经济体 ——(正题 实标)

但人均GDP只有日本的十分之一 在世界排名第100位左右——(副题 实标)

2. 消息头

消息头是消息的标志,目的是交代稿件的来源及相关信息,其形式主要有"讯"与"电"两大类。"讯",主要指通过邮寄或书面递交或网络的方式向报社传递的新闻报道。如"本报讯"、"本报上海3月10日讯"等。"电",主要指通过电报、电传、电话、网络等形式向报社传递的新闻报道。如:"新华社北京2月21日电"。

3. 导语

导语即新闻的开头,是消息的第一句话或第一段,是新闻的独有结构成分。它用极其简要而生动的文句,概括新闻的精华,揭示新闻主题,唤起读者的兴趣和注意,使之不得不继续看下去。导语写法常用的有以下几种:

(1)叙述型导语。即直接叙述新闻事实,简明扼要地反映出新闻中最重要、最新鲜的事实,给人一个总的印象,以促其阅读全文。其特点是概括性强,能突出消息的主要内容。如:

中国人民大学本科毕业,后在美国耶鲁大学就读的张磊,"已经保证"向耶鲁大学捐赠888.888 8万美元,并称耶鲁大学改变了其一生。不少中国网友对此事表示不满,认为张磊不该向耶鲁捐款;也有网友反思说,这是中国教育的失败。

(2)描写型导语。即用形象性语言对新闻事实中的突出细节进行描绘,给读者以现场感或生动感,给读者留下强烈的印象,吸引读者读下去。如:

长袖宽衣,峨冠博带;裙袖飘飘,举袂若仙;身着屈裾显窈窕,娇弱似花惹人怜。郑州市绿荫公园内,一群身着汉服的美女轻步细摇。那一件件华美的衣衫啊,让人觉得时光仿佛倒退了千年。(2011年2月2日《大河报》:《穿汉服结"同袍" 秀出传统之美》)

(3)评议式导语。夹叙夹议、有述有评的导语。往往采用夹叙夹议的方式,通过极有节制、极有分寸的评论,引出新闻事实。如:

《中共中央关于国民经济和社会发展第12个五年计划的建议》强调:必须清晰地看到,我国发展中不平衡、不协调、不可持续问题依然突出,主要是收入分配差距较大,科技创新能力不强,产业结构不合理,城乡发展不协调,制约科学发展的体制机制障碍依然较多。(2011年2月15日《大河报》:《冷眼看待中国经济》)

(4)设问式导语。故意在消息的开头提出某个引人注目的问题,然后加以解答。如:

今年春天什么最时尚？当然是马拉松。3月27日，2011年特步中国郑州国际马拉松赛将激情开跑。（2011年2月3日《大河报》：《想跑就抓紧》）

(5)引语式导语。适当引用新闻中主要人物的精彩语言，给人以强烈印象。所引用的话，必须在一定程度上反映出报道的主题；必须生动、精彩、富有新意；必须忠于原意；引语不要太长。如：

“中国仍然是一个发展中国家，人均GDP不但只有日本的十分之一，甚至不到世界平均水平的一半。而日本的发展，比如城乡之间、经济社会之间的发展比较平衡，而我们发展不平衡的问题突出，差距很大。”北京大学国民经济核算研究中心研究员蔡志洲表示。（2011年2月15日《大河报》：《中国GDP超日成世界第二大经济体》）

(6)对比式导语。用对比性材料和观点作导语，用来引发读者兴趣，给读者以鲜明、深刻的印象，引起思考和关注，并吸引他们读完全篇。如：

美国媒体报道：中国历史性的变化凸显出了两个国家财富的变化：中国经济的蓬勃发展，并且正在主导世界经济；而日本经济却尚未从泡沫破灭之后的经济停滞状态中实现全面反弹。如果中国保持目前的经济增长率，那么，到2020年至2030年间，它有望超过美国成为世界第一经济大国。（2011年2月14日《大河报》：《中国有望2020年至2030年间超美》）

(7)结论式导语。将新闻事实的结论和结果一开头就写出来，开门见山地反映事情的结果。如：

在全球各地方兴未艾的“汉语热”，现正在加拿大的高等院校内逐渐升温。约克大学语言、文学和语言学系所开设的中文教育课程，在今秋招收了155名新生，其中，非华裔的新生所占的比例接近八成。（2006年10月19日新华网 http://news.qq.com/《汉语课程受欢迎》）

无论哪种导语都要做到以下几点：出语不凡，巧于开篇，突出最具有新闻性的新闻要素；抓住事件的核心和精华，突出新闻本身所具有的特点；突出最新的内容和最新的时间概念；要清晰、简明和生动。

4. 主体

主体指导语之后、结尾之前的这部分内容，是一篇消息的主干和核心部分，是新闻事实的展开部分。它主要有两方面的作用：一是解释和深化导语。就是对导语所涉及的内容更进一步提供细节和有关材料，使读者对新闻事实有更清楚而具体的了解。二是补充新的事实。导语一般只涉及最新鲜、最重要的新闻事实，通过新闻躯干补充导语中未涉及的新闻要素，使六要素得以完备。主体部分安排材料的方法主要有主次顺序、时间顺序、逻辑顺序等。

5. 背景材料

指新闻事实产生的历史条件、环境条件，以及与其他事物之间的联系等。背景材料大体上有对比性材料、注释性材料、说明性材料三类。背景材料在文中应用时应灵活掌握，可以将它穿插于新闻导语、新闻躯干、新闻结尾等各个部分。它既可以穿插在段落中，也可以独立成段。无论放在何处，怎样使用，都要注意：紧扣主题，与报道内容相吻合，简繁适度。

6. 结尾

指消息的最后一段或最后一句，在新闻写作中具有重要的意义，它的写法根据内容的需要而定，其作用是呼应导语，收束全文，升华主旨，发人深思。其写作方式有多种多样，最常见的有以下几种：

(1)自然结尾法。即根据新闻报道的内容，顺乎自然地将必要的新闻要素交代完毕，全文已具有水到渠成之势，就此戛然而止。

(2)拾遗补缺法。即在结尾处补充其他新闻要素，使新闻报道完整、圆满；或者补充有关背景材料，使新闻报道更加充实、可信。

(3)别开生面法。这种结尾往往别出一层，补完题蕴。从另外一个角度点明消息作用和意义，使文章具有了更深的价值。

(4)卒章见义法。即在文章结尾处总括全篇，突出主旨，起到画龙点睛，卒章显志的作用。

消息结语宜实不宜虚 ，语言简短有力，力求精练。另外无论何种写法，消息的结尾应紧扣消息主题和新闻事实顺势而成，不画蛇添足。有些新闻事实在主体部分已写明白，就不必再加一个结尾。

(二)写作的基本要求

1. 交待要素要清楚

消息一般包括“Who”“How”“Where”“What”“Why”“When”六方面的内容，即“6W”，即事件的主人公，事件发生的时间、地点，事件的起因、经过、结果。这些是一篇消息的基本构成部分，又称消息要素。一般来讲，一篇消息就是由这些要素的不同组合而成的，短消息有时可以省略某些要素，但要以读者或听众明白无误为前提。

2. 确定主题应明确

消息的主题是新闻事实本身所具有的思想意义，也是选择和组织材料的依据。确定主题应区别两种情况，一是新闻事实比较单纯，思想意义比较显豁。这类题材本身就体现了明确的主题，无须再作进一步的提炼和升华。二是新闻事实比较复杂，具有多侧面内容，包括多种含义的。对待这一新闻事实须仔细分析，精心提炼，才能揭示其深刻意义。

3. 选择角度须新颖

所谓角度是指作者报道同一则新闻事实时不同的着眼点。在新闻写作中，选择最佳的报道角度是为了提炼恰当而深刻的主题，最大限度地体现新闻事实的价值。选择好的报道角度可以从以下三方面考虑：一是贴近受众，凸显人文关系。二是大处着眼，小处着手，做到以小见大。三是独辟蹊径，敢于标新立异。

4. 安排结构当合理

消息大体有3种结构形式：

(1)“倒金字塔”式结构。即以重要性递减的顺序来安排新闻中的多项事实，把最重要、最新鲜的事实或结论放在开头，比较重要的随后安排，再次的再向后排，依此类推，像一座倒置的金字塔。其优点是：既吸引了读者的注意力，又有利于编辑由后向前修改删节。

(2)“金字塔”式结构。即按事件发展的时间顺序安排材料的时序结构。其优点是首尾完整，脉络清楚，能紧紧地吸引读者，比较适合故事性强、情节曲折的新闻事件。

(3)“倒金字塔”和“金字塔”相结合结构。第一段按倒金字塔的导语要求来写，即概括写出最重要的事实，导语之后的内容则按事件发展的时间顺序一一道来。这种结构，既开门见山地道出了新闻的重要事实，又交代了事情发展的来龙去脉，点面结合、首尾呼应。动态消息、综合消息常用这一结构。

5. 斟酌语言宜得体

消息的语言不仅要求简明扼要，而且还要通俗易懂、用词准确。另外，可依据新闻事实恰当运用各种表达方式和相宜的修辞手法。总之，消息的语言应该是朴实而不单调，优美而不花哨，概括而不枯燥，只有这样才能吸引读者，收到更好的效果。

第二节 通讯

通讯是以叙述、描写为主要表达方式，将具有新闻价值的人物或事件及时、具体、生动地予以报道的新闻体裁。通讯具有深入性、生动性及评论性的特点。通讯取材严格，报道细致深入。在表达方式上，既能把叙述、描写、抒情、议论融为一体，也能把比喻、象征、拟人、通感等修辞手法运用得风生水起。表述要求生动形象，具有一定的文学色彩。在描述事实的过程中直接发表评论，抒发感情，以揭示其思想意义，表明作者的观点和倾向。通讯的种类包括人物通讯、事件通讯、工作通讯、概貌通讯和新闻故事等。

一、例文

案例 5-2

留住即将消逝的村庄

——江山市历史文化村落纪行

毛广绘

在古村落日渐消逝的今天，江山市留住了她们匆匆的脚步。全市 102 个行政村保留着历史文化村落的特色，宛如颗颗散落在乡野的明珠，熠熠闪光。

春夏之交，在古村落中穿行，不禁想起了海子的诗句：我要还家，我要转回故乡，我要在故乡的天空下，沉默寡言或大声谈吐……

一

雨后的大陈村，绿树掩映，古朴中透着清新。

扶着爬满青苔的砖墙，走在湿滑的青石路上，侧耳细听，幽远的小巷里飘来歌声：轻轻地在风中翻转，香香的在碗中盘旋……不管我们走得多远，故乡永远在我们心间……

循声而去，走进古老的“汪氏宗祠”，只见男女老少在村支书汪衍君的带领下且歌且舞，歌名叫《妈妈的那碗大陈面》，是他们的村歌。

“大陈村的乡土文化也曾面临消逝。”汪衍君说。

改革开放以来，一些村庄发展迅猛，变化很大，但是她们也消逝了，因为丢掉了该有的灵魂、脚步和炊烟——那些与城市截然不同的生活美学和心灵秩序。这样的村庄只是单纯的“居住地”，只是一个“空壳”。

大陈村也一度过度开采资源换取村庄的发展，经济上去了，在全市名列前茅，但村里风气日下，甚至成了央视《焦点访谈》曝光的后进村。

2005 年，汪衍君被推选为村党支部书记。上任第一天，再一次踏入村中那幽深的小巷，望着眼前走过 200 多年风雨沧桑的幢幢古宅，汪衍君若有所思。

在村民惊讶的目光中，汪衍君修缮了古建筑，请人写了村歌《妈妈的那碗大陈面》。

音乐声中，只见汪衍君在天井里深情歌唱，舞台上下，两边厢廊，村民们为他伴舞。一曲终了，汪衍君和白发苍苍的老奶奶偎依在一起。他说，村歌讲述的正是汪氏祖先一个关于母爱的故事。

"大陈面是村里秘传百年的美食，寄托了思念和家的味道。"一位老大爷眼噙泪花。文化润泽了百姓的心田，歌声中，村民被唤醒，浮躁的心得到了抚慰，大陈人不再片面追求经济发展。眼下，虽然人均收入只排在全市中游，但是村民的幸福指数却攀升到全市前列。央视记者再次来到大陈村，这次记录的是村民的幸福。

历史文化村落不仅是历史留给当代的遗产，也应该是当代留给未来的遗产。汪衍君相告，其实，我们的生活更离不开其中的文化。

二

同是古村落，形态却各异。

青山环抱，曲径通幽，徽派建筑古雅、简洁，青石板小路纵横交错。这是大陈村。

池塘四周，整洁的村道两旁树木葱茏，整齐划一的户外健身设施、老年活动室等一应俱全。这是永兴坞村。

粉墙黛瓦，素然而立，不带一丝奢华，不见一缕雕琢。小溪潺潺绕村过，荷叶田田迎客来。这是清漾村。

竹林摇曳处，古老的"馒头窑"散落在房前屋后，各式花盆壶罐的泥坯泛着泥土的芳香，成排成列晒在农家院子里，竹椅上，老陶工悠然地抽着烟。这是和睦村。

三

资金不足，始终是历史文化村落建设的"瓶颈"之一。

江山市找到了破解之法：政府资金保障、引导，确保历史文化村落建设的项目前期及主体工程、基础设施建设。至今，全市累计投入历史文化村落保护利用资金2亿多元。同时，以项目推进、适度开发来带动古村落的保护。

和睦村瓦窑自然村，是一个不足600人的小村落，在商代就有比较成熟的制陶工艺，至今保留着60多座"馒头窑"，被誉为中国古陶的"活化石"。但随着科技的发展和人们生活方式的转变，土陶村慢慢沉寂。

江山市政府及时启动了和睦彩陶文化村的保护与开发项目，成立和睦彩陶文化保护开发有限公司，政府出资2 000万元，引入社会资金2 000万元，整合村庄整治、幸福乡村建设等资源，统一规划、统一设计、统一建设。和睦人请来了陶瓷工艺美术师姜子牙，在原始制陶工艺中融入仰韶文化、半坡文化和马家窑文化等多种元素，开发生产800余种仿古彩陶工艺品，远销海内外。如今，传统制陶工艺得到传承，土陶文化产业重新成为村民的致富产业。

清漾村是江南毛氏发祥地，也是一代伟人毛泽东的祖居地。踏着青石板和鹅卵石铺就的小路，依次走过清漾祖宅、国学大师毛子水故居、清漾毛氏名人堂等景点，游客络绎不绝。

利用村内原有自然环境和历史遗存的建筑景观，江山市对历史文化村落进行了适度旅游开发，举办"毛氏旅游文化节"等活动，精心培育古村落文化休闲旅游业。清漾、浔里、花园岗等文化特色村，每年签约上海、杭州等城市游客5万人次以上。2009年以来，江山历史文化村落已接待考察游览的客人50多万人次。

古村落的保护还吸引了社会各界的参与，全市92个市级机关部门和部分规模骨干企业结对帮扶共建，到位帮扶资金500多万元。

四

这里，每个老百姓都担当着优秀传统文化保护和传承的重任，每个细胞里都跳动着文化的因子。

年逾古稀的吴赛仙，是省级非物质文化遗产廿八都山歌的传承人。老人现在演出不断，慕名而来的客人想听，她就唱；市里举办大型演出活动，她也登台亮相。在杭州打工的孙女更是欣喜地发现，奶奶的名气已在网络上传播开了。吴老太的“粉丝”，遍及海内外，其中不乏专家级的人物，日本的民俗研究者已两次专程来听她唱歌。不过，最让她高兴的，则是山歌课已经在当地学校成为正式科目。

走进永兴坞村缪氏宗祠，最吸引人的莫过于墙上的光荣榜，一边是好媳妇等名单，一边是小孝星等“五小”名单，村支书缪顺朝说：“小小光荣榜，让‘礼仪孝敬’在孩子们的心里悄悄扎了根。”在村两委会议室里，挂着“省文明村”“省文化村”等40多块荣誉匾，是江山所有行政村中最多的，这其中的三分之二和“文化”有关。

多年来，大陈村一直努力构建全村男女老少都能参与的文化平台。村里出资购买了音响等设备，组建了排舞队、坐唱班和合唱团，全体村民可以根据自己的兴趣爱好，参加一项或多项活动。村民汪长秋高兴地说：“白天干活，晚上来唱唱歌，能消除一天的疲劳，也融洽了邻里关系，生活很充实，很开心。”

每年农历十月初十的麻糍文化节上，外地人慕名而来，与村民一起互动，举办文艺活动。那一天，全体村民都要登台演出，而村民评选出来的“孝子贤孙”“十佳绿化示范户”“文明和谐家庭”，往往是舞台上最大的明星。

正是充分发挥和实现了农民的主体作用，江山才把历史文化村落的保护工作不断推向深入。（2012年5月11日《浙江日报》）

二、讲评

（一）基本格式

通讯一般由标题、开头和结尾三部分组成。

1. 标题

从写法上看，或直接揭示新闻事实，或提出问题，引人思考，或用比喻等修辞手法，曲笔达意。从形式上看，可以是单标题，也可以是双标题，一般正标题揭示或提示新闻内容，副标题交代报道的对象或新闻来源等。如《广西糖料开发创新路》《急诊，你为什么急不起来》等。

2. 开头

通讯的开头要引人入胜，激起读者的阅读兴趣。开头的方法主要有以下几种：一是用比兴手法描绘特定场面，以渲染气氛，引出报道内容；二是用引人的情节、细节或新闻事件开头，起到如同电影、戏剧“序幕”的作用，让读者立即触及通讯所报道的人物和事件；三是开门见山，下笔点题，以节省篇幅，使主题明朗显豁；四是用名人或所报道的先进人物的语言开头，以统帅全文；五是用诗歌、民谣或历史典故开头，从而为通讯奠定基调；六是用与通讯内容有密切联系的童话或神话故事开头，以增强通讯的感染力量。当然，通讯的开头没有固定格式，可根据内容的需要采用灵活多样的方法，如悬念、设问、议论或抒情等。

3. 结尾

通讯的结尾也没有固定的格式。常见的结尾方法有：画龙点睛，深化主题；借用对话，点明主题；类比烘托，激发斗志；引用诗歌故事，抒情言志；寓理于事，余味无穷；首尾呼应，结构完整。但无论哪种结尾都要耐人寻味，言已尽而意无穷，起到启发读者思考、加深读者印象的作用。

（二）写作要求

1. 提炼体现时代精神的主题

通讯的主题除要求正确、集中、深刻外，还要求能够体现时代精神。作者要站在时代的高度，凭着犀利的目光，敏锐的嗅觉，高度的责任感，认清时代发展的趋势，分析人物、事件的时代意义，确定富有时代精神的主题。

2. 选择具有典型意义的材料

具有典型意义的材料是指那些具体、最为感人、最能表现人物精神境界、最能突出主题的事实材料。典型材料是从采访来的大量素材中精心挑选出来，既具有代表性、有特点，能反映时代精神和本质的人物及情节，又要有生动感人的事迹和细节，还要有能说明人物和事件社会意义的背景材料。

3. 灵活运用多种表达手法

通讯不仅要像消息那样用事实说话，而且要用形象说话，因而要运用多种表达手法。其一，叙述、描写、议论、抒情等多种表达方式穿插实用。其二，比喻、象征、拟人、排比、反复等修辞手法信手拈来。其三，巧妙运用细节，可以使事件活灵活现，真切感人，可以使人物形象血肉丰满，可以使景物真切引人。其四，善于运用群众语言。群众语言富于形象、清新活泼、朴实简洁，散发着浓郁的生活气息。

知识测试

一、填空题

1. 消息是一种用__________的方式和__________的文字，尽快报道国内外新近发生的具有__________的客观事实的新闻体裁。

2. 消息是最常用的一种__________，也是当今世界上时效性最强的一种__________。

3. 消息具有__________、__________和__________的特点。

4. 依写作特点将消息大致分为以下四类：__________、__________、__________、__________。

5. 通讯是以__________、__________为主要表达方式，将具有新闻价值的人物或事件及时、具体、生动地予以报道的新闻体裁。

6. 通讯具有__________、__________及__________的特点。

二、简答题

1. 一篇消息的结构是由哪些部分组成的？它们各有什么特点和写作要求？

2. 消息的标题一般由多行组成，它们反映一定的内容，试分析下面一则消息标题各自的作用。

不得瑰宝非好汉 高原跋涉二万
王开发现藏族“天工开物”及珍贵实物
有关专家认为填补了科技史研究的空白
(《中国青年报》1988 年 4 月 5 日)

技能测试

1. 采访本校最近发生的重要新闻事实,用两种形式的导语分别写作两条消息。

2. 根据下列的材料写一篇要素齐全的消息。

中国人民大学本科毕业、后在美国耶鲁大学就读的张磊,向耶鲁大学捐赠 888.888 8 万美元,不少中国网友对此事表示不满,认为张磊不该向耶鲁捐款;也有网友反思说,这是中国教育的失败。

1989 年,张磊以驻马店市文科总分第一名的成绩考取中国人民大学,学的是国际金融专业。张承训说:“我清楚地记得,毕业聚会时,班主任孟法制老师让他讲两句。他说,学习没啥技巧,学的东西课堂上消化就是了。学习对他来说,是一件很轻松的事情。”

据介绍,张磊是驻马店市驿城区人,父亲是市外贸局干部,家庭条件较好。1986 年,张磊以优异的成绩考取驻马店高中,高二开学不到一个月,张磊就被同学们选为班长。当时选班长,是民主投票选举,张磊人缘很好。

张磊自述我为什么捐钱给耶鲁?

“1998 年,我申请到美国的大学读研究生。我选择了耶鲁大学,主要有几方面原因,首先,这是我父母唯一听说过的外国名校。在中国,耶鲁也是人们都知晓并且尊重的名校。这也是我想回馈耶鲁大学的原因之一。耶鲁帮助中国的历史已有 100 多年了,很多中国领导人曾在耶鲁受过教育。但在很长一段时间以来,这种互助的关系都是单向的,所以我极想改变这一点。”

“耶鲁管理学院改变了我的一生,这一点也不夸张。在耶鲁上学的时候,我离开过一年并回国创办一个网络公司。后来网络泡沫破灭,我又回到了学校。我曾经在耶鲁投资办公室和华盛顿新兴市场管理机构工作过,这些经历对我来说都是无价之宝。我在 2005 年又回到了中国,开始了我自己的投资基金。我们以 3 000 万美元起家,而现在我们的总资产已经达到 25 亿元。我创办的高瓴资本管理有限公司(据称负责管理耶鲁大学基金在中国的投资)现在已经成为中国最大的独立基金。”

张磊说自己对中国和美国都熟悉,了解中美文化,并深爱着自己的祖国和家乡。在耶鲁管理学院求学,学到了很多东西,不仅仅是金融或企业家精神,还有给予的精神;在华尔街金融界的历练,使自己达到了一种层次。他创办 Hillhouse Capital Man agement(高瓴资本管理有限公司),是以耶鲁的捐赠的基金作为初期投资运作起来的,耶鲁在公司初期运作期间投资帮了很大的忙,其资本来源主要是美国;如今事业做大做强了,回报耶鲁是件正常的反馈与报答,没有必要进行任何炒作。

3. 学习通讯的写法,了解校园里的优秀师生,选择合适人选为其写一篇人物通讯。

4. 结合下面文章,分析新闻故事的特点。

买缸记

王根礼

今年秋季大丰收，我家粮食打得多，急需买几只缸盛粮食。但是，爸爸连去窑厂三次，都没有买到。10月26日，天未亮，爸爸就把我叫起来，交给我30元钱吩咐说："快去窑厂等着，今天出窑，晚了又抢不到手了。"

当我来到窑厂门口时，发现已经来了很多人。其中有一男一女正大声嚷嚷。仔细一看，那女的是近门的三婶。她嚷道："我那4 000多斤稻谷，700多斤芝麻，900多斤黄豆都在地上堆着哩，缸买少了能中？"

那男的，我不认识。只听他瓮声瓮气地说："老嫂子，一窑一次只装百十个缸，你一人就抢了十仨，我搬俩你说不同意，能看着俺空手回家？"

三婶不让他说："为买这缸，我已经跑两趟空腿了！这回要不是起个大五更，又找了个帮忙的，恐怕还抢不到手咧！再说我买十仨，也还是不够哩。大妮还托我买四个，二妮叫买五个，未过门的媳妇还要四个。"三婶将手里的大沓票子，抖得"哗哗"响。

那男的见三婶执意不匀给他，便一副笑脸商量说："好嫂子，我家里光芝麻就过了1 700多斤，原来的缸啦、篓啦、囤子啦早满了，确实没地方装。您行行好，还是匀给俺俩吧！"说罢，眼巴巴地瞅着三婶。

三婶见那男的说得挺实在，想了想，说："你把钱留在我这，下次出窑，嫂子再起个五更给你抢俩，行不行？"

"好！好！那太麻烦您了。"说着，那男的恋恋不舍地离开了窑厂。

这时天已放亮，三婶从人群中把窑厂的会计心强拉到跟前，说："娃子，缸，我还得买！你大姑、二姑、弟妹，还有刚才跟我吵架的那位，一共还得15个。下次出窑，你说啥也得给老婶子抢到手。"她一边说一边往心强的口袋里放钱，"给，先给你10个缸的钱！"

窑厂门口很快平静了。我知道这第四趟又是白跑了，可我一点怨言也没有。因为我看到了农村大好形势，看到了更加美好的明天！

Chapter 6

第六章 毕业论文例文评析

知识目标

1. 了解高职学生毕业论文的类型
2. 掌握高职学生毕业论文的写作格式

技能目标

能根据所学专业独立完成一篇毕业论文的撰写

高职学生毕业论文的完成过程，是对所学知识、技术、技能综合运用的过程；是培养学生具有良好职业道德和科学的创新精神的重要途径；是结合生产实践，培养学生观察问题、分析问题、解决问题的能力，并将论文成果反馈到生产实践中加以检验的过程；是提高学生获取信息能力、语言和文字组织表达能力、社会活动能力的过程；是提高大学生综合素质的重要手段。

结合高职学生自身实际，将毕业论文划分为3种类型：

(1)试验性论文。结合专业教师的试验项目，在教师的指导下，通过设计试验、实施试验、对调查结果进行正确地分析总结。要求具有一定的科学性、创造性和实践性。

(2)企业实训调查研究论文。结合学生企业顶岗实习、就业实习进行，围绕企业生产项目、企业管理等方面进行调查研究，总结经验，提炼精华，提出自己的看法、观点。对生产、管理改进具有一定的指导作用和参考价值。

(3)综述性论文。结合学生学习、实习、实训，对某一学习领域进行调查研究，并对获取的信息资料进行分析、综合、归纳、概括，提出新的见解和观点。

一、试验性论文

(一)例文

案例6-1

“砂糖”无花果扦插生根试验

摘要：试验以“砂糖”无花果硬枝为试材，以强力生根剂、根乐、国光生根为处理药剂，研究不同种类的生根剂不同蘸根时间对“砂糖”无花果硬枝插条生根的影响。结果表明：强力生根剂400倍液蘸根5 s是促进“砂糖”无花果生根的最佳处理，其次为国光生跟200倍液蘸根10 s。

关键词：“砂糖”无花果；生根剂；生根率

前言

无花果，桑科榕属，主要生长于一些热带和温带的地方，属于亚热带落叶小乔木或灌木。干皮灰褐色，有平滑或不规则纵裂。无花果营养价值非常高，它的果实中富含糖、蛋白质、氨基酸、维生素和矿质元素。其含有的苹果酸、柠檬酸、脂肪酶、蛋白酶、水解酶等，均能帮助人体对食物进行消化。未成熟果实中的乳浆含有补骨脂素、佛手柑内酯等多种活性成分。无花果的果实、叶片、枝干以至于全株均可入药。果实除了具有健胃、助消化等功能之外，还能止腹泻、治咽喉痛。洗浴过程中在浴盆中放入干燥的无花果叶片，有暖身和防治神经痛与痔瘘、肿痛的效果，并且同时还具有润滑皮肤的美容作用。所以，在日本的无花果产品包装上均印有“健康食品”、“美容”等宣传字样。无花果最重要的药用作用表现为能够显著抑制癌症，它的抗癌功效也得到世界各国公认，被誉为“21世纪人类健康的守护神”。基于此，北方无花果的温室栽培受到青睐，苗木需求增多。无花果育苗可采用扦插繁殖，但为保证扦插繁殖的成活率，一般需要做一定的前期处理。据张力飞(2004)报道，无花果采用硬枝扦插根系所浸蘸的促根剂是萘乙酸。2013—2014年，我们采用强力生根剂、国光生根、根乐等药剂进行不同浸蘸处理，现将试验结果总结如下。

1 材料与方法

1.1 试验材料

供试品种为“砂糖”无花果。在温室无花果升温前，结合无花果树修剪，剪取植株健壮、芽眼充实饱满、无病虫害、髓心小，粗度在 1 cm 以上的一年生枝条，放置于冷凉处覆盖保湿备用。

供试药剂有：根乐，产自成都市成华农用化工研究所，主要成分是萘乙酸·吲哚丁酸；国光生根，产自四川国光农化股份有限公司，主要成分是萘乙酸；强力生根剂，产自重庆康农科技发展有限公司。

1.2 试验方法

1.2.1 温床准备

在温室果树行间，做宽 1 m 左右的电热温床。先将床面土壤翻松耙平，上面覆好 5 cm 厚的细河沙，然后铺设地热线，地热线间距 8 cm。整个床面整体略低于地面 20 cm，有利于浇水、保水。

1.2.2 插条剪截

取出贮藏的插穗，剪截成 15 cm 左右、带 2～3 个饱满芽的枝段。上端离芽 1 cm 平剪，下端斜剪。将剪好的插条进行整理分级，把长短、粗细一致的捆在一起，每 20 根为一捆，注意下端对齐。将捆好的插条放入清水中浸泡 24 h。

1.2.3 试验设计实施

2013 年 12 月 26 日，在日光温室内采用随机区组试验设计。设计 6 个处理（表 1），4 次重复。先摆放保护行，后排列各个处理。填充干净细河沙至第一芽下 1～1.5 cm，浇透水，水干后将剪口处涂伤口愈合剂。上部加棉被覆盖，降低床上部温度。愈伤组织形成期，对其温度要求较高，温室白天温度控制在 25～30℃，夜间温度控制在 10℃ 以上，地热线温度控制在 25℃。注意水分供应，7 d 喷一次水。

表 1 试验处理

处理编号	具体内容
1	强力生根剂 400 倍液，蘸根 5 s
2	强力生根剂 400 倍液，蘸根 10 s
3	根乐 50 倍液，蘸根 1 min
4	根乐 50 倍液，蘸根 10 min
5	国光生根 200 倍液，蘸根 10 s
6	清水

1.2.4 调查记载

1 个月后调查各处理的“砂糖”无花果插条生根情况，并将试验结果进行统计分析。

2 结果与分析

2.1 不同药剂处理对“砂糖”无花果生根的影响

在 2013 年 12 月 26 日蘸根后，2014 年 1 月 26 日调查生根情况，数据经统计分析得到结果见表 2、表 3。

表 2　不同药剂处理对“砂糖”无花果生根的影响资料的方差分析

变异来源	平方和	自由度	均方	F 值	F0.05	F0.01
区组间	939.964 7	3	313.321 6	5.025	3.29	5.42
处理间	1 438.110 0	5	287.622 1	4.613	2.90	4.56
误差	935.319 8	15	62.354 7			
总变异	3 313.395 0	23				

从表 2 中的方差分析可以看出，不同生根剂不同蘸根时间对“砂糖”无花果生根的影响达到极显著差异，需进一步进行多重比较。

表 3　不同处理对“砂糖”无花果生根的影响资料的多重比较

处理	生根率/%	5%显著水平	1%极显著水平
1	51.199 22	a	A
5	48.820 98	ab	AB
2	41.413 34	abc	ABC
4	38.161 39	bc	ABC
3	32.875 03	c	BC
6	29.943 99	c	C

由表 3 多重比较可知，1 号处理对“砂糖”无花果生根影响显著优于 4 号处理，极显著优于 3 号处理和 6 号处理；5 号处理对“砂糖”无花果生根影响显著优于 3 号处理，极显著优于 6 号处理；2 号处理、4 号处理、3 号处理、6 号处理对“砂糖”无花果生根影响无差异。

2.2　1 号处理生根情况

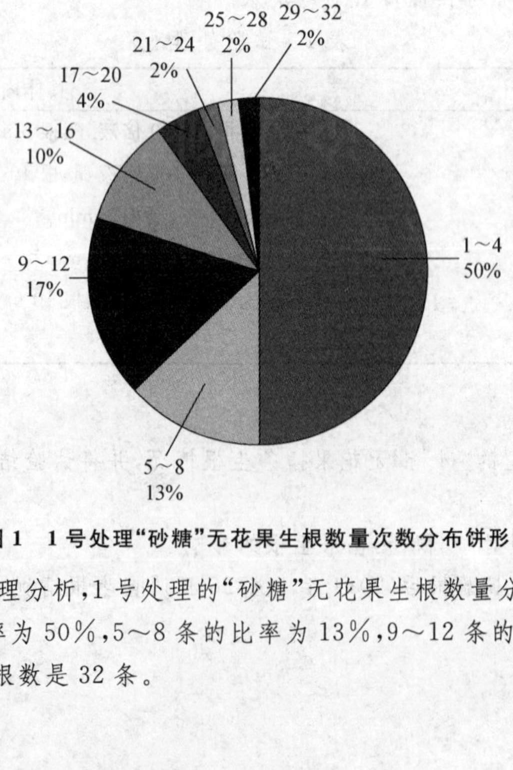

图 1　1 号处理“砂糖”无花果生根数量次数分布饼形图

根据调查数据的整理分析，1 号处理的“砂糖”无花果生根数量分布情况见图 1。其中生根条数在 1～4 条的比率为 50%，5～8 条的比率为 13%，9～12 条的比率为 17%，13～16 条的比率为 10%，最多发根数是 32 条。

3 结论与讨论

由以上分析可知，强力生根剂400倍液蘸根5 s效果最佳，生根条数多为1～4条；其次为国光生根200倍液蘸根10 s。当然，浸蘸生根剂浓度、浸蘸时间还可以根据需要有所变化。

参考文献：

[1]王国东，张力飞．无花果硬枝扦插繁殖技术[J]．北方果树，2004(5).

[2]薛玉平，孟艳玲，杨鹤，毛积磊．无花果的繁苗技术[J]．落叶果树，2012，44(2).

[3]翟洪民．无花果嫩枝扦插技法[J]．北京农业，2012(6).

[4]吉宏文．新疆温室无花果扦插育苗技术[J]．现代园艺，2013(6).

[5]张力飞．田间试验与统计分析[M]．北京：化学工业出版社，2012.

致谢

本论文是在导师×××副教授的耐心指导下完成的。导师在论文的选题、试验设计及内容研究方面都对我予以严格要求和悉心的指导。导师治学态度严谨、悉心敬业精神、独到的见解、得体大方的谈吐、丰富的人生阅历和实践经验都对我影响很深，在此向导师×××副教授表示衷心的感谢！

在论文的实施过程中，×××、×××、×××、×××、×××等同学给了我极大的帮助，并提出了很多宝贵的建议，在此向她们表示真诚的感谢！

(二)基本格式

一般包括标题、摘要与关键词、正文、参考文献、致谢5部分。

1. 标题

标题要概括文章内容，体现文章主旨或写作意图，达到“题括文意”。

2. 摘要及关键词

摘要要求用简练的语言，对文章的内容进行简短陈述；关键词是反映论文主要内容的单词或术语，在文章中出现频率高，在搜索中易被找到。

3. 正文

论文的核心部分，是论文完成过程、论文成果的具体反映与体现。包括：

(1)前言。主要说明本论文的研究目的、意义，国内外研究进展及存在问题等内容。前言一般不写序号。

(2)材料与方法。主要介绍试验用的材料，试验的设备、装置、仪器，包括名称、型号等；介绍试验的方法和过程。

(3)结果与分析。以文字、图表等形式将试验结果呈现给读者，并对结果进行分析、讨论，提出对试验方法和结果的规律性认识和创造性的发现与见解。

(4)结论。是对正文分析、研究的问题加以综合性概括和总结。结论的语言要字字斟酌、斩钉截铁，绝不能用“大概”、“好像”等模糊性语言。

4. 参考文献

要求5篇以上。

5. 致谢

对在试验过程中给予帮助的校内外指导教师及相关人员进行感谢。

二、综述性论文

(一)例文

案例 6-2

蛋鸡产蛋下降的原因及对策

摘要:就环境应激、饲料、药物、疾病等几个方面,对高产蛋鸡群产蛋下降的原因进行了分析,并提出了相应的对策。

关键词:蛋鸡;产蛋;对策

前言

产蛋是性成熟后母鸡的正常生理机能之一。鸡群在开产后产蛋率逐渐增加并进入产蛋高峰期,优良蛋鸡的高峰期产蛋率应在92%～96%,维持一定时间后,产蛋率逐渐下降,进入一个产蛋率相对稳定的时期。

在产实践中,常常会遇到产蛋鸡群产蛋率突然下降的情况。除了因减少产蛋而直接带来的经济损失外,更重要的是产蛋率突然下降常常是某种疾病(尤其是传染病)在鸡群中传播的先期症状之一,如不及时诊治,将会造成较大甚至难以估计的严重后果。

1　环境应激及对策

1.1　常见的环境应激

持续高温(超过30℃)或低温(5℃以下),闷热,湿度过高,机体难以适应而影响产蛋。

1.1.1　通风不良　舍内氨气浓度过大,刺激损伤呼吸道黏膜造成应激,影响产蛋。

1.1.2　光照　光照能刺激性腺激素分泌,所以对产蛋鸡产蛋性能影响是十分明显的。产蛋期光照时间一般采用16 h,光照强度10～20 lx。

1.1.3　饮水不足　水是鸡蛋重要组成成分和保证鸡体生命不可缺少的物质,突然断水或较长时间饮水供应不足,均可造成产蛋率下降。

1.1.4　免疫接种　即所谓免疫应激,在免疫接种后,有的出现精神不振、食欲缺乏,有的可出现产蛋率下降。

1.1.5　其他　强烈声响、惊吓、扑捉、突然停电熄灯、操作程序发生较大变化等因素造成应激综合征,亦可导致产蛋率突然下降。

因各种环境因素的应激所致产蛋率突然下降时,剖检资料表明:母鸡的卵巢、输卵管及其他内脏器官无明显变化。

1.2　对策

注意夏季防暑降温(如安装排风扇、湿帘系统等),饲喂抗热应激添加剂(如电解多维、热益舒、小苏打等)和冬季防寒保温;加强舍内空气流通,以保证空气新鲜;

根据当地日照长短,适当补充人工光照以保持足够的光照时间和强度;供给充足、清洁饮水,保持环境安静,尽量避免因惊吓等造成的应激;产蛋鸡的免疫接种应在接种时间、疫苗种类、接种途径等方面多加注意,以减少应激。

2　饲料因素

突然更换不同厂家的饲料、日粮中饲料组成成分突然改变或饲料发霉变质均可引起产蛋下降。剖检时卵巢、输卵管和其他内脏器官无明显变化。

对策:在产蛋期不要轻易更换饲料和改变饲料组成成分,若需要更换饲料应逐渐过渡进行。饲料应存放在通风、阴凉、干燥的地方。严禁饲喂霉变饲料。

3　药物不良反应

某些药物对产蛋鸡生产性能有一定影响，甚至会导致产蛋率明显下降。如磺胺类药物、金霉素、丙硫苯咪唑等药物用于产蛋鸡群后可引起不同程度的产蛋下降。有资料表明，用磺胺二甲嘧啶 3～5 d 可导致产蛋率下降 10%～20%，而用金霉素以 100×10^{-6} 拌料饲喂 5 d，产蛋率下降 20%～30%，用丙硫苯咪唑（30 mg/kg 体重）进行驱虫后，产蛋率可下降 30%左右。

对策：防治疾病时，应注意对产蛋鸡群合理用药，尽量避开对产蛋率影响大的药物。选用安全、有效对产蛋率无影响或影响轻微的药物。

4　疾病因素

多种疾病可致鸡群产蛋率下降，但在流行病学、症状和剖检上又各有其特点和不同之处。

4.1　新城疫（ND）

由新城疫病毒引起。无季节性，不分品种和年龄均易感。产蛋鸡群较多见非典型 ND，其发病率和死亡率均较低，且病变不典型。主要表现为产蛋率下降（20%～40%，可持续 1～2 个月）和腹泻，少数伴有呼吸道症状。剖检时常见卵泡充血和卵黄性腹炎，盲肠扁桃体和直肠黏膜出血。典型 ND 则发病率和死亡率均可超过 90%，产蛋率锐减（下降 50%～90%），甚至接近停产。呼吸时发出特殊的“呜—呜”声，嗉囊积水积气，拉绿色粪便，特殊的神经症状（扭头、歪颈、转圈等）和腺胃出血、肠道出血、溃疡，卵泡严重出血或卵子破裂引起卵黄性腹膜炎。

对策：一旦发病尽快用属于Ⅳ系的一些毒株疫苗（N79、Clone-30、V4、La Sota 等）3～4 倍量紧急免疫接种可减少死亡。必要时用抗 ND 高免血清或卵黄抗体肌肉注射也能控制本病发展，待疫情稳定后再用疫苗接种。

4.2　禽流感（AI）

由 A 型流感病毒引起。本病的特点是病毒具有多型性（亚型多、各亚型毒力差异大）、易变性（病毒可通过基因重排、基因置换使其抗原性和致病性发生变异）和临诊症状多样性。本病无季节性，不分品种和年龄，均可发病。临床症状变化很大，与病毒毒力、有无混合感染、年龄等因素有关；强毒株所致高致病性 AI 传播快（3～5 d 全群感染发病）、病程短（1～2 d），发病率和死亡率均可高达 90%～100%；产蛋率大幅下降（50%～70%）甚至停产；病鸡不食，呼吸道症状明显，冠、髯发紫，头部肿大，震颤或共济失调，脚鳞有紫色出血斑。剖检时有全身败血症病变，头部、颜面部皮下胶样或出血性水肿，腺胃出血、胰脏有出血、坏死，明显的卵黄性腹膜炎和卵子严重充血。弱毒株所致低致病 AI 则有消化道、呼吸道一般症状，产蛋率下降 15%～35%，且可持续 3～6 周；软壳蛋、畸形蛋增多、蛋壳色泽变浅；死亡率 0～15%。剖检时较为常见的是输卵管炎（内有脓样或干酪样物）和卵黄性腹膜炎。

对策：尚无特效药物治疗。用于当地毒株血清型一致的灭活疫苗免疫接种可有效预防本病发生。对低致病性 AI 用金刚烷胺有一定效果，抗菌类药物可控制细菌继发感染。

4.3　传染性支气管炎（IB）

由传染性支气管炎病毒引起。产蛋鸡群发生本病时，常先有突然发生、迅速传播至大部分鸡出现的明显呼吸道症状（咳嗽、喘气、呼吸啰音等），约 1 周后上述症状减轻，但随之出现产蛋率明显下降(下降20%～50%),且可维持2～4周,蛋壳褪色变浅、畸形蛋、沙壳蛋增多;蛋清稀薄如水;母鸡很少发生死亡。

对策:可选用中西药结合抗病毒和对症疗法。

4.4 传染性喉气管炎(ILT)

由传染性喉气管炎病毒引起。产蛋鸡群发生ILT时,除产蛋率下降10%～60%(多为20%～30%),可持续4～8周外,最突出的症状是病鸡有特殊的伸颈张口吸气姿势,强烈的咳嗽至咳出带血的痰或血凝块(丝):急性病程5～10 d,死亡率达10%～30%。剖检时可见喉头、气管有出血、溃疡或干酪样物。

对策:可选用中西药结合抗病毒和对症疗法。

4.5 传染性鼻炎(IC)

由鸡副嗜血杆菌引起。发病率较高,传播较快。病鸡颜面部及眼睑明显肿胀,有时可见肉髯和下颌肿胀。流鼻液、甩头,鼻孔周围有鼻液痂痕。产蛋率下降10%～40%不等,若无并发症一般不发生死亡或很少死亡。剖检时可见鼻腔、眶下窦有脓性或干酪样物;卵巢、输卵管及其他内脏器官均无病变。

对策:已有疫苗用于本病预防。磺胺类药物、喹诺酮类药物和多种抗生素均有良好治疗效果,但应注意用够时间和疗程(一般不少于7 d),否则可能复发。

4.6 减蛋综合征(EDS-76)

由腺病毒(减蛋综合症病毒)引起。本病多见于刚产蛋或刚进入产蛋高峰期的青年母鸡群;母鸡无任何临床症状;产蛋率突然下降10%～40%不等。若在产蛋高峰期之前发生本病则无产蛋高峰期出现。产蛋下降可持续4～12周。畸形蛋、薄壳蛋、软壳蛋增加,蛋壳色泽变浅。剖检时可见卵巢、输卵管萎缩、变小或有输卵管炎;其他内脏器官均无病变。

对策:尚无特效药物治疗。110～120日龄时用灭活苗免疫接种对预防本病有良好效果。

4.7 鸡痘(POX)

由禽痘病毒引起。产蛋鸡群发生鸡痘时产蛋率下降10%～40%不等,并可持续4～8周,但一般无畸形蛋、软壳蛋增多或蛋壳褪色变浅的情况。鸡群的食欲、精神、粪便基本正常。皮肤型鸡痘在鸡冠、肉髯等处有特征性丘疹样结节-痘庖,一般不引起死亡;毡腿型则在口腔、咽喉有黄白色干酪样假膜附着,呼吸时有“嘎嘎”声,严重时可因假膜脱落堵塞气管而窒息死亡。剖检时皮肤型可见局部痘庖;黏膜型除可见口腔、咽喉的黄白色假膜外,有的在气管黏膜亦可见痘斑(庖)。其他内脏器官均无病变。

对策:尚无特效药物治疗。已有疫苗刺种用于本病预防。病毒灵、病毒唑以及中药“鸡痘散”等可减轻症状和缩短病程。

4.8 大肠杆菌病(*E. coli*)

由致病性大肠杆菌引起。产蛋鸡主要表现为输卵管炎和卵黄性腹膜炎。鸡群产蛋率下降,畸形蛋、沙壳蛋增多。病鸡腹部膨大,下垂呈企鹅状,产重者可发生死亡。剖检时可见卵泡严重充血、变形和严重的卵黄性腹膜炎,腹腔内有污黄色干酪样物,甚至器官之间广泛粘连;输卵管内有脓样或干酪样物或畸形蛋。

对策:磺胺类药物、喹诺酮类药物,某些抗生素对治疗本病有较好效果。但大肠杆菌易产生耐药性,故最好先做药敏试验,再选用高敏药物使用。改善饲养、卫生状况和用与当地流行血清型一致的灭活苗免疫是预防本病发生的两个重要方面。

4.9 弯杆菌性肝炎(CH)

由空肠弯杆菌引起。多见于青年产蛋鸡群;产蛋率明显下降达25%～35%,可持续1至数周;蛋外观无异常;个别鸡突然死亡,死亡率2%～5%。剖检时见肝脏肿大,有特征性星状或菜花样黄白色坏死区,被膜下常有出血,甚至肝破裂出血,以致腹腔中有血凝块。卵巢、输卵管及其他内脏器官无病变。

对策:目前尚无疫苗预防。治疗时,可选用氟苯尼考、氟哌酸、庆大霉素、金霉素、甲硝唑等药物,最好进行药敏试验后确定用药。

4.10 马立克氏病(MD)

由马立克氏病病毒引起。产蛋鸡群发生MD时较多见伸颈型和内脏型,而皮肤型和眼型较少见。多在90～160日龄发生,180日龄以后发病的情况也有发生。一旦发病,病鸡基本停止产蛋。神经型病鸡肢体麻痹,呈现特殊的"劈叉"姿势;内脏型病鸡则呈贫血状、极度消瘦、病程较长,终因极度衰竭而死亡,死亡率高达100%。剖检时,神经型可见患侧坐骨神经、腰荐神经增粗;内脏型则在卵巢、肝、脾、心脏、腺胃、肺等处形成肿瘤,尤其肝、脾、肾因肿瘤组织增生致使器官明显肿大可达数倍。

对策:尚无有效药物治疗。一旦发病,淘汰病鸡。出壳后尽早预防接种疫苗。

4.11 禽脑脊髓炎(AE)

由禽脑脊髓炎病毒引起,主要侵害幼龄鸡(多见于1～2周龄),以共济失调和全颈部震颤为主要特征。产蛋鸡感染可出现暂时性产量下降(产蛋率下降5%～10%),持续1～2周后可恢复原产量水平,但采食量、粪便、呼吸等基本正常,亦无神经症状,蛋壳色泽无异常,一般无死亡;剖检时卵巢、输卵管及其他内脏无异常。

对策:尚无有效药物治疗。抗菌药物用于防止继发感染,现已有疫苗用于本病预防,开产前1个月肌肉注射灭活油乳剂免疫接种。

4.12 白冠病

由住白细胞原虫引起的血液寄生虫病。国内发现的有卡氏和沙氏两种住白细胞虫。本病季节性明显,气温20℃以上时,是本病媒介库蠓和带蚋活动繁殖猖獗的时期,也是本病发病严重的季节。产蛋鸡群发病后,产蛋率下降10%～40%不等;病鸡鸡冠苍白,血液稀薄;拉绿色稀粪;死前咳血;产蛋鸡死亡率一般不超过2%～5%,剖检时可见胸肌、腿肌、肠系膜、腹腔浆膜、胰脏等处有针头至粟粒大小的红褐色点状结节(巨型裂殖体),有的肾脏严重出血导致腹腔内积有血凝块。

对策:预防和治疗均可用泰灭净、强力启冠灵、中药白头翁散等。

4.13 脂肪肝综合征(FLS)

因蛋鸡脂肪代谢障碍而引起的一种营养代谢病。其特点是鸡群外观体况良好,吃料正常甚至增加,呼吸、粪便亦无异常。体重普遍超标或过度肥胖。产蛋率明显下降,从80%～85%突然下降到40%～55%。有的突然死亡,且多为体况良好者,死亡率一般不超过3%。剖检时可见鸡体内有多量脂肪沉积;肝肿大,黄色,易破碎如泥而有油腻感;有的肝脏破裂出血,在腹腔内形成血凝块。

对策:日粮中适量添加氯化胆碱、维生素E和肌醇;调整日粮配方;降低能量摄入和适当限饲。

4.14　输卵管囊肿

病因尚未完全清楚。据报道，大肠杆菌病、衣原体感染、传染性支气管炎后遗症、激素分泌紊乱等均可引起本病；多见于初产鸡群。一旦发生本病，产蛋率明显下降(10%～30%)或不出现产蛋高峰期。鸡群食欲、精神、呼吸、粪便等均无异常。病鸡产蛋停止，腹部膨大下垂，触之柔软有波动感。剖检时可见输卵管壁薄如纸，因大量积液呈透明水囊状，积液可达400～500 mL 以上。

对策：淘汰病鸡；饲料中适量添加抗菌类药物。

4.15　产蛋疲劳症

多见于笼养鸡群，主要发生于产蛋高峰期或高产母鸡。因饲料中缺钙和维生素 D_3 以及钙磷比例不当所致。鸡的精神、吃料量、呼吸、粪便等均基本正常，一般无死亡。但出现蛋重减少，产蛋下降，薄壳蛋、破损蛋增多，而蛋壳色泽、蛋清品质未见异常。剖检时卵巢、输卵管和其他内脏无异常。

对策：注意日粮中含钙量、钙磷比例及维生素 D_3 水平，适当添加电解多维、中药激蛋散等，可使鸡群补充营养，恢复体力，促进排卵，增加产蛋量。

参考文献：

[1]甘孟侯．中国禽病学[M]．北京：中国农业出版社，1999.

[2]朱坤熹．禽病防治[M]．上海：上海科技出版社，1997.

[3]林永祯．禽病传染病学[M]．成都：四川科技出版社，1999.

[4]刘明生．蛋鸡传染性支气管炎的诊治[J]．养禽与禽病防治，1999(4)：10-12.

[5]金卫洪．氯丙嗪治疗高产蛋鸡的惊恐症[J]．养禽与禽病防治，1997(7)：27.

[6]王瑞华．蛋鸡蛋量突然下降的原因探讨[J]．养禽与禽病防治，2001(9)：12-13.

[7]薛凌壮．影响蛋鸡产蛋性能与鸡蛋品质的因素[U]．养禽与禽病防治，2000(8)：20.

致谢

本论文的选题、研究内容、研究方法及论文的形成是在×××老师支持、鼓励和悉心指导下完成的。在论文完成的过程，……

(二)基本格式

包括标题、摘要与关键词、正文、参考文献、致谢 5 部分：

1. 标题

标题要概括文章内容，体现文章主旨或写作意图，达到“题括文意”。

2. 摘要、关键词

摘要要求用简练的语言，对文章的内容进行简短陈述；关键词是反映论文主要内容的单词或术语，在文章中出现频率高，在搜索中易被找到。

3. 正文

(1)前言(背景)。研究此题目的目的、意义，国内外研究进展及存在问题等。

(2)主体(调查内容)。通过查阅大量信息、资料，结合生产实际，对相关题目进行分析论述，举出具体实例加以分析，从而总结提炼出有价值的经验与问题，并提出自己的见解和观点。

4. 参考文献

要求 8 篇以上。

5. 致谢

对在论文完成过程中给予帮助的校内外指导教师及相关人员进行感谢。

三、企业调查报告

(一)例文

案例 6-3

闻喜唯源调味食品有限公司实习调查报告

摘要:在对山西闻喜唯源调味食品有限公司的基本生产情况进行了调查的基础上,提出了该公司现阶段生产中存在的问题及解决方法,并对食醋的前景做了简要的论述。

关键词:唯源;调味食品;调查报告

前言

食醋是人们日常生活中不可缺少的调味品,也是人们的保健美容佳品。它具有抗菌作用、防止感冒、健胃与止痢、降胆固醇、降血压、防治肝病、治疗糖尿病、防癌抗癌、减肥、延缓衰老、美容等保健作用之外,在农业生产上、畜禽业上的某些特殊作用还鲜为人知,建议今后可在花卉和养殖种植业中另辟新径。

食醋在花卉方面的应用

在花卉养殖中,食醋有着不可低估的作用,是花卉的保健剂,对生长不良的花卉,有着起死回生的妙用。它含有葡萄糖、乳酸、醋酸等有益物质,且食醋溶液可抑制"光吸收"过程中的乙醇酸氧化酶的生物活性,提高净光合率,加强光合作用,提高叶绿素含量,增强花卉的抗病能力,所以适量喷洒食醋溶液,可使花卉长势旺,花多,色艳。下面介绍几种用法,不防一试。

1. 治疗黄化病　许多花卉如茶花、杜鹃以及观叶植物,往往因缺乏铁元素、盆土 pH 过高、管理不当等而引起叶子发黄。这时可用 10 g 食醋加清水 3 kg,于上午 10 时前、下午 4 时后喷洒植物叶面。每 10 d 一次,连喷 4～5 次便可使其由黄变绿。

2. 促进植株生长　用 300 倍食醋溶液,在茶花孕蕾前喷洒全株,每 15 d 喷一次,可使茶花叶片增大 0.2～0.4 cm,使花量增加 8%,分枝增加 20%。同时用 150～2 000 倍的食醋溶液浇灌花木,可克服因盆土 pH 偏碱性引起的生理病害。

3. 增强抗病性　如月季白粉病,杜鹃黑斑病玫瑰、牡丹烟媒病等,一经发现,用 150 倍食醋液喷洒 3 次。便可得到有效控制。对花卉霜霉病、叶斑病等,喷洒食醋也有一定的治疗作用。

食醋在养殖种植业中的应用

1. 治疗家畜疾病　牛得了瘤胃迟缓症,不吃草或吃的很少,可用 3～5 kg 食醋灌服,很快就能恢复食欲和反刍,因为醋可促使胃酸分泌,增进食欲,帮助消化。家畜消化不良,用一个水萝卜,擦丝挤汁,加入食醋 250 g,白糖 200 g,灌服后就能痊愈。取苏打粉 200 g,用温水冲调均匀后给家畜灌服,然后再灌服食醋 250 g,可以治疗家畜胃肠迟缓和大便秘结。猪饲料中拌入适量的食醋,不仅能提高饲料的适口性,还能预防和治疗猪的胃肠道传染病。马患了胃扩张病,灌服少量食醋,能很快起到止酵作用。炎热的夏天,牛、马、驴、骡使役后,在饮水中加入适量的食醋,能预防中暑,轻度中暑得到缓解,还能增进食欲。在家畜外科疾病的治疗中,食醋的用途也很广泛。用加了温的食醋外敷,可以消肿散瘀,能治疗家畜皮肤疮毒。

此外，食醋还可以用来调制某些舒筋活血、消肿止痛之例的中药粉剂。

2. 破坏马铃薯毒素　在农村经常用马铃薯作饲料，但是发芽的马铃薯中含有一种毒素，叫龙葵碱，如果马铃薯因储存不当发了芽，芽内所含毒素可增加到4.76%，霉败的马铃薯龙葵碱一般可达0.58%～1.34%；马铃薯在没有成熟时，龙葵碱的含量也比较高。因此，凡是发芽、未成熟和霉烂的马铃薯，均不能直接作饲料。如果要利用，必须把嫩芽和腐烂部分削去，加适量的食醋煮熟后，达到去毒目的，再饲喂畜禽。

3. 破坏组胺　组胺对畜禽是有害的，食醋能破坏组胺，使其毒性降低。用适量的食醋加热处理死鱼，可用作饲料，并可避免组胺对畜禽的危害。

4. 控制母猪发情　在母猪饲养中，有些母猪在产后3～6 d就会发情，但由于卵巢功能还未完全恢复，若配种则不能怀孕或怀孕率很低。如果给母猪喂食醋500 mL，次日，母猪就会安静下来；再喂500 mL，它就开始吃食；第三天再喂500 mL，其身体就可恢复正常。对断奶后较长时间不发情的母猪，用食醋500 mL、面曲250 g，搅拌均匀后饲喂，3 d后便可发情。

5. 治鸡白痢病　用食醋浸大蒜液可以防治鸡白痢，治愈率达96%以上，而且成本低，使用方法简便。

6. 增加奶牛的产奶量　在奶牛的饲料中添加适量的食醋，不仅可以刺激食欲和增加采食量，而且还能提高产奶量。

7. 食醋在农作物上的应用　食醋中含有乙酸和比较丰富的糖、钙、维生素B等成分，对植物生长有刺激作用，能增强作物新陈代谢，促进碳水化合物的形成和运输，从而可增加农作物的产量。

8. 还可用食醋防治蚜虫　用乐果、普通食醋和水，按1∶1∶2 000的比例配制成液剂，按常规法喷洒在发生蚜虫的蔬菜上，一般防治效果可达90%以上，比单用乐果提高防治效果20%～30%。醋加在乐果配剂中，不仅可提高药效，而且对蔬菜有刺激生长的作用，增产效果显著。

1　企业概况

闻喜县唯源调味食品有限公司是省内醋类生产企业中声誉较高的企业之一。该公司坐落在山西省闻喜县大运路西侧，交通便利，铁路、公路四通八达。公司始建于1985年，占地30余亩，拥有资产总额600余万元，现有员工100余人，其中高中技术人员30人，经济管理师5名，专业财务会计师1名，专业化验人员2名，专业营销人员10名。

五千年的中华文明，孕育出灿烂的黄河文化。常言道"自古酿醋数山西，老来自梗阳邑"。山西河东（今运城）是中华食醋的发源地。据考察醋圣武丁就是四千年前在河东平陆涧的酿醋的历史。酿造史可追溯到四千年前，后传至全国各地。黄河是中华文明的发祥地，取多家之长，生产出特色"唯源"牌、老陈醋、米醋、柿子醋、白醋、酱油、醋精、料酒、鸡精、柑粉饮料、醋爽饮料、矿泉水等一系列不同档次不同品味的壶装、袋装三大包装系列产品，产品遍布全国240多个省市。

该公司尤以生产果类食醋为技术领先。柿子醋：柿子，亦食亦药，性味甘涩寒，《本草纲目》记载："柿子脾肺血分之国也，其气平、性涩故有健脾止咳，止血功效也。"现代医学认为柿子具有清热调肺，止渴止血，降压的作用，又可促进血中乙醇氧化，醒酒解毒。黄土高原柿子树属自然生长，无人工管理，无农药化肥之污染，为真正纯天然、无药害食品。柿子醋既可作调味品，也可作饮品，都有很好的保健价值。

该公司产品质量屡次通过省级、市级抽检，均为合格产品，企业先后荣获市县级“重合同守信用单位”“AA级信用度企业”“运城市知名商标”等荣誉称号。董事长李明虎先后荣获“优秀企业家”“科技星火带头人”“青年农科状元”等殊荣。

在深化企业改革的进程中，该公司以“创办学习型企业，培育知识型员工”的企业精神，利用先进的生产设备，严格的科学管理，一流的技术人才，为遍布全国各地的“唯源”客户酿造出世界一流的产品。

2　生产情况

2.1　食醋

食醋主要以大米、高粱、小米以及麸皮等为原料，添加食盐、蔗糖等添加剂在一定的温度条件下经过发酵而成的一种酸性调味品。

2.2　食醋的分类

(1)酿造醋：将各种含有淀粉、糖或酒精的原料单独或混合使用，经发酵工艺酿造而成的食醋。

粮谷醋：以各种谷类或薯类为主要原料制成的酿造醋。

陈醋：以高粱为主要原料，大曲为发酵剂，采用固态醋酸发酵，经陈酿而成粮谷醋。

香醋：以糯米为主要原料，小曲为发酵剂，采用固态分层醋酸发酵，经陈酿而成的粮谷醋。

麸醋：以麸皮以为主要原料，采用固态发酵工艺酿制而成的粮谷醋。

米醋：以大米(糯米、粳米、籼米，下同)为主要原料，采用固态或液态发酵工艺酿制而成的粮谷醋。

熏醋：将固态发酵成熟的全部或部分醋醅，经间接加热熏烤成为熏醅，再经浸淋而成的粮谷醋。

谷薯醋：以谷类(大米除外)或薯类为原料，采用固态或液态发酵工艺酿制而成的粮谷醋。

酒精醋：以酒精为主要原料制成的酿造醋。

糖醋：以各种糖类为主要原料制成的酿造醋。

酒醋：以各种酒类为主要原料制成的酿造醋。

果醋：以各种水果为主要原料制成的酿造醋。

再制醋：在食用级冰醋酸的稀释液里添加糖类、酸味剂、调味剂、食盐、香辛料、食用色素、酿造醋等制成的食盐。

(2)配制醋：以食用级冰醋酸兑制而得。

2.3　食醋的生产工艺

该公司陈醋、米醋的生产工艺如下。

2.3.1　陈醋

(1)原料处理：把高粱磨碎，10 kg 高粱加水 50 kg。拌匀润水 12 h 以上，入甑蒸熟，加热水 225 kg，拌成软饭。

(2)酒精发酵：待高粱饭冷却至 25～26℃时。加入大曲粉 62 kg。拌匀加水 65 kg，搅匀入缸。入缸时温度 25～26℃。第 3 天温度达 30℃主要发酵结束。用塑料布封住缸口，盖上草垫，保持密封状态。发酵 16 d。酒醪色发黄，酒液澄清。

(3)醋酸发酵：将 547 kg 高粱及 341.5 kg 酒曲所制得的酒醪，拌入麸皮、谷糠各 400 g，置于 100 只浅缸内。其中接入 10%上一批醋醅作为“菌种”。此“菌种”发酵至第 4 天“井”经翻拌 3 次。品温为 43～45℃的新醋醅发酵效果最佳。将“菌种”置于缸中心，缸口加草盖，经 12 h 品温升至 41～42℃，早晚各翻拌 1 次。3～4 d 温度猛升，第 5 天始退火，第 9 天成发酵。

(4)成熟加盐：醋醅成熟，其总酸品量达 8 g/100 mL 以上，按高粱投料量的 5%加盐、抑制醋酸过度氧化。

(5)淋醋和熏醋：取 1/2 醋醅放入熏醋缸内文火加热，待品温为 70～80℃时，在缸口盖瓦盆。每天翻拌 1 次。经过 4 d 出醅，另取醋醅，加入上一次淋醋后的淡醋液。再补足冷水。重量为醋醅的 2 倍，浸泡 12 h，把醋全部淋出。淋出的醋液加入香料，加热至 80℃。放到熏醅中浸泡 10 d。淋出的醋即为原醋。

(6)陈酿：新醋经“三伏一冬”的陈酿后，即为老陈醋，100 kg 高粱可得 130 kg 陈醋。

2.3.2 米醋

(1)原辅料　生产米醋的主要原辅料有糯米、麸皮、糠、盐、糖、米色和麦曲等，米质对米醋的质、产量有直接的影响，糯米的支链淀粉比例高，所以吸水速度快，黏性大，不易老化，有丰富的营养，有利于酯类芳香物质生成，对提高食醋风味有很大作用。麸皮能吸收酒醅和水分，起疏松和包容空气的作用，含有丰富的蛋白质，对食醋的风味有密切的关系。大糠主要起疏松醋醅的作用，还能积存和流通空气，利于醋酸菌好氧发酵。

(2)糖化　糯米经粉碎后，加水和耐高温淀粉酶，打进蒸煮器进行连续蒸煮，冷却，加糖化酶进行糖化。

(3)酒精发酵　淀粉经过糖化后可得到葡萄糖，将糖化 30 min 后的醪液打入发酵罐，再把酵母罐内培养好的酵母接入。酵母菌将葡萄糖经过细胞内一系列酶的作用，生成酒精和 CO_2。在发酵罐里酒精发酵分 3 个时期：前发酵期，主发酵期，后发酵期。

(4)醋酸发酵　酒精在醋酸菌的作用下，氧化为乙醛，继续氧化为醋酸，这个过程称为醋酸发酵，在食醋生产中醋酸发酵大多数是敞口操作，是多菌种的混合发酵，整个过程错综复杂，醋酸发酵是食醋生产中的主要环节。

(5)封醅　封醅前取样化验，称重下醅，耙平压实，用塑料或尼龙油布盖好，四边用食盐封住，不要留空隙和细缝，防止变质。减少醋醅中空气，控制过氧化，减少水分、醋酸、酒精挥发。

(6)淋醋　淋醋采用 3 套循环法。将淋池、沟槽清洗干净，干醅要放在下面，潮醅放在上面，一般上醅量离池口 15 cm，加入食盐、米色，用上一批第 2 次淋出的醋液将醅池泡满，数小时后，拔去淋嘴上的小橡皮塞进行淋醋，醋液流入池中，为头醋汁，作为半成品。第 1 次淋完后，再加入第 3 次淋出的醋液浸泡数小时，淋出的醋液为二醋汁，作为第 1 次浸泡用。第 2 次淋完后，再加清水浸泡数小时，淋出得三醋汁，用于醋醅的第 2 次浸泡。淋醋时，不可一次将醋全部放完，要边放淋边传淋。将不同等级的醋放入不同的醋池，淋尽后即可出渣，出渣时醋渣酸度要低于 0.5%。

(7)浓缩、储存　将淋出的生醋经过沉淀，进行高温浓缩，高温浓缩有杀菌的作用。再将醋冷却到 60℃，打入储存器陈酿 1～6 个月后，米醋的风味能显著提高。在储存期间镇江香醋主要进行了酯化反应，因为食醋中含有多种有机酸和多种醇结合生成各种酯，例如醋酸乙酯、醋酸丙酯、醋酸丁酯和乳酸乙酯等。储存的时间越长，成酯数量也越多，食醋的风味就越好。储存时色泽会变深，氨基酸、糖分下降1%左右，因此也不是储存期越长越好，从全面评定，一般均为1～6个月。储存时容器上一定要注上品种、酸度、日期。

2.4 质量标准

本人通过这次调查，该厂产品符合国家标准的一般规定，标准如下：

(1)感官特性

表1 食醋的感官指标国家标准

项目	要求	
	固态发酵食醋	液态发酵食醋
色泽	琥珀色或红棕色	具有该品种固有的色泽
香气	具有固态发酵食醋特有的香气	具有该品种特有的香气
滋味	酸味柔和，回味绵长，无异味	酸味柔和，无异味
体态	澄清	

(2)理化标准

表2 食醋的理化指标国家标准

项目	指标(g/100 mL)	
	固态发酵食醋	液态发酵食醋
总酸(以乙酸计)	≥3.50	
不挥发酸(以乳酸计)	0.50	—
可溶性无盐固形物	≥1.00	≥0.50
注：以酒精为原料的液态发酵食醋不要求可溶性无盐性固形物		

(3)卫生标准

应符合GB 2719的规定。

3 存在的问题及解决方法

通过此次实习，本人对该厂醋酸菌种选育、发酵工艺、监控体系等方面存在的问题进行了分析。

3.1 菌种退化

醋酸发酵是依靠醋酸菌的作用，将酒精氧化生成醋酸。米醋生产中所用的醋酸菌种对米醋风味的形成有着特定的意义。

该厂的醋酸菌种是通过上一批自然发酵引种，这样会出现菌种退化、出醋率不高、发酵时间长等问题。

3.2 工艺管理不完善

该厂的发酵工艺管理需进一步改善，存在温度控制不好，通风不良等问题。

3.3 质量监控体系不健全

该公司的质量监控体系不健全，这样导致质量不稳定，效率无法快速提高。

4 应对措施

4.1 科学选育菌种

菌种的来源应是科技人员从醋醅中进行提取、分离、筛选、诱变和扩大培养得到的优良品种,它不仅需要耐受一定温度,而且产酸高、酶系全,微生物菌群丰富,代谢能力强,产酸速度快,酒精转化率高,香气成分足,酯化率强。

4.2 优化发酵工艺

固态分层发酵工艺是醋酸发酵过程一个很重要的关键过程。采用固态分层发酵的方法,必须选择优良的醋酸菌种在整个发酵过程中,要保证充足的氧气、丰富的养分、恰当的水分、适宜的温度,这四大要素缺一不可。尤其是发酵温度,直接关系到米醋的质量,每一个阶段的温度都有具体要求。

4.3 建立监控体系

监控是指在关键控制点检测或观测加工操作的关键限值,其目的是确认控制措施是否正常进行。建立监控程序包括以下几方面:设备和方法、检测频率、工作人员、记录保存。设备使用上,应该让熟练掌握设备使用方法的专人使用,用时登记,定期清洗,专人维护。质量检测上应包括工艺质量检测、产品质量检测、包装是否合格等,应做详细的周期严密检测。工作人员应该定期培训,卫生标准、工作任务要求应定期检查;记录保存方面,各个环节应随时记录归档,要具体到个人,应检查真实。

参考文献:

[1]高玉荣.酵母自溶条件的研究[J]. 酿酒科技,2002,110(2):74-76.

[2]黄仲华,殷小平.食醋生产问答[M]. 北京:中国轻工业出版社,2000:212-213.

[3]张腊梅,王树林,等.醋酸菌液态发酵产酸的研究[J]. 青海大学学报,1999 (5):26-28.

[4]薛业敏,郑桂富.液态发酵法生产营养果醋的实验研究[J]. 中国调味品,2002(1):17-19.

[5]曲成制,何勇梅.食醋是花卉的保健剂[J]. 农家顾问,2007,10.

[6]李幼筠.论食醋的功能性与新型功能性食醋的开发[J]. 中国酿造,2004,(1):5-8.

[7]张彩.优良醋酸菌的分离筛选[J]. 天津商学院学报,1994(4):15-19.

[8]何国庆,贾英民.食品微生物学[M]. 北京:中国农业大学出版社,2002.

[9]颜景宗.山西老陈醋[J]. 中国调味品,1999(10):2-5.

[10]郝林.食品微生物学实验技术[M]. 北京:中国农业出版社,2001:59-60.

[11]洪俊华,李德馨.生淀粉酿醋、醋醅中高产醋酸菌的分离和筛选[J]. 中国酿造,1988(1):21-24.

[12]陈伟,陈义伦,马明,等.选育优质醋酸菌酿造苹果醋 [J]. 中国调味品,2003(3):13-16.

[13]王丽丽,仪宏,沙惠琴,等.醋酸菌生长的营养需求及产酸的促进作用研究[J]. 中国调味品,2004(9):3-6.

致谢

本论文的选题、研究内容、研究方法及论文的形成是在导师×××支持、鼓励和悉心指导下完成的。在论文完成的过程中,×××老师为我指点迷津,帮助我开拓研究思路,精心点拨、热忱鼓励,整个过程倾注了导师大量的心血,在论文完成之际,特向我尊敬的导师×××副教授表示衷心的感谢。

(二)基本格式

包括标题、摘要与关键词、正文、参考文献、致谢5部分。

1. 标题

标题要概括文章内容，体现文章主旨或写作意图，达到“题括文意”。

2. 摘要、关键词

摘要要求用简练的语言，对文章的内容进行简短陈述；关键词是反映论文主要内容的单词或术语，在文章中出现频率高，在搜索中易被找到。

3. 正文

(1)前言(背景)。为什么要对此项目进行调查研究。

(2)主体(调查内容)。详述调查研究的基本情况、做法、经验(也可以详细介绍企业生产或管理的详细流程或具体内容)，以及分析调查研究中得出的各种具体认识、观点。

(3)调查结果。对调研对象进行分析，列举出优点、缺点。

(4)应对措施。根据其缺点或不足，给出自己的观点(应对措施)。

4. 参考文献

要求5篇以上。

5. 致谢

对在论文完成过程中给予帮助的校内外指导教师及相关人员进行感谢！

技能测试

结合所学专业完成一篇毕业论文的撰写。

附录

附录 A　国家中文核心期刊目录(自然科学与农业科学)

1　自然科学

N/Q,T/X 综合性科学技术	1. 科学通报　2. 清华大学学报·自然科学版　3. 上海交通大学学报　4. 浙江大学学报．工学版　5. 华中科技大学学报·自然科学版　6. 西安交通大学学报　7. 同济大学学报·自然科学版　8. 哈尔滨工业大学学报·自然科学版　9. 华南理工大学学报·自然科学版　10. 东北大学学报·自然科学版　11. 厦门大学学报·自然科学版　12. 中山大学学报·自然科学版　13. 北京大学学报·自然科学版　14. 东南大学学报·自然科学版　15. 中南大学学报·自然科学版　16. 北京理工大学学报　17. 中国海洋大学学报·自然科学版　18. 大连理工大学学报　19. 成都理工大学学报·自然科学版　20. 武汉大学学报·理学版　21. 东北师大学报·自然科学版　22. 北京科技大学学报　23. 武汉理工大学学报　24. 兰州大学学报·自然科学版　25. 四川大学学报·工程科学版　26. 中国科学·E 辑　27. 云南大学学报·自然科学版　28. 高技术通讯　29. 南京大学学报·自然科学　30. 吉林大学学报·工学版　31. 天津大学学报　32. 湖南大学学报·自然科学版　33. 河南大学学报·自然科学版　34. 吉林大学学报·理学版　35. 中国科学技术大学学报　36. 四川大学学报·自然科学版　37. 西南交通大学学报　38. 西北大学学报·自然科学版　39. 国防科技大学学报　40. 华东理工大学学报·自然科学版　41. 重庆大学学报　42. 北京师范大学学报·自然科学版　43. 中国科学·物理学·力学·天文学　44. 江苏大学学报·自然科学版　45. 陕西师范大学学报·自然科学版　46. 中国工程科学　47. 哈尔滨工程大学学报　48. 四川师范大学学报·自然科学版　49. 北京工业大学学报　50. 浙江大学学报·自然科学版　51. 北京化工大学学报·自然科学版　52. 西北工业大学学报　53. 北京交通大学学报　54. 山东大学学报·自然科学版　55. 西南大学学报·自然科学版　56. 应用基础与工程科学学报　57. 空军工程大学学报·自然科学版　58. 合肥工业大学学报·自然科学版　59. 武汉大学学报·工学版　60. 福州大学学报·自然科学版　61. 华中师范大学学报·自然科学版　62. 复旦学报·自然科学版　63. 西南师范大学学报·自然科学版　64. 扬州大学学报·自然科学版　65. 南京师大学报·自然科学版　66. 郑州大学学报·工学版　67. 湘潭大学自然科学学报　68. 华东师范大学学报·自然科学版　69. 内蒙古大学学报·自然科学版　70. 应用科学学报　71. 辽宁工程技术大学学报·自然科学版　72. 湖南师范大学自然科学学报　73. 南京工业大学学报·自然科学版　74. 上海大学学报·自然科学版　75. 山西大学学报·自然科学版　76. 广西大学学报·自然科学版　77. 广西师范大学学报·自然科学版　78. 沈阳工业大学学报　79. 南开大学学报·自然科学版　80. 解放军理工大学学报·自然科学版　81. 郑州大学学报·理学版　82. 兰州理工大学学报　83. 河南师范大学学报·自然科学版　84. 福建师范大学学报·自然科学版　85. 中国科学院研究生院学报　86. 桂林理工大学学报　87. 山东大学学报·工学版　88. 太原理工大学学报　89. 河北大学学报·自然科学版

续表

N/Q,T/X 综合性科学技术	90. 深圳大学学报·自然科学版　91. 内蒙古师范大学学报·自然科学版　92. 东华大学学报·自然科学版　93. 科学技术与工程　94. 科技通报　95. 西北师范大学学报·自然科学版　96. 天津工业大学学报　97. 信阳师范大学学报·自然科学版　98. 海军工程大学学报　99. 南京理工大学学报　100. 河北师范大学学报·自然科学版　101. 江西师范大学学报·自然科学版　102. 济南大学学报·自然科学版　103. 安徽大学学报·自然科学版　104. 华南师范大学学报·自然科学版　105. 河北农业大学学报　106. 暨南大学学报·自然科学与医学版　107. 黑龙江大学自然科学学报　108. 昆明理工大学学报·自然科学版　109. 上海理工大学学报　110. 中北大学学报·自然科学版　111. 华侨大学学报·自然科学版　112. 河南科技大学学报·自然科学版　113. 河南大学学报·自然科学版　114. 重庆师范大学学报·自然科学版　115. 安徽师范大学学报·自然科学版　116. 湖南科技大学学报·自然科学版　117. 河南理工大学学报·自然科学版　118. 南昌大学学报·自然科学版　119. 青岛科技大学学报·自然科学版　120. 西安理工大学学报　121. 中国科技论文在线
N 自然科学总论	1. 中国科学基金　2. 系统工程理论与实践　3. 自然科学史研究　4. 复杂系统与复杂性科学　5. 中国科技史杂志　6. 科技导报　7. 系统工程学报　8. 实验技术与管理　9. 科学　10. 自然辩证法研究　11. 系统工程　12. 科学技术哲学研究　13. 自然辩证法通讯　14. 自然杂志
01　数学	1. 数学学报　2. 计算数学　3. 应用数学学报　4. 中国科学．数学　5. 系统科学与数学　6. 数学年刊 A 辑　7. 模糊系统与数学　8. 工程数学学报　9. 数学进展　10. 应用数学　11. 数学的实践与认识　12. 应用概率统计　13. 高校应用数学学报．A 辑　14. 数学杂志　15. 高等学校计算数学学报　16. 数学物理学报　17. 运筹学学报
03　力学	1. 力学学报　2. 爆炸与冲击　3. 力学进展　4. 固体力学学报　5. 工程力学　6. 振动与冲击　7. 振动工程学报　8. 应用数学和力学　9. 力学与实践　10. 计算力学学报　11. 应用力学学报　12. 实验力学　13. 力学季刊
04　物理	1. 物理学报　2. 发光学报　3. 原子与分子物理学报　4. 光学学报　5. 光子学报　6. 声学学报　7. 量子光学学报　8. 低温物理学报　9. 物理学进展　10. 中国激光　11. 高压物理学报　12. 光谱学与光谱分析　13. 物理　14. 波谱学杂志　15. 量子电子学报　16. 大学物理　17. 核聚变与等子体物理　18. 原子核物理评论　19. 光散射学报　20. 计量物理　21. 低温与超导
06/07　化学/晶体学	1. 分析化学　2. 高等学校化学学报　3. 化学学报　4. 物理化学学报　5. 催化学报　6. 无机化学学报　7. 有机化学　8. 色谱　9. 分析测试学报　10. 分析试验室　11. 分子催化　12. 分子科学学报　13. 理化检验．化学分册　14. 分子科学学报　15. 化学进展　16. 化学通报　17. 中国科学．化学　18. 功能高分子学报　19. 化学研究与应用　20. 化学试剂　21. 影像科学与光化学　22. 人工晶体学报　23. 质谱学报　24. 合成化学　25. 计算机与应用化学
P2　测绘学	1. 测绘学报　2. 武汉大学学报．信息科学版　3. 测绘科学 4. 测绘通报　5. 大地测量与地球动力学　6. 遥感学报　7. 测绘科学技术学报　8. 地球信息科学学报
P3　地球物理学	1. 地球物理学报　2. 地震学报　3. 地震地质　4. 地震工程与工程振动　5. 地震　6. 中国地震　7. 地震研究　8. 地球物理学进展　9. 西北地震学报　10. 水文

续表

P4 大气科学(气象学)	1. 大气科学 2. 气象学报 3. 高原气象 4. 应用气象学报 5. 大气科学学报 6. 气象 7. 热带气象学报 8. 气象科学 9. 气候与环境研究 10. 气候变化研究进展
P5 地质学	1. 岩石学报 2. 地质学报 3. 地学前缘 4. 中国科学．地球科学 5. 地质科学 6. 地质论评 7. 地球科学 8. 矿床地质 9. 地球化学 10. 地质通报 11. 沉积学报 12. 中国地质 13. 天地构造与成矿学 14. 高校地质学报 15. 第四纪研究 16. 地球学报 17. 岩矿测试 18. 吉林大学学报．地球科学版 19. 现代地质 20. 岩石矿物学杂志 21. 古地理学报 22. 地层学杂志 23. 矿物岩石地球化学通报 24. 地质与勘探 25. 地质科技情报 26. 矿物岩石 27. 水文地质工程地质 28. 新疆地质 29. 地球与环境 30. 矿物学报
P7 海洋学	1. 海洋学报 2. 海洋与湖沼 3. 海洋地质与第四纪地质 4. 海洋科学进展 5. 热带海洋学报 6. 海洋通报 7. 海洋工程 8. 海洋环境科学 9. 海洋科学 10. 海洋预报 11. 海洋学研究 12. 海洋技术 13. 海洋湖沼通报
K9，P9 地理学	1. 地理学报 2. 地理研究 3. 地理科学 4. 人文地理 5. 地理科学进展 6. 中国沙漠 7. 经济地理 8. 干旱区地理 9. 干旱区研究 10. 湿地科学 11. 经济地理 12. 山地学报 13. 地球科学进展 14. 地理与地理信息科学 15. 热带地理 16. 干旱区研究 17. 极地研究 18. 干旱区资源与环境 19. 湖泊科学
Q（除 Q94/Q98）生物科学综合	1. 生态学报 2. 生物多样性 3. 应用生态学报 4. 微生物学报 5. 遗传 6. 生物化学与生物物理进展 7. 生态学杂志 8. 生物工程学报 9. 微生物学通报 10. 古脊椎动物学报 11. 中国生物工程杂志 12. 水生生物学报 13. 中国生物化学与分子生物学报 14. 应用与环境生物学报 15. 中国科学·生命科学 16. 微体古生物学报 17. 古生物学报 18. 生物物理学报 19. 生物技术 20. 生物技术通报 21. 生命科学研究 22. 生态科学 23. 中国细胞生物学学报
Q94 植物学	1. 植物生态学报 2. 西北植物学报 3. 植物分类与资源学报 4. 植物生理学报 5. 植物学报 6. 植物科学学报 7. 植物研究 8. 菌物学报 9. 广西植物 10. 热带亚热带植物学报 11. 植物资源与环境学报
Q95/Q98 动物学/人类学	1. 兽类学报 2. 昆虫学报 3. 动物学研究 4. 动物学杂志 5. 应用昆虫学报 6. 动物分类学报 7. 人类学学报 8. 昆虫分类学报 9. 四川动物

2 农业科学

S综合性农业科学	1. 中国农业科学 2. 华北农学报 3. 西北农林科技大学学报．自然科学版 4. 中国农业大学学报 5. 南京农业大学学报 6. 华中农业大学学报 7. 湖南农业大学学报 8. 西南农业学报 9. 福建农林大学学报．自然科学版 10. 沈阳农业大学学报 11. 西北农业学报 12. 扬州大学学报．农业与生命科学版 13. 华南农业大学学报 14. 河北农业大学学报 15. 甘肃农业大学学报 16. 江苏农业学报 17. 浙江大学学报．农业与生命科学版 18. 江西农业大学学报 19. 河南农业大学学报 20. 吉林农业大学学报 21. 安徽农业大学学报 22. 上海农业学报 23. 云南农业大学学报．自然科学版 24. 新疆农业科学 25. 浙江农业学报 26. 江苏农业科学 27. 贵州农业科学 28. 四川农业大学学报 29. 河南农业科学 30. 湖北农业科学 31. 东北农业大学学报 32. 广西农业生物科学（改名为：基因组学与应用生物学） 33. 吉林农业科学 34. 山东农业大学学报．自然科学版 35. 广东农业科学 36. 广西农业科学（改名为：南方农业学报） 37. 中国农业科技导报 38. 内蒙古农业大学学报．自然科学版

续表

S1 农业基础科学	1. 土壤学报 2. 水土保持学报 3. 土壤 4. 土壤通报 5. 植物营养与肥料学报 6. 中国农业气象 7. 中国土壤与肥料 8. 水土保持通报 9. 水土保持研究 10. 干旱地区农业研究 11. 中国生态农业学报
S2 农业工程	1. 农业工程学报 2. 灌溉排水学报 3. 农业机械学报 4. 节水灌溉 5. 农机化研究 6. 中国沼气 7. 中国农村水利水电 8. 排灌机械(改名为:排灌机械工程学报) 9. 中国农机化
S3,S5 农学,农作物	1. 作物学报 2. 中国水稻科学 3. 玉米科学 4. 棉花学报 5. 麦类作物学报 6. 草业学报 7. 中国油料作物学报 8. 杂交水稻 9. 大豆科学 10. 核农学报 11. 植物遗传资源学报 12. 分子植物育种 13. 种子 14. 作物杂志 15. 农业生物技术学报
S4 植物保护	1. 植物病理学报 2. 中国生物防治(改名为:中国生物防治学报) 3. 植物保护学报 4. 植物保护 5. 农药学学报 6. 农药 7. 环境昆虫学报 8. 植物检疫 9. 中国植保导刊
S6 园艺	1. 园艺学报 2. 果树学报 3. 中国蔬菜 4. 中国南方果树 5. 经济林研究 6. 北方园艺 7. 中国果树 8. 热带作物学报 9. 食用菌学报
S7 林业	1. 林业科学 2. 林业科学研究 3. 北京林业大学学报 4. 中南林业科技大学学报 5. 浙江林学院学报(改名为:浙江农林大学学报)6. 南京林业大学学报. 自然科学版 7. 福建林学院学报 8. 世界林业研究 9. 西北林学院学报 10. 东北林业大学学报 11. 浙江林业科技 12. 林业科技开发 13. 竹子研究汇刊 14. 中国森林病虫 15. 福建林业科技 16. 林业资源管理 17. 西部林业科学
S8 畜牧、动物医学、狩猎、蚕、蜂	1. 畜牧兽医学报 2. 中国兽医学报 3. 中国兽医科学 4. 中国预防兽医学报 5. 草地学报 6. 草业科学 7. 蚕业科学 8. 中国畜牧杂志 9. 中国兽医杂志 10. 动物医学进展 11. 中国草地学报 12. 动物营养学报 13. 黑龙江畜牧兽医 14. 畜牧与兽医 15. 中国家禽 16. 饲料工业 17. 中国饲料 18. 中国畜牧兽医 19. 家畜生态学报 20. 饲料研究
S9 水产、渔业	1. 水产学报 2. 中国水产科学 3. 上海水产大学学报(改名为:上海海洋大学学报) 4. 海洋水产研究(改名为渔业科学进展) 5. 淡水渔业 6. 海洋渔业 7. 水产科学 8. 大连水产学院学报(改名为大连海洋大学学报) 9. 水生态学杂志 10. 南方水产(改名为:南方水产科学) 11. 渔业现代化 12. 科学养鱼 13. 水产科技情报

附录B 标点符号用法

标点符号是书面语中不可缺少的部分,用来表示停顿、语气以及词语的性质和作用。因此,必须重视标点符号的使用,本内容节选自《标准符号用法》(国家标准:GB/T 15834—2011)。

标点符号分为点号和标号两大类。

点号的作用是点断,主要表示说话时的停顿和语气。点号又分为句末点号和句内点号。句末点号用在句末,表示句末停顿和句子的语气,包括句号、问号、叹号;句内点号用在句内,表示句内各种不同性质的停顿,包括逗号、顿号、分号、冒号。

标号的作用是标明，主要标示某些成分(主要是词语)的特定性质和作用。包括引号、括号、破折号、省略号、着重号、连接号、间隔号、书名号、专名号、分隔号。

1　标点符号的使用

1.1　句号

1.1.1　定义

句末点号的一种，主要表示句子的陈述语气。

1.1.2　形式

句号的形式是“。”

1.1.3　基本用法

1.1.3.1　用于句子末尾，表示陈述语气。使用句号主要根据句段前后有较大停顿、带有陈述语气和语调，并不取决于句子的长短。

示例1:北京是中华人民共和国的首都。

示例2:(甲:咱们走着去吧?)乙:好。

1.1.3.2　有时也可以表示较缓和的祈使语气和感叹语气。

示例1:请你稍等一下。

示例2:我不由地感到，这些普通劳动者也同样是很值得尊敬的。

1.2　问号

1.2.1　定义

句末点号的一种，主要表示句子的疑问语气。

1.2.2　形式

问号的形式是“?”。

1.2.3　基本用法

1.2.3.1　用于句子末尾，表示疑问语气(包括反问、设问等疑问类型)。使用问号主要根据语段前后有较大停顿、带有疑问语气和语调，并不取决于句子的长短。

示例1:你怎么还不回家去呢?

示例2:难道这些普通的战士不值得歌颂吗?

示例3:(一个外国人，不远万里来到中国，帮助中国的抗日战争。)这是什么精神? 这是国际主义的精神。

1.2.3.2　选择问句中，通常只在最后一个选项的末尾用问号，各个选项之间一般用逗号隔开。当选项较短且选项之间几乎没有停顿时，选项之间可不用逗号。当选项较多或较长，或有意突出每个选项的独立性时，也可每个选项之后都用问号。

示例1:诗中记述的这场战争究竟是真实的历史描述，还是诗人的虚构?

示例2:这是巧合还是有意安排?

示例3:要一个什么样的结尾:现实主义的? 传统的? 大团圆的? 荒诞的? 民族形式的? 有象征意义的?

示例4:(他看着我的作品称赞了我。)但到底是称赞我什么:是有几处画得好? 还是什么都敢画? 抑或只是一种对于失败者的无可奈何的安慰? 我不得而知。

示例5:这一切都是由客观的条件造成的? 还是由行为的惯性造成的?

1.2.3.3　在多个问句连用或表达疑问语气加重时，可叠用问号。通常应先单用，再叠用，最多叠用三个问号。在没有异常强烈的情感表达需要时不宜叠用问号。

示例：这就是你的做法吗？你这个总经理是怎么当的？？你怎么竟敢这样欺骗消费者？？？

1.2.3.4　问号也有标号的用法，即用于句内，表示存疑或不详。

示例1：马致远（1250？—1321），大都人，元代戏曲家、散曲家。

示例2：钟嵘（？—518），颍川长社人，南朝梁代文学批评家。

示例3：出现这样的文字错误，说明作者（编者？校者？）很不认真。

1.3　叹号

1.3.1　定义

句末点号的一种，主要表示句子的感叹语气。

1.3.2　形式

叹号的形式是“！”。

1.3.3　基本用法

1.3.3.1　用于句子末尾，主要表示感叹语气，有时也可表示强烈的祈使语气、反问语气等。使用叹号主要根据语段前后有较大停顿、带有感叹语气和语调或带有强烈的祈使、反问语气和语调，并不取决于句子的长短。

示例1：才一年不见，这孩子都长这么高啦！

示例2：你给我住嘴！

示例3：谁知道他今天是怎么搞的！

1.3.3.2　用于拟声词后，表示声音短促或突然。

示例1：咔嚓！一道闪电划破了夜空。

示例2：咚！咚咚！突然传来一阵急促的敲门声。

1.3.3.3　表示声音巨大或声音不断加大时，可叠用叹号；表达强烈语气时，也可叠用叹号，最多叠用三个叹号。在没有异常强烈的情感表达需要时不宜叠用叹号。

示例1：轰！！在这天崩地塌的声音中，女娲猛然醒来。

示例2：我要揭露！我要控诉！！我要以死抗争！！！

1.3.3.4　当句子包含疑问、感叹两种语气且都比较强烈时（如带有强烈感情的反问句和带有惊愕语气的疑问句），可在问号后再加叹号（问号、叹号各一）。

示例1：这么点困难就能把我们吓倒吗？！

示例2：他连这些最起码的常识都不懂，还敢说自己是高科技人才？！

1.4　逗号

1.4.1　定义

句内点号的一种，表示句子或语段内部的一般性停顿。

1.4.2　形式

逗号的形式是“，”。

1.4.3　基本用法

1.4.3.1　复句内各分句之间的停顿，除了有时用分号（见1.6.3.1），一般都用逗号。

示例1：不是人们的意识决定人们的存在，而是人们的社会存在决定人们的意识。

示例2：学历史使人更明智，学文学使人更聪慧，学数学使人更精细，学考古使人更深沉。

示例3:要是不相信我们的理论能反映现实,要是不相信我们的世界有内在和谐,那就不可能有科学。

1.4.3.2　用于下列各种语法位置:

a)较长的主语之后。

示例1:苏州园林建筑各种门窗的精美设计和雕镂功夫,都令人叹为观止。

b)句首的状语之后。

示例2:在苍茫的大海上,狂风卷集着乌云。

c)较长的宾语之前。

示例3:有的考古工作者认为,南方古猿生存于上新世至更新世的初期和中期。

d)带句内语气词的主语(或其他成分)之后,或带句内语气词的并列成分之间。

示例4:他呢,倒是很乐观地、全神贯注地干起来了。

示例5:(那是个没有月亮的夜晚。)可是整个村子——白房顶啦,白树木啦,雪堆啦,全看得见。

e)较长的主语中间、谓语中间和宾语中间。

示例6:母亲沉痛的诉说,以及亲眼看到的事实,都启发了我幼年时期追求真理的思想。

示例7:那姑娘头戴一顶草帽,身穿一条绿色的裙子,腰间还系着一根橙色的腰带。

示例8:必须懂得,对于文化传统,既不能不分青红皂白统统抛弃,也不能不管精华糟粕全盘继承。

f)前置的谓语之后或后置的状语、定语之前。

示例9:真美啊,这条蜿蜒的林间小路。

示例10:她吃力地站了起来,慢慢地。

示例11:我只是一个人,孤孤单单的。

1.4.3.3　用于下列各种停顿处:

a)复指成分或插说成分前后。

示例1:老张,就是原来的办公室主任,上星期已经调走了。

示例2:车,不用说,当然是头等。

b)语气缓和的感叹语、称谓语和呼唤语之后。

示例3:哎哟,这儿,快给我揉揉。

示例4:大娘,您到哪儿去啊?

示例5:喂,你是哪个单位的?

c)某些序次语("第"字头、"其"字头及"首先"类序次语)之后。

示例6:为什么许多人都有长不大的感觉呢?原因有三:第一,父母总认为自己比孩子成熟;第二,父母总要以自己的标准来衡量孩子;第三,父母出于爱心而总不想让孩子在成长的过程中走弯路。

示例7:《玄秘塔碑》所以成为书法的范本,不外乎以下几方面的因素:其一,具有楷书点画、构体的典范性;其二,承上启下,成为唐楷的极致;其三,字如其人,爱人及字,柳公权高尚的书品、人品为后人所崇仰。

示例8:下面从三个方面讲讲语言的污染问题:首先,是特殊语言环境中的语言污染问题;其次,是滥用缩略语引起的语言污染问题;再次,是空话和废话引起的语言污染问题。

d)用顿号表示较长、较多或较复杂的并列成分之间的停顿时，最后一个成分前可用“以及”或“及”进行连接，“以及”或“及”之前应用逗号。

示例9：压力过大、工作时间过长、作息不规律，以及忽视营养均衡等，均会导致健康状况的下降。

1.5　顿号

1.5.1　定义

句内点号的一种，表示语段中并列词语之间或某些序次语之后的停顿。

1.5.2　形式

顿号的形式是“、”。

1.5.3　基本用法

1.5.3.1　用于并列词语之间。

示例1：这里有自由、民主、平等、开放的风气和氛围。

示例2：造型科学、技艺精湛、气韵生动，是盛唐石雕的特色。

1.5.3.2　用于需要停顿的重复词语之间。

示例：他几次三番、几次三番地辩解着。

1.5.3.3　用于某些序次语（不带括号的汉字数字或“天干地支”类序次语）之后。

示例1：我准备讲两个问题，一、逻辑学是什么？二、怎样学好逻辑学？

示例2：风格的具体内容主要有以下四点，甲、题材；乙、用字；丙、表达；丁、色彩。

1.5.3.4　相邻或相近两数字连用表示概数通常不用顿号。若相邻两数字连用为缩略形式，宜用顿号。

示例1：飞机在6 000米高空水平飞行时，只能看到两侧八九公里和前方一二十公里范围内的地面。

示例2：这种凶猛的动物常常三五成群地外出觅食和活动。

示例3：农业是国民经济的基础，也是二、三产业的基础。

1.5.3.5　标有引号的并列成分之间、标有书名号的并列成分之间通常不用顿号。若有其他成分插在并列的引号之间或并列的书名号之间（如引语或书名号之后还有括注），宜用顿号。

示例1：“日”“月”构成“明”字。

示例2：店里挂着“顾客就是上帝”“质量就是生命”等横幅。

示例3：《红楼梦》《三国演义》《西游记》《水浒传》，是我国长篇小说的四大名著。

示例4：李白的“白发三千丈”（《秋浦歌》）、“朝如青丝暮成雪”（《将进酒》）都是脍炙人口的诗句。

示例5：办公室里订有《人民日报》（海外版）、《光明日报》和《时代周刊》等报刊。

1.6　分号

1.6.1　定义

句内点号的一种，表示复句内部并列关系分句之间的停顿，以及非并列关系的多重复句中第一层分句之间的停顿。

1.6.2　形式

分号的形式是“；”。

1.6.3　基本用法

1.6.3.1　表示复句内部并列关系的分句(尤其当分句内部还有逗号时)之间的停顿。

示例1:语言文字的学习,就理解方面说,是得到一种知识;就运用方面说,是养成一种习惯。

示例2:内容有分量,尽管文章短小,也是有分量的;内容没有分量,即使写得再长也没有用。

1.6.3.2　表示非并列关系的多重复句中第一层分句(主要是选择、转折等关系)之间的停顿。

示例1:人还没看见,已经先听见歌声了;或者人已经转过山头望不见了,歌声还余音袅袅。

示例2:尽管人民革命的力量在开始时总是弱小的,所以总是受压的;但是由于革命的力量代表历史发展的方向,因此本质上又是不可战胜的。

示例3:不管一个人如何伟大,也总是生活在一定的环境和条件下;因此,个人的见解总难免带有某种局限性。

示例4:昨天夜里下了一场雨,以为可以凉快些;谁知没有凉快下来,反而更热了。

1.6.3.3　用于分项列举的各项之间。

a)各项不包含句号时,末尾用分号。

示例1:特聘教授的岗位职责为:一、讲授本学科的主干基础课程;二、主持本学科的重大科研项目;三、领导本学科的学术队伍建设;四、带领本学科赶超或保持世界先进水平。

b)各项有一项或多项包含句号时,末尾不能再用分号。

示例2:本市先后建立起三大农业生产体系:一是建立甘蔗生产服务体系。成立糖业服务公司,主要给农民提供机耕等服务。二是建立蚕桑生产服务体系。……。三是建立热作服务体系。……。

1.7　冒号

1.7.1　定义

句内点号的一种,表示语段中提示下文或总结上文的停顿。

1.7.2　形式

冒号的形式是":"。

1.7.3　基本用法

1.7.3.1　用于总说性或提示性词语(如"说""例如""证明"等)之后,表示提示下文。

示例1:北京紫禁城有四座城门:午门、神武门、东华门和西华门。

示例2:她高兴地说:"咱们去好好庆祝一下吧!"

示例3:小王笑着点了点头:"我就是这么想的。"

示例4:这一事实证明:人能创造环境,环境同样也能创造人。

1.7.3.2　表示总结上文。

示例:张华上了大学,李萍进了技校,我当了工人:我们都有美好的前途。

1.7.3.3　用在需要说明的词语之后,表示注释和说明。

示例1:(本市将举办首届大型书市。)主办单位:市文化局;承办单位:市图书进出口公司;时间:8月15—20日;地点:市体育馆观众休息厅。

示例2:(做阅读理解题有两个办法。)办法之一:先读题干,再读原文,带着问题有针对性地读课文。办法之二:直接读原文,读完再做题,减少先入为主的干扰。

1.7.3.4　用于书信、讲话稿中称谓语或称呼语之后。

示例1:广平先生:……

示例2:同志们、朋友们:……

1.7.3.5　一个句子内部一般不应套用冒号。在列举式或条文式表述中,如不得不套用冒号时,宜另起段落来显示各个层次。

示例:第十条遗产按照下列顺序继承:

第一顺序,配偶、子女、父母。

第二顺序,兄弟姐妹、祖父母、外祖父母。

1.8　引号

1.8.1　定义

标号的一种,标示语段中直接引用的内容或需要特别指出的成分。

1.8.2　形式

引号的形式有双引号"“”"和单引号"‘’"两种。左侧的为前引号,右侧的为后引号。

1.8.3　基本用法

1.8.3.1　标示语段中直接引用的内容。

示例:李白诗中就有“白发三千丈”这样极尽夸张的语句。

1.8.3.2　标示需要着重论述或强调的内容。

示例:这里所谓的“文”,并不是指文字,而是指文采。

1.8.3.3　标示语段中具有特殊含义而需要特别指出的成分,如别称、简称、反语等。

示例1:电视被称作“第九艺术”。

示例2:人类学上常把古人化石统称为尼安德特人,简称“尼人”。

示例3:有几个“慈祥”的老板把捡来的菜叶用盐浸浸就算作工友的菜肴。

1.8.3.4　当引号中还需要使用引号时,外面一层用双引号,里面一层用单引号。

示例:他问:“老师,‘七月流火’是什么意思?”

1.8.3.5　独立成段的引文如果只有一段,段首和段尾都用引号;不止一段时,每段开头仅用前引号,只在最后一段末尾用后引号。

示例:我曾在报纸上看到有人这样谈幸福:

“幸福是知道自己喜欢什么和不喜欢什么。……

“幸福是知道自己擅长什么和不擅长什么。……

“幸福是在正确的时间做了正确的选择。……”

1.8.3.6　在书写带月、日的事件、节日或其他特定意义的短语(含简称)时,通常只标引其中的月和日;需要突出和强调该事件或节日本身时,也可连同事件或节日一起标引。

示例1:“5·12”汶川大地震。

示例2:“五四”以来的话剧,是我国戏剧中的新形式。

示例3:纪念“五四运动”90周年。

1.9　括号

1.9.1　定义

标号的一种,标示语段中的注释内容、补充说明或其他特定意义的语句。

1.9.2　形式

括号的主要形式是圆括号“()”,其他形式还有方括号“[ ]”、六角括号“〔〕”和方头括号“【】”等。

1.9.3　基本用法

1.9.3.1　标示下列各种情况,均用圆括号:

a)标示注释内容或补充说明。

示例1:我校拥有特级教师(含已退休的)17人。

示例2:我们不但善于破坏一个旧世界,我们还将善于建设一个新世界!(热烈鼓掌)

b)标示订正或补加的文字。

示例3:信纸上用稚嫩的字体写着:“阿夷(姨),你好!”。

示例4:该建筑公司负责的建设工程全部达到优良工程(的标准)。

c)标示序次语。

示例5:语言有三个要素:(1)声音;(2)结构;(3)意义。

示例6:思想有三个条件:(一)事理;(二)心理;(三)伦理。

d)标示引语的出处。

示例7:他说得好:“未画之前,不立一格;既画之后,不留一格。”(《板桥集·题画》)

e)标示汉语拼音注音。

示例8:“的(de)”这个字在现代汉语中最常用。

1.9.3.2　标示作者国籍或所属朝代时,可用方括号或六角括号。

示例1:[英]赫胥黎《进化论与伦理学》

示例2:〔唐〕杜甫著

1.9.3.3　报刊标示电讯、报道的开头,可用方头括号。

示例:【新华社南京消息】

1.9.3.4　标示公文发文字号中的发文年份时,可用六角括号。

示例:国发〔2011〕3号文件。

1.9.3.5　标示被注释的词语时,可用六角括号或方头括号。

示例1:〔奇观〕奇伟的景象。

示例2:【爱因斯坦】物理学家。生于德国,1933年因受纳粹政权迫害,移居美国。

1.9.3.6　除科技书刊中的数学、逻辑公式外,所有括号(特别是同一形式的括号)应尽量避免套用。必须套用括号时,宜采用不同的括号形式配合使用。

示例:〔茸(róng)毛〕很细很细的毛。

1.10　破折号

1.10.1　定义

标号的一种,标示语段中某些成分的注释、补充说明或语音、意义的变化。

1.10.2　形式

破折号的形式是“——”。

1.10.3　基本用法

1.10.3.1　标示注释内容或补充说明(也可用括号,见1.9.3.1)。

示例1:一个矮小而结实的日本中年人——内山老板走了过来。

示例2:我一直坚持读书,想借此唤起弟妹对生活的希望——无论环境多么困难。

1.10.3.2　标示插入语(也可用逗号,见1.4.3.3)。

示例:这简直就是——说得不客气点——无耻的勾当!

1.10.3.3　标示总结上文或提示下文(也可用冒号,见1.7.3.1、1.7.3.2)。

示例1:坚强,纯洁,严于律己,客观公正——这一切都难得地集中在一个人身上。

示例2:画家开始娓娓道来——

数年前的一个寒冬,……

1.10.3.4　标示话题的转换。

示例:"好香的干菜,——听到风声了吗?"赵七爷低声说道。

1.10.3.5　标示声音的延长。

示例:"嘎——"传过来一声水禽被惊动的鸣叫。

1.10.3.6　标示话语的中断或间隔。

示例1:"班长他牺——"小马话没说完就大哭起来。

示例2:"亲爱的妈妈,你不知道我多爱您。——还有你,我的孩子!"

1.10.3.7　标示引出对话。

示例:——你长大后想成为科学家吗?

——当然想了!

1.10.3.8　标示事项列举分承。

示例:根据研究对象的不同,环境物理学分为以下五个分支学科:

——环境声学;

——环境光学;

——环境热学;

——环境电磁学;

——环境空气动力学。

1.10.3.9　用于副标题之前。

示例:飞向太平洋

——我国新型号运载火箭发射目击记

1.10.3.10　用于引文、注文后,标示作者、出处或注释者。

示例1:先天下之忧而忧,后天下之乐而乐。

——范仲淹

示例2:乐浪海中有倭人,分为百余国。

——《汉书》

示例3:很多人写好信后把信笺折成方胜形,我看大可不必。(方胜,指古代妇女戴的方形首饰,用彩绸等制作,由两个斜方部分叠合而成。——编者注)

1.11　省略号

1.11.1　定义

标号的一种,标示语段中某些内容的省略及意义的断续等。

1.11.2　形式

省略号的形式是“……”。

1.11.3 基本用法

1.11.3.1 标示引文的省略。

示例:我们齐声朗诵起来:“……俱往矣,数风流人物,还看今朝。”

1.11.3.2 标示列举或重复词语的省略。

示例1:对政治的敏感,对生活的敏感,对性格的敏感,……这部是作家必须要有的素质。

示例2:他气得连声说:“好,好……算我没说。”

1.11.3.3 标示语意未尽。

示例1:在人迹罕至的深山密林里,假如突然看见一缕炊烟,……

示例2:你这样干,未免太……!

1.11.3.4 标示说话时断断续续。

示例:她磕磕巴巴地说:“可是……太太……我不知道……你一定是认错了。”

1.11.3.5 标示对话中的沉默不语。

示例:“还没结婚吧?”

“……”他飞红了脸,更加忸怩起来。

1.11.3.6 标示特定的成分虚缺。

示例:只要……就……

1.11.3.7 在标示诗行、段落的省略时,可连用两个省略号(即相当于十二连点)。

示例1:从隔壁房间传来缓缓而抑扬顿挫的吟咏声——

床前明月光,疑是地上霜。

……

示例2:该刊根据工作质量、上稿数量、参与程度等方面的表现,评选出了高校十佳记者站。还根据发稿数量、提供新闻线索情况以及对刊物的关注度等,评选出了十佳通讯员。

……

1.12 着重号

1.12.1 定义

标号的一种,标示语段中某些重要的或需要指明的文字。

1.12.2 形式

着重号的形式是“.”标注在相应文字的下方。

1.12.3 基本用法

1.12.3.1 标示语段中重要的文字。

示例1:诗人需要表现,而不是证明。

示例2:下面对本文的理解,不正确的一项是:……

1.12.3.2 标示语段中需要指明的文字。

示例:下边加点的字,除了在词中的读法外,还有哪些读法?

着急　子弹　强调

1.13 连接号

1.13.1 定义

标号的一种,标示某些相关联成分之间的连接。

1.13.2 形式

连接号的形式有短横线“-”、一字线“—”和浪纹线“～”三种。

1.13.3 基本用法

1.13.3.1 标示下列各种情况，均用短横线：

a)化合物的名称或表格、插图的编号。

示例1:3-戊酮为无色液体，对眼及皮肤有强烈刺激性。

示例2:参见下页表2-8、表2-9。

b)连接号码，包括门牌号码、电话号码，以及用阿拉伯数字表示年月日等。

示例3:安宁里东路26号院3-2-11室

示例4:联系电话:010-88842603

示例5:2011-02-15

c)在复合名词中起连接作用。

示例6:叶鲁番-哈密盆地

d)某些产品的名称和型号。

示例7:WZ-10直升机具有复杂天气和夜间作战的能力。

e)汉语拼音、外来语内部的分合。

示例8:shuōshuō-xiàoxiào(说说笑笑)

示例9:盎格鲁-撒克逊人

示例10:让-雅克·卢梭(“让-雅克”为双名)

示例11:皮埃尔·孟戴斯-弗朗斯(“孟戴斯-弗朗斯”为复姓)

1.13.3.2 标示下列各种情况，一般用一字线，有时也可用浪纹线：

a)标示相关项目(如时间、地域等)的起止。

示例1:沈括(1031—1095)，宋朝人。

示例2:2011年2月3—10日

示例3:北京—上海特别旅客快车

b)标示数值范围(由阿拉伯数字或汉字数字构成)的起止。

示例4:25～30 g

示例5:第五～八课

1.14 间隔号

1.14.1 定义

标号的一种，标示某些相关联成分之间的分界。

1.14.2 形式

间隔号的形式是“·”。

1.14.3 基本用法

1.14.3.1 标示外国人名或少数民族人名内部的分界。

示例1:克里丝蒂娜·罗塞蒂

示例2:阿依古丽·买买提

1.14.3.2 标示书名与篇(章、卷)名之间的分界。

示例:《淮南子·本经训》

1.14.3.3　标示词牌、曲牌、诗体名等和题名之间的分界。

示例1:《沁园春·雪》

示例2:《天净沙·秋思》

示例3:《七律·冬云》

1.14.3.4　用在构成标题或栏目名称的并列词语之间。

示例:《天·地·人》

1.14.3.5　以月、日为标志的事件或节日,用汉字数字表示时,只在一、十一和十二月后用间隔号;当直接用阿拉伯数字表示时,月、日之间均用间隔号(半角字符)。

示例1:"九一八"事变"五四"运动

示例2:"一·二八"事变"一二·九"运动

示例3:"3·15"消费者权益日"9·11"恐怖袭击事件

1.15　书名号

1.15.1　定义

标号的一种,标示语段中出现的各种作品的名称。

1.15.2　形式

书名号的形式有双书名号"《》"和单书名号"〈〉"两种。

1.15.3　基本用法

1.15.3.1　标示书名、卷名、篇名、刊物名、报纸名、文件名等。

示例1:《红楼梦》(书名)

示例2:《史记·项羽本记》(卷名)

示例3:《论雷峰塔的倒掉》(篇名)

示例4:《每周关注》(刊物名)

示例5:《人民日报》(报纸名)

示例6:《全国农村工作会议纪要》(文件名)

1.15.3.2　标示电影、电视、音乐、诗歌、雕塑等各类用文字、声音、图像等表现的作品的名称。

示例1:《渔光曲》(电影名)

示例2:《追梦录》(电视剧名)

示例3:《勿忘我》(歌曲名)

示例4:《沁园春·雪》(诗词名)

示例5:《东方欲晓》(雕塑名)

示例6:《光与影》(电视节目名)

示例7:《社会广角镜》(栏目名)

示例8:《庄子研究文献数据库》(光盘名)

示例9:《植物生理学系列挂图》(图片名)

1.15.3.3　标示全中文或中文在名称中占主导地位的软件名。

示例:科研人员正在研制《电脑卫士》杀毒软件。

1.15.3.4　标示作品名的简称。

示例:我读了《念青唐古拉山脉纪行》一文(以下简称《念》),收获很大。

1.15.3.5　当书名号中还需要书名号时，里面一层用单书名号，外面一层用双书名号。

示例：《教育部关于提请审议〈高等教育自学考试试行办法〉的报告》

1.16　专名号

1.16.1　定义

标号的一种，标示古籍和某些文史类著作中出现的特定类专有名词。

1.16.2　形式

专名号的形式是一条直线，标注在相应文字的下方。

1.16.3　基本用法

1.16.3.1　标示古籍、古籍引文或某些文史类著作中出现的专有名词，主要包括人名、地名、国名、民族名、朝代名、年号、宗教名、官署名、组织名等。

示例 1：孙坚人马被刘表率军围得水泄不通。（人名）

示例 2：于是聚集冀、青、幽、并四州兵马七十多万准备决一死战。（地名）

示例 3：当时乌孙及西域各国都向汉派遣了使节。（国名、朝代名）

示例 4：从咸宁二年到太康十年，匈奴、鲜卑、乌桓等族人徙居塞内。（年号、民族名）

1.16.3.2　现代汉语文本中的上述专有名词，以及古籍和现代文本中的单位名、官职名、事件名、会议名、书名等不应使用专名号。必须使用标号标示时，宜使用其他相应标号（如引号、书名号等）。

1.17　分隔号

1.17.1　定义

标号的一种，标示诗行、节拍及某些相关文字的分隔。

1.17.2　形式

分隔号的形式是“/”。

1.17.3　基本用法

1.17.3.1　诗歌接排时分隔诗行（也可使用逗号和分号，见 1.4.3.1/1.6.3.1）。

示例：春眠不觉晓/处处闻啼鸟/夜来风雨声/花落知多少。

1.17.3.2　标示诗文中的音节节拍。

示例：横眉/冷对/千夫指，俯首/甘为/孺子牛。

1.17.3.3　分隔供选择或可转换的两项，表示“或”。

示例：动词短语中除了作为主体成分的述语动词之外，还包括述语动词所带的宾语和/或补语。

1.17.3.4　分隔组成一对的两项，表示“和”。

示例 1：13/14 次特别快车

示例 2：羽毛球女双决赛中国组合杜婧/于洋两局完胜韩国名将李孝贞/李敬元。

1.17.3.5　分隔层级或类别。

示例：我国的行政区划分为：省（直辖市、自治区）/省辖市（地级市）/县（县级市、区、自治州）/乡（镇）/村（居委会）。

2　标点符号的位置和书写形式

2.1　横排文稿标点符号的位置和书写形式

2.1.1　句号、逗号、顿号、分号、冒号均置于相应文字之后，占一个字位置，居左下，不出现在一行之首。

2.1.2　问号、叹号均置于相应文字之后，占一个字位置，居左，不出现在一行之首。两个问号（或叹号）叠用时，占一个字位置；三个问号（或叹号）叠用时，占两个字位置；问号和叹号连用时，占一个字位置。

2.1.3　引号、括号、书名号中的两部分标在相应项目的两端，各占一个字位置。其中前一半不出现在一行之末，后一半不出现在一行之首。

2.1.4　破折号标在相应项目之间，占两个字位置，上下居中，不能中间断开分处上行之末和下行之首。

2.1.5　省略号占两个字位置，两个省略号连用时占四个字位置并须单独占一行。省略号不能中间断开分处上行之末和下行之首。

2.1.6　连接号中的短横线比汉字"一"略短，占半个字位置；一字线比汉字"一"略长，占一个字位置；浪纹线占一个字位置。连接号上下居中，不出现在一行之首。

2.1.7　间隔号标在需要隔开的项目之间，占半个字位置，上下居中，不出现在一行之首。

2.1.8　着重号和专名号标在相应文字的下边。

2.1.9　分隔号占半个字位置，不出现在一行之首或一行之末。

2.1.10　标点符号排在一行末尾时，若为全角字符则应占半角字符的宽度（即半个字位置），以使视觉效果更美观。

2.1.11　在实际编辑出版工作中，为排版美观、方便阅读等需要，或为避免某一小节最后一个汉字转行或出现在另外一页开头等情况（浪费版面及视觉效果差），可适当压缩标点符号所占用的空间。

2.2　竖排文稿标点符号的位置和书写形式

2.2.1　句号、问号、叹号、逗号、顿号、分号和冒号均置于相应文字之下偏右。

2.2.2　破折号、省略号、连接号、间隔号和分隔号置于相应文字之下居中，上下方向排列。

2.2.3　引号改用双引号"﹃""﹄"和单引号"﹁""﹂"，括号改用"︵""︶"，标在相应项目的上下。

2.2.4　竖排文稿中使用浪线式书名号"﹏"，标在相应文字的左侧。

2.2.5　着重号标在相应文字的右侧，专名号标在相应文字的左侧。

2.2.6　横排文稿中关于某些标点不能居行首或行末的要求，同样适用于竖排文稿。

附录C　国际五大索引简介

《科学引文索引》(Science Citation Index，简称SCI)是由美国科学信息研究所1961年创办出版的引文数据库。多年来，SCI数据库不断发展，已经成为当代世界最为重要的大型数据库，被列在国际六大著名检索系统之首。科学引文索引通过论文的被引用频次等的统计，对学术期刊和科研成果进行多方位的评价研究，从而评判一个国家或地区、科研单位、个人的科研产出绩效，来反映其在国际上的学术水平。它不仅是一部重要的检索工具书，而且也是科学研究成果评价的一项重要依据。已成为目前国际上最具权威性的、用于基础研究和应用基础研究成果的重要评价体系。它是评价一个国家或地区、一个科学研究机构、一所高等学校、一本期刊，乃至一个研究人员学术水平的重要指标之一。

《工程索引》(The Engineering Index，简称 EI)是供查阅工程技术领域文献的综合性情报检索刊物。1884 年创刊，年刊，1962 年增出月刊本。由美国工程信息公司编辑出版。每年摘录世界工程技术期刊约 3 000 种，还有会议文献、图书、技术报告和学位论文等，报道文摘约 15 万条，内容包括全部工程学科和工程活动领域的研究成果。出版形式有印刷本、缩微胶卷、电子版和 CD-ROM 光盘。文摘按标题词字顺编排，年刊配有著者、著者工作机构和主题 3 种索引，以及引用出版物目录和会议目录；月刊只配有著者和主题这两种索引。主要特点是摘录质量较高，文摘直接按字顺排列，索引简便实用。

《科技会议录索引》(Index to Scientific & Technical Proceedings，简称 ISTP)创刊于 1978 年，由美国科学情报研究所编辑出版。该索引收录生命科学、物理与化学科学、农业、生物和环境科学、工程技术和应用科学等学科的会议文献，包括一般性会议、座谈会、研究会、讨论会、发表会等。其中工程技术与应用科学类文献约占 35%，其他涉及学科基本与 SCI 相同。ISTP 收录论文的多少与科技人员参加的重要国际学术会议多少或提交、发表论文的多少有关。我国科技人员在国外举办的国际会议上发表的论文占被收录论文总数的 64.44%。

在 ISTP、EI、SCI 这三大检索系统中，SCI 最能反映基础学科研究水平和论文质量，该检索系统收录的科技期刊比较全面，可以说它是集中各个学科高质优秀论文的精粹，该检索系统历来成为世界科技界密切注视的中心和焦点。ISTP、EI 这两个检索系统评定科技论文和科技期刊的质量标准方面相比之下较为宽松。

《科学评论索引》(Index to Scientific Reviews，简称 ISR)创刊于 1974 年，由美国科学情报研究所编辑出版，收录世界各国 2 700 余种科技期刊及 300 余种专著丛刊中有价值的评述论文。高质量的评述文章能够提供本学科或某个领域的研究发展概况、研究热点、主攻方向等重要信息，是极为珍贵的参考资料。

《社会科学引文索引》(Social Sciences Citation Index，简称 SSCI)由美国科学信息研究所创建，是目前世界上可以用来对不同国家和地区的社会科学论文的数量进行统计分析的大型检索工具。1999 年 SSCI 全文收录 1 809 种世界最重要的社会科学期刊，内容覆盖包括人类学、法律、经济、历史、地理、心理学等 55 个领域。收录文献类型包括：研究论文，书评，专题讨论，社论，人物自传，书信等。选择收录 (Selectively Covered)期刊 1 300 多种。

参考文献

[1]朱丹,李家林,何洪英,等．科技论文题名的锤炼与优化—功能、尺度及原则的表述和案例实证分析．编辑学报[J],2007(2):97-99.

[2]陈浩元．科技书刊标准化 18 讲[M]. 北京:北京师范大学出版社,1998:59-60.

[3]谢述初．关于科技论文的作者署名[J]. 编辑学报,1991,3(2):83-88.

[4]胡先祥．科技论文结构式摘要的分析与撰写[J]. 安徽农业科学,2007,35(22):7015-7016.

[5]郭庆健,李燕明,杨彬智．科技论文的引言、结语和参考文献的写作[J]. 长安大学学报(自然科学版),2006,26(5):125-126.

[6]杨琦,李维维．科技论文摘要及关键词的撰写要求[J]. 中国公路学报,1997,10(3):124-126.

[7]狄红梅,王学府,孟玉平,等．疏花剂施易乐对苹果果实生长及品质的影响试验[J]. 山西果树,2011(6):44-45.

[8]许桂春,黄江流,彭宏祥．单氰胺对南方葡萄的催芽试验[J]. 中国果树,2009(1):35-38.

[9]姚里军,余国瑞,欧阳周．科技写作概论[M]. 北京:语文出版社,1984.

[10]屠原梓,杨学泉．科技报告的特点及作用[J]. 河海大学机械学院学报,1995(9):76-78.

[11]张桂英．浅谈农业科学实验总结的写作[J]. 农业与技术,2004(2):04～105.

[12]钱国纲,易盛学．科技文写作训练[M]. 重庆:科学技术文献出版社重庆分社,1990.

[13]王孟宇,宫麟丰．农业科技实用写作[M]. 北京:化学工业出版社,2009.

[14]韩晓伟,于长东,钟品妍．应用文写作技能训练(第 2 版)[M]. 北京:中国农业大学出版社,2011.

[15]北京大学．标点符号用法[S]. 北京:中国标准出版社,2011.